学科全息育人丛书

丛书主编 朱福荣 饶 英

小学数学
学科全息育人

本册主编 张泽庆 吴 平

图书在版编目(CIP)数据

小学数学学科全息育人 / 张泽庆, 吴平主编. -- 重庆 : 西南大学出版社, 2023.1
("学科全息育人"丛书)
ISBN 978-7-5697-1619-1

Ⅰ. ①小… Ⅱ. ①张… ②吴… Ⅲ. ①小学数学课—教学研究 Ⅳ. ①G623.502

中国版本图书馆CIP数据核字(2022)第237502号

小学数学学科全息育人

XIAOXUE SHUXUE XUEKE QUANXI YUREN

丛书主编　朱福荣　饶　英
本册主编　张泽庆　吴　平

策　　划:王　宁　时曼卿　周万华
责任编辑:秦　路
责任校对:周万华
装帧设计:殳十堂_未氓
排　　版:吴秀琴
出版发行:西南大学出版社(原西南师范大学出版社)
地址:重庆市北碚区天生路2号
邮编:400715
市场营销部电话:023-68868624
印　　刷:重庆美惠彩色印刷有限公司
幅面尺寸:185 mm×260 mm
印　　张:16.5
字　　数:358千字
版　　次:2023年1月　第1版
印　　次:2023年1月　第1次印刷
书　　号:ISBN 978-7-5697-1619-1
定　　价:51.00元

编委会

总序

新中国成立以来，我国的教育方针历经多次演进，但强调学生德、智、体等方面全面发展是其一以贯之的基本原则和思想。1957年，我国的教育方针是“使受教育者在德育、智育、体育几方面都得到发展，成为有社会主义觉悟的有文化的劳动者”。至1995年，教育方针表述为“教育必须为社会主义现代化建设服务，必须与生产劳动相结合，培养德、智、体等方面全面发展的社会主义事业的建设者和接班人”。2015年，教育方针表述为“教育必须为社会主义现代化建设服务、为人民服务，必须与生产劳动和社会实践相结合，培养德、智、体、美等方面全面发展的社会主义建设者和接班人”。2021年，教育方针表述为“教育必须为社会主义现代化建设服务、为人民服务，必须与生产劳动和社会实践相结合，培养德智体美劳全面发展的社会主义建设者和接班人”。教育方针的演进充分体现了不同时期国家对人的发展的总体方向和要求，但随着时代的发展会增加和融入新的元素和内容。总体而言，对人的身心等方面全面发展的要求始终是我国教育方针的大方向，这也体现了马克思主义关于人的全面发展学说的本质规定性。

党的十九大报告指出，“优先发展教育事业。建设教育强国是中华民族伟大复兴的基础工程，必须把教育事业放在优先位置，深化教育改革加快教育现代化，办好人民满意的教育。要全面贯彻党的教育方针，落实立德树人根本任务，发展素质教育，推进教育公平，培养德智体美全面发展的社会主义建设者和接班人”。2019年，中共中央、国务院在《关于深化教育教学改革全面提高义务教育质量的意见》中进一步提出，“坚持以习近平新时代中国特色社会主义思想为指导，全面贯彻党的教育方针，落实立德树人根本任务”“培养德智体美劳全面发展的社会主义建设者和接班人”。要“坚持‘五育’并举，全面发展素质教育”，要突出德育实效，提升智育水平，强化体育锻炼，增强美育熏陶，加强劳动教育。我国义务教育和普通高中课程方案中都明确提出，课程要“全面贯彻党的教育方针，落实立德树人根本任务”“培养德智体美劳全面发展的社会主义建设者和接班人”。可以说，立德树人作为我国教育的根本任务，围绕人的全面发展而提出的“五育并举”，以及由此而引发的学校全面、全程、全员育人机制的转变，是新时代教育发展的关键。

“全息”一词原意指一种可以全面、多角度地再现物体的原貌，反映物体所承载的各种信息和状态的光学成像技术。引用其部分含义，教育领域的全息育人指的是学生成长过程中所涉及时空的全部信息都是育人的信息源，发挥这些信息源的共同与合力作用来有效促进学生的各方面发展。作为一种育人理念，其主张调动和运用各种可以利用的因素，全方位、全过程地促进学生各个方面的共同发展。具体到学科领域，在新时期探索“五育”共同发展的过程中，学科教学中“五育融合”的观念应运而生，并开展了诸多有益的实践探索。

我国当前中小学的教学组织形式仍然是班级授课制为主，教学工作仍然是学校的中心工作，学科课程仍然是学校课程的主体，课堂仍然是育人的主阵地。因此，在遵循现行中小学教学形式的前提下，课堂教学还是落实立德树人根本任务、促进学生德智体美劳全面发展的最直接途径。今天，在学科教学中，“育什么人”“为谁育人”已经非常明晰，“怎样育人”以及如何提升“育人质量”，成为学校教学亟须回答的重大问题。通往学科“育人质量”提升的路径多种多样，全国教育理论研究者和中小学教师都进行了卓有成效的探索，其中“五育融合”是最值得关注的发展方向和路径之一。重庆市北碚区教师进修学院与西南大学教育学部和教育部西南基础教育课程研究中心共同开展的“学科全息育人”研究，就比较好地回答了在学科教学中如何实现“五育融合”“怎样育人”的重大问题。他们采取的主要策略是以学科的教科书作为引领载体，以“五育融合”为视角和眼光，以单元教学为单位，按照德智体美劳从学科到单元或主题建立学科育人框架，全面挖掘单元教学内容中的“认知育人点”“德性育人点”“审美育人点”“健康育人点”和“劳动育人点”等，实行基于“五育融合”的整体教材解读和教学设计，进而将德智体美劳等育人要素有机融合，利用课堂主阵地开展学科育人，实现学科教学向学科育人的转变。

重庆市北碚区中小学校实施的学科全息育人，坚持以马克思的“人的全面发展”学说和赫尔巴特的“教育性教学”原则为理论基础，高扬“立德树人”的大旗，以社会主义核心价值观为统领，将“德智体美劳”育人要素融入中小学各学段、各学科，使所有学科都从学科性质、地位、任务出发，既体现学科特质，又彰显育人的特殊功能，指向德智体美劳，实现由“学科教学”到“学科育人”的转变，学生通过学科学习，实现“成人”与“成才”的双统一、双发展。在育人理念层面，以学科育人的“全息性”，解决学科价值与育人价值分离或单项推进的问题；在课堂实践层面，以学科育人的全面性，解决学科育人随意化、碎片化或无视化问题；在区域推进层面，通过“全要素落实、全学段推进、全学科联动”，有效破解了学校、学段、学科等育人壁垒问题。

学科全息育人需要育人理念的重构。学科课程是学校落实立德树人根本任务的基本载体，每个学科都要围绕“有理想、有本领、有担当”这三个维度培养未来担当民族复兴大任的时代新人,这是对学科课程和教学的基本要求。所有学科都从学科性质、地位、任务出发,把人的发展作为学科教学的旨归,使学科价值与育人价值融合共生,既体现学科特质,又与其他学科协同为学生的成长起作用,彰显育人的特殊功能,把学科价值作为育人价值实现的条件,把育人价值作为学科价值实现的目的。这样就能把“有理想、有本领、有担当”落实到每个学科的综合素养培养中,落实到每节课、每所学校的育人目标中,学生德智体美劳全面发展的总目标就不会落空。无论是学科教学设计还是课堂教学,教学思维的起点就是将这堂课要达成的教学目标,逆向分解成每一个时段的子目标,同时,在教学中又从一堂课的时间轴进行正向思考,依据逆向设计的子目标开展多样化的学习活动。在此基础上,教师还要立体思考,将除本学科认知目标以外的其他育人目标放在何处,以怎样的方式达成,确保每个学科、每节课都将育人贯穿始终。

学科全息育人需要育人课程的设计。课堂教学既是学校教育的主阵地,也是学校教育体系的核心要素,一旦离开学校教育体系,课堂教学很难真正实现学科全息育人。实现学科课堂教学的全息育人,关键就是要找出能包含教学内容的全部信息,或能进行全息育人教学内容的整体信息,我们称之为“关键信息”(关键知识、关键方法、关键思维等)。贯穿于教学活动中的“五育”是具有“五育间性”的,也就是每“一育”既关涉其他“四育”,又在教学过程中保持和谐。教学中通过“五育间性”建立基于教育学立场、育完整人的教学生态体系,实现由“渗透”到“互联”至“互育”达“合育”的逻辑演绎。重庆市北碚区的做法是,每个学科以现行国家教科书为蓝本,以“单元”为单位挖掘五育“育人点”和“融合点”。这个“单元”既可以是教科书上所列的单元,又可以是按照综合学习或跨学科学习的主题、专题设置单元,既考虑了各学科独有的“模式语言”特征,做到学科“双基”扎实“有本领”,又关注到融合育人的“五育间性”,做到铸魂立德“有理想、有担当”,同时,避免“穿靴戴帽”式、“空洞说教”式的“五育融合”、学科全息育人。

学科全息育人催生育人方式的转型。育人方式就是要回答“新时代教育三问”的“怎样培养人”,对于课堂教学的主体而言,“怎样培养人”一定是贯穿于学科教学始终的,学科全息育人引领下的教学催生育人方式的转型。一是要对“学科全息育人”理念有非常透彻的理解,把育人方式本身作为育人的重要资源;二是要把党和国家的课程方案、课程标准的要求与课堂教学及其评价关联,将“五育”要求与课程核心素养关联,并恰当融入课堂教学活动之中;三是要在课堂教学、作业布置与批改、学生学习指导、考试评价等育人环节以是否有利于学生综合素养、“五育”全面发展来衡量,将那些不经意的细节都看成会给学生带来终生影响的重要环节。特别是在智能化时代,育人方式更要从“重教书”向“重育人”转变,从固定学习到泛在学习,从储备学习到即时学习,从寻找答案的学习到寻找问题的学习,从接受性学习到批判性学习,从独自性学习到合作性学习，从烧脑学习到具身学习，从线下学习到融合学习，切实破解“见分数不见素养”“见学科不见学生”的教育难题。

学科全息育人需要育人师资的再造。学科全息育人的成与败都在教师。什么样的教师能够实施学科全息育人？具有“全息”的视野、思维与能力的教师。首先，教师要有“全息”视野，也就是能从“培养完整的人”角度看待“五育”的整体性、统一性，理解德育、智育、体育、美育和劳动教育有机融合对促进学生全面发展的意义，追求“五育”相互融合、有机统一的整体融通式育人观。正如苏霍姆林斯基所言，“没有单独的智育，也没有单独的德育，也没有单独的劳动教育”，这样才能将“全息育人”理念作为学科教学的起点和归属。其次，教师要有“全息”思维，关注育人过程的关联性和整体性，培养教师用关联式、融通式思维设计与实施“全息育人”。教师要摒弃用割裂式思维看待“五育”，简单地将单科对应“单育”，认为学科课程对应智育，体育课程对应体育，音乐、美术课程对应美育。用关联式思维引导教师看到所教学科有“五育”渗透的可能性和必要性，突破“分科单育”的狭隘认知，在落实学科核心目标的同时兼顾渗透并关联其他“四育”，实现学科内的“五育融合”。用融通式思维观念引导教师打破学科逻辑和领域界限，设计跨学科、多学科的综合性主题，看到各学科交叉点与整合点之间的“相融”关系，实现学科间的“五育融合”。

重庆市北碚区中小学学科全息育人研究，切中了近年基础教育时弊，符合教育教学规律以及核心素养教育改革发展方向，以教科书为载体的“五育融合”研究范式切实有效，可借鉴、可推广，其主体研究成果《全息育人教学论》具有学术性和创新性，系列成果各学科全息育人研究对学科开展“五育融合”“全息育人”具有较强的指导性和实践性。当然，该项研究主要是在2022年版的义务教育课程方案和课程标准发布之前进行的，可能还与学科课程标准提倡的学科核心素养要求有一定差距，在小学至高中学段也还有个别学科的研究成果没有出来，但是，这些不会影响该项研究及其成果的总结与推广，也希望他们能够继续深入研究，取得更有价值的研究成果。

2022年10月

（朱德全，西南大学教育学部部长，教育学博士、二级教授、博士生导师）

前言

《小学数学学科全息育人》是北碚区教师进修学院小学数学团队历时三年多编写完成的专著，是区域推进全息育人实践研究的系列丛书之一。为了全面贯彻党的教育方针，坚持教育为社会主义现代化建设服务，为人民服务，把立德树人作为教育的根本任务，培养德智体美劳全面发展的社会主义建设者和接班人，北碚区在全区开展了全息育人的研究和实践。为了更好地把这项工作的阶段性成果系统梳理和总结经验，为后续实践提供借鉴，我们启动了本书的编写，邀请一线教学研究者和实践者共同完成这一很有意义的工作。

本书依据国家最新政策，遵循课程标准的最新理念，紧紧围绕在小学数学教学中促进学生全面发展，体现数学学科全面育人的价值这一目标，结合一线教学工作的实际，以服务教师教学和促进学生学习为宗旨，以通俗、易读、实用为出发点，全面展现了研究实践的整体思路、研究框架、研究内容和研究案例，突出理论与实践相结合，并注重为教师课堂教学实际操作提供示范和指导，体现了学科全息育人的基本要求。

为满足广大一线教育工作者对落实国家教育方针，践行新课标理念，切实开展教学的需求，在编写《小学数学学科全息育人》时，我们既注重以教育教学理论和专业知识为基础，又更加关注对实际教学实践的专业指导和教学研训，通过阐释基本政策法规、解读相应的理论支撑，辅以翔实的课堂教学实操案例来说明小学数学全息育人的理论基础和教学实践开展形式，以及小学数学全息育人课堂教学如何为学生全面发展提供有力的帮助。

本书吸收了我国多年来小学数学教育体系构建的优点，聚焦全息育人的教学目标，提出了“宏观—中观—微观”的小学数学全息育人课堂教学新的建设思路。宏观上基于国家政策和理论基础，开展顶层设计形成育人框架；中观上基于大单元设计观，形成学科单元育人教学设计；微观上立足课堂实践，开展课堂教学研究，落实学科全息育人。特别针对全息育人点挖掘、教学重难点突破等给出了全息育人教学设计育人要点解构图表，帮助教师深度理解，以设计思路、要点解析、案例呈现、育人点评等方式，增进教师对教育教学内容和全息育人点的理解，更新教师理念，开阔教师视野，引导教师全面推进全息育人的教学实践。

本书编写依据区域推进全息育人研究实践，体现“备教学评”一体化要求。编写原则符合学生发展和培养目标、适合教师备课、教学设计和教学实施的需求和特点。同时构建小学数学全息育人理论和实践相结合的研究和教学体系，以期支撑教学育人效果的最优化。紧紧围绕德智体美劳全面发展的育人目标，突出小学数学课程的特点和价值，以理论溯源、理论构建、实践案例为主要线索，为教师提供从理论到实际教学的完整学习体系。

本书由张泽庆、吴平主编，负责全书的框架结构设计、目录编写、和统稿等工作。各章执笔依次是：张泽庆，第一章；吴平、万瑞雪、江义玲，第二章；王鸿、王福朋、江晓琼、罗小丽，第三章；吴世彬、周艳洪、李玲、江礼君、王佳颖，第四章；马骏、胡焱，第五章；张中梅、何科香、舒冬梅，第六章。本书的完成还得益于很多重要研究工作的开展，特别是张泽庆、吴平主笔完成了全息育人整体框架的设计和梳理；周艳洪、李玲、江晓琼、舒冬梅、王福朋、万瑞雪完成了小学数学1~6年级（共12册）单元育人点的挖掘。本书还有郭勇、邵腾明、骆丹、吴静、冉雪梅、王倩、江义玲、郭艳红老师提供了优秀案例。各章的书稿经主编和作者反复讨论修改，共同将多年的研究成果诉诸笔端，借此机会对各位作者的辛勤付出表示衷心感谢！

在全息育人研究和本书编著、出版过程中得到了北碚区教育委员会和北碚区教师进修学院各位领导和专家的指导、帮助，得到了教育部西南基础教育课程研究中心副主任陈婷教授及胡焱博士的指导，西南大学出版社对本书出版提供大力帮助。在此，谨向在本书编著和出版过程中提供帮助和指导的领导和同仁们表示由衷的谢意！

限于作者团队特别是我本人的学识和能力，书中难免存在疏漏，恳请专家和读者提出宝贵意见。

张泽庆

2022年12月6日于重庆南坪

目录

第六章 小学数学学科全息育人研修

第一章

小学数学学科全息育人概述

党的十八大以来,以习近平同志为核心的党中央要求把立德树人作为教育的根本任务,习近平总书记在全国教育大会上提出要培养德智体美劳全面发展的社会主义建设者和接班人。新时代的教育要求不断提升综合育人水平,促进学生全面发展。中华民族伟大复兴的历史重任要求我们高质量地完成好立德树人教育的根本任务,这也是时代赋予我们教育人的新的历史使命。

第一节　小学数学学科全息育人背景

一、宏观背景——国家战略的要求

(一)人才培养的要求

新时代、新发展。国家发展和社会进步离不开人才,新时代深化教育改革,大力发展素质教育,特别注重学生的道德品质、爱国情怀、健康人格、应用意识、创新精神等方面的培养。《中华人民共和国国民经济和社会发展第十四个五年规划和2035年远景目标纲要》第十三篇的主题是:提升国民素质,促进人的全面发展。其中提到“把提升国民素质放在突出重要位置,构建高质量的教育体系和全方位全周期的健康体系,优化人口结构,拓展人口质量红利,提升人力资本水平和人的全面发展能力。”在第四十三章建设高质量教育体系中提出“全面贯彻党的教育方针,坚持优先发展教育事业,坚持立德树人,增强学生文明素养、社会责任意识、实践本领,培养德智体美劳全面发展的社会主义建设者和接班人。”

从小学到大学,国家大力发展教育事业,不断完善和巩固教育保障机制,推动义务教育优质均衡发展和城乡一体化,保障人民享有基本公共教育服务。改善办学条件,加强乡村教师队伍建设,提高教师素质能力,控辍保学,巩固和提升高中阶段教育普及水平,提高全民教育质量和水平。职业教育方面,突出职业技术教育类型特色,深入推进改革创新,大力培养技术技能人才。深化职业教育和普通教育之间的融通,实现职业技术教育与普通教育双向互认、纵向流动。构建多元的高等教育体系,支持发展高水平研究型大学,推进部分普通本科高校向应用型转变。

人才是我国经济社会发展的第一资源,国家建立了高水平现代教育体系,同时完善教师管理和发展体系,加强师德师风建设,提升教师教书育人专业素能,就是为了培养一批有担当、高素质、爱国敬业的人才。2020年,我国人才发展的总体目标是:培养和造就规模宏大、结构优化、布局合理、素质优良的人才队伍,确立国家人才竞争比较优势,进入世界人才强国行列,为在21世纪中叶基本实现社会主义现代化奠定人才基础。

“教育是国之大计、党之大计。”习近平总书记强调,“要从党和国家事业发展全局的高度,坚守为党育人、为国育才”,“办好人民满意的教育,培养德智体美劳全面发展的社会主义建设者和接班人”。党和国家历来高度重视人才工作,新中国百年历程培养造就了各个领域的大批人才。进入新时代,党中央、国务院做出了实施人才强国战略的重大决策,人才强国战略已成为我国经济社会发展的一项基本战略,党管人才工作格局基本形成,人才发展取得了显著成就。

人才是推动社会文明进步的重要力量,是国家繁荣昌盛、人民富裕幸福的保障。人才不仅要有才还必须有德,德才兼备的人才方能真正促进我国政治经济各方面高速发展。当今世界正处在大发展、大变革、大调整时期。世界多极化、经济全球化、知识爆炸、科技进步,只有加快人才发展才能在激烈的国际竞争中赢得主动,站住脚跟。我国已经全面建成小康社会,实现了第一个百年奋斗目标,为了实现中华民族伟大复兴,我们必须大力提高国民素质,加快形成我国人才竞争比较优势,逐步实现由人力资源大国向人才强国的转变。

(二)立德树人的培育要求

中国共产党继承了马克思主义理论,在此基础上以理想信念教育、道德情操教育、思想政治教育、科学文化教育、体育、劳动教育、审美教育等为内容,培养社会主义的建设者和接班人。在新中国七十余年的历史进程中 ,逐渐形成了“立德树人”的教育思想。

中国共产党在不同的历史时期都十分重视马克思主义人的全面发展学说,并把它作为党的教育方针、政策的理论基础,形成了德智体美劳全面发展的教育方针。在社会主义革命和建设时期,毛泽东提出,“我们的教育方针,应该使受教育者在德育、智育、体育几方面都得到发展,成为有社会主义觉悟的有文化的劳动者”。改革开放后,邓小平强调教育要培养“有理想、有道德、有文化、有纪律”的社会主义“四有”新人。社会主义现代化建设时期,江泽民提出教育要培养德智体美全面发展的社会主义事业建设者和接班人。胡锦涛强调,教育要培养千千万万具有高尚思想品质、良好道德修养、丰富学识和扎实本领的优秀人才。上述关于“立德”与“树人”的论述与中国共产党的教育方针始终保持一致。

党的十八大以后,习近平总书记对立德树人根本任务做出了一系列重要论述,在多个维度上阐释了“把立德树人作为根本任务”的重要意义、价值导向和策略方法,促进了立德树人教育思想体系的形成。[①]立德树人作为一种教育思想,始终蕴含在中国社会主义革命、社会主义建设、改革开放和新时代中华民族伟大复兴的历史进程中。党的十八大是首次明确提出立德树人是我国教育的根本任务的重要时间节点,立德树人在新的时代被赋予了新的内涵。

二、中观背景——教育发展的需求

(一)立德树人,加强思想品德教育

要培养品学兼优、德才兼备的时代新人,必须要有效开展立德树人教育,深刻认识立德树人教育的重要性。我国教育长期坚持立德树人教育的原则,通过有效的立德树人教育的途径与方法,提升综合育人水平,促进学生全面发展。

"培养什么人,怎样培养人"是立德树人教育的核心内容。开展立德树人教育,必须在学校的教育教学中始终坚持"德育为先、树人为本"的原则。重视培养学生健全的人格,使每个学生都能成为有用之人。

开展立德树人教育的总体要求就是每个学校和教师都要牢固树立育才先育德的理念,加强对学生的思想品德教育,把"德育"与"智育"紧密结合。除了让学生掌握扎实丰富的文化知识外,还要注重学生的身心健康和思想品德教育。特别是在世界竞争加剧,多元化格局形成的新的历史时期,更要重视加强对学生的爱国主义、家国情怀、社会主义核心价值观教育。只有从小培养学生树立正确的世界观、人生观和价值观,才能真正意义上使学生在德、智、体、美、劳等各个方面都得到全面发展,才能培养出我国社会主义事业的建设者和接班人。

因此,学校要把"立德树人"作为第一重要任务和根本任务,教师要采取有效的、积极的、创新的德育模式,将学校的德育课程、校园文化、社会实践、家庭教育等多方面综合起来,构建起立体多元的德育内容和方式。从学生生活点滴做起,从学习各个环节的细节做起,从生活习惯、课堂纪律、文明礼仪、人际交往等小事做起。细节是学生成长的关键,教育必须从细节培养学生良好的品行与道德。

(二)综合育人,创新育人内容模式

发展学生的全面能力和综合素质是我们新时代育人的基本要求,要提升综合育人水平,必须深化课程改革,全面推进素质教育,发展学生核心素养。教师要尊重学生认

① 王鉴,姜纪垒."立德树人"知识体系的百年演进及其经验总结[J].东北师大学报(哲学社会科学版),2020(6):10–21.

知发展规律，探索创新教书育人的方法模式，促进学生德、智、体、美、劳全面发展。

学校应该把德育工作作为学校教育的中心任务，把德育教育贯穿在学生学习的各个环节中。首先，在教学中必须以理想信念为核心，以基本的道德规范教育、爱国主义教育、社会主义核心价值观教育等为育人重点；其次，要不断创新育人的方式方法，拓展教育教学内容和资源；再次，注重学科融合，除了要凸显数学学科的特点，还要思考与中小学各学科中的学科内容相结合，挖掘其中丰富的德育内容，才能发挥各学科的优势来开展德育工作，整体提升学校综合育人水平。

每个教师要树立"立德树人""全息育人"的教育理念。牢固树立德育为先、素质教育为先、全面发展的教育理念，既要注重传授文化知识，还要教书育人。教师本身就要是"有理想信念、有道德情操、有扎实学识、有仁爱之心"的好老师，才能成为"做学生锤炼品格的引路人，做学生学习知识的引路人，做学生创新思维的引路人，做学生奉献祖国的引路人"；才能"坚持教书和育人相统一，坚持言传和身教相统一，坚持潜心问道和关注社会相统一，坚持学术自由和学术规范相统一"；才能培养出"有理想、有道德、有学识、有见识、讲规矩、守纪律、身心健康、全面发展"的时代新人。

三、微观背景——个体成才的要求

立德树人教育是学生发展、成长成才的基本要求。我们的教育要培养学生健全的人格，健康的体魄，积极乐观、阳光向上的心理。教师要关注学生的内心世界，关爱学生，培养和塑造学生纯真的心灵，不断塑造学生正确的道德品质。

随着社会的进步，知识也越来越丰富，各种各样的认知和观点都会影响学生。学生随着年龄增长心智慢慢成熟，学生的道德品质、知识认知、情感行为等都在同步高速综合发展。对于学生的教育我们不能仅仅看重知识认知发展，不能只关心学生是否获取了某个知识的学习、是否掌握了某项技能，还必须加强关注学生在知识认知过程中是否产生了积极的情感体验，是不是形成了正确的价值观和人生观。

热爱祖国、品德高尚、学识丰富、知行合一等都是一个中华少年在成长和学习过程中必须具备的。一个人格健全的人应该有理想追求、有道德情操。学生自我成长和实现过程中，也需注重避免形成心理障碍，要有正常的人际交往，避免一些不良因素的影响。还要有良好的人文情怀，保持良好、和谐、平等的师生关系、同学关系，以及积极向上的求学和生活态度，成为有远大志向、有理想梦想，爱学习、爱劳动、爱祖国，德、智、体、美、劳全面发展的中华好少年。

因此，教师在教学过程中应高度重视"立德树人"，注重引导和促进学生在德、智、体、美、劳各方面和谐统一发展。“学高为师，身正为范”，知识与技能可以言传，但德行既要言传，还要身教。教师不仅要对学生进行道德品质培养，还要以自己高尚的师德师风来影响学生。同时，教师还要采取多种方法和途径来营造乐学、善学、好学的学习环境与交往氛围，促进学生健康和全面成长。

第二节　小学数学学科全息育人的内涵与特征

一、小学数学学科全息育人的内涵

（一）什么是小学数学学科全息育人

小学数学学科全息育人是指，以德、智、体、美、劳全面发展为基本目标，在小学数学课堂教学中发展学科核心素养，促进学生全面发展的教育教学理论与实践。

以北京师范大学林崇德教授为首的专家团队研发了“中国学生发展核心素养”总体框架。这一框架形成了我国与国际核心素养体系的对接，建立了以核心素养为顶层理念的课程标准体系和课程体系，从而改变了原有的育人目标范式，以核心素养发展和推动人全面发展作为基础教育课程改革的根本诉求。①

数学学科核心素养具有典型的学科特征，兼具内心体悟与外在表现。内心体悟反映了数学思维、数学精神等，外在表现主要体现为数学知识和数学关键能力。数学学科核心素养反映个体在数学学科学习过程中阶段性的累积变化和动态发展的结果。

数学学科核心素养是人才培养战略目标和高质量教育在数学学科层面的目标体现，体现在数学课程的目标中，具有鲜明的学科化的核心素养标识。小学数学学科核心素养包括数感、符号意识、空间观念、几何直观、数据分析观念、运算能力、推理能力和模型思想、应用意识和创新意识。这些数学核心素养相对独立，又相互融合。特别地以抽象、推理、建模反映了数学的三大基本特征，即抽象性、严谨性与应用性。具体表现为数学抽象性蕴含数学抽象与直观想象，数学严谨性蕴含逻辑推理与数学运算，数学应用性蕴含数学建模与数据分析观念。

① 朱立明．高中生数学学科核心素养：内涵、价值与特质［J］．教育科学研究，2020（07）：79-83.

(二)小学数学学科全息育人是立德树人在学科中具体表现

2014年，教育部发布了《教育部关于全面深化课程改革落实立德树人根本任务的意见》，明确提出："研究制订学生发展核心素养体系和学业质量标准，明确学生应具备的适应终身发展和社会发展需要的必备品格和关键能力。"①自2000年课程改革20余年以来，我们国家一直推行教育课程改革，综合素质教育也取得了丰硕的成果。但在实际的教学教育中，与我们国家立德树人的根本要求还有一些差距。主要表现在仍然重视分数而轻立德教育，偏重基本的训练而轻素质教育。单纯地追求成绩分数，以升学率为目的导向的教育，严重地侵害了教育的本真。长期下去将会导致学生的人生观、价值观、社会责任感薄弱。因此，以立德树人为根本任务的学科教学是我们教育的根本目标，在教育教学中，还应渗透学科核心素养的发展，会用数学的眼光观察现实世界，会用数学的思维思考现实世界，会用数学的语言表达现实世界。"三会"沟通了数学世界与现实世界，涵盖了数学课程的主要内容。②

(三)小学数学全息育人需注重学科融合

数学学科具有典型的学科核心素养和独特的学科育人功能。在全息育人的教学中，要注意与多学科相互融合，共同发挥育人的整体功效。统筹发挥各学科的特点和优势，特别是注重发挥与德育、语文、历史、体育、艺术等学科的融合功能。除了凸显数学学科的特点，还要充分发挥人文学科的独特育人优势，兼顾提升科学、技术等课程的育人价值。加强学科间的相互配合，发挥综合育人功能，不断提高学生综合运用知识解决实际问题的能力。③

数学学科具有独有的数学精神和数学品质特征，其包含理性和情感两种形态。通常我们的教育更加关注数学的理性精神。比如通过逻辑判断、数学推理等活动，获得数学层面的理性认识，保持数学学科严密的逻辑性和科学性；更加注重知识结论的获得，以及相应的公理或推论，而往往忽略数学知识形成过程当中蕴含的数学精神和数学品质。我们在教育教学中务必将数学的理性精神和情感体验两种形态紧密结合，在发展数学核心素养的目标导向下，使学生在数学精神、数学思维品质和数学情感方面得到更多的关注和实现。

以促进学生全面发展为目标，基于数学学科学习的典型特征，学生核心素养以及

---

① 田慧生.落实立德树人根本任务 全面深化课程教学改革[J].课程、教材、教法，2015，35(01)：3-8.

② 史宁中，林玉慈，陶剑，郭民.关于高中数学教育中的数学核心素养——史宁中教授访谈之七[J].课程、教材、教法，2017，37(04)：8-14.

③ 田慧生.落实立德树人根本任务 全面深化课程教学改革[J].课程、教材、教法，2015，35(01)：3-8.

多学科整体功效的有机融合，将有助于培养学生的大胆质疑、逻辑思考、严谨治学的科学精神，也有助于学生的审美情趣、价值态度、积极情感的形成。小学数学学科全息育人的价值目标将有助于激发学生的学习兴趣，增强学习自信，培养良好的数学学习习惯，更加专注地参与数学学习活动，迎接数学学习的挑战，获得全面的、高品质的学习成就，从而为学生个体的数学学科核心素养养成以及终身学习动力的形成，提供基础保障。

二、小学数学学科全息育人的特征

（一）具有独特的数学学科特征

数学学科作为一门重要基础学科，具有独特的育人价值。培根说："数学是思维的体操。"学习数学可以帮助学生感悟数学的思想方法和提升数学思维品质。在数学课程中，应当注重发展学生的数感、符号意识、空间观念、几何直观、数据分析观念、运算能力、推理能力和模型思想等数学核心素养，这既是数学学科的典型特征，也是现代社会公民应当具备的基本素养。

理性精神是数学学科育人的典型特征。通过培养学生的数学素养，可以充分培育学生的理性精神。这种理性精神往往表现在透过现象分析事物的本质，通过从具体到抽象，以事实说话，依据真实的论据来得出严格的定义和结论。数学学习本身就是在探寻客观事物中蕴含的数学道理和基本规律，并用数学的语言加以概括和表达，从而得出一般性的结论及其应用范围。

（二）培养学生理性精神

人们通过数学的逻辑推理、符号演绎和科学计算认识世界。学习数学有助于培养人的思维，"在形成人的理性思维、科学精神和促进个人智力发展的过程中发挥着不可替代的作用"。因此，数学教学要利用数学的思维价值观念，引导学生领悟理性辩证思维、规则规范意识、探索创新精神、科学求真态度。

学习数学培养理性辩证思维。现代数学突破了传统数学的众多桎梏，实现了许多变革。数学家的变革精神同他们不断探索和实践辩证思维方法有着密切关系，并促成了现代数学的诞生。学生时代是人生成长的黄金时期，是学生形成正确世界观、人生观和价值观的关键阶段。从唯物辩证法的角度看，意识依赖物质而存在。数学学习不仅依赖于知识系统化的记忆、操作及其应用，还应体验知识生成的过程，以促成逻辑思维的形成。辩证思维更多地强调用多元的、变化的和联系的眼光看待世界、探究世界。因此，将辩证思维有效融入数学教学，培养学生的辩证思维，提升其理性思维能力是数学教学与研究的一个重要发展方向。

21世纪是知识爆炸的时代，数学的应用及其价值更是无所不在。学习数学可以培养学生主动探究和深入思考学习习惯，用数学的眼光去观察和发现生活中所蕴含的智慧，将隐藏在现实生活中的数学知识和数学原理挖掘出来。华罗庚说："宇宙之大，粒子之微，火箭之速，化工之巧，地球之变，生物之谜，日月之繁，无处不用到数学。"

学习数学可以帮助我们培养独特的数学思维方式，这种思维方式是其他学科无法比拟的。可能我们终身无法触及数学的某些知识，但是数学思维方式却将深刻地影响着我们。数学学习中有大量的概念、推理和论证等，都离不开逻辑思维。概念是数学的逻辑起点、认知基础和核心载体。假设、推理、判断、验证，反复论证最终形成数学概念和结论，这是一个相互严密连接，往复循环的过程。数学学科尤其注重思维的科学性、逻辑性和严谨性。通过数学学习我们可以逐步做到思路清晰、言之有据、缜密思考，同时还要运用正确的推理方法，简洁准确地表述思维的过程。以学习数学知识为载体，通过严格认真的数学学习和训练，提升自己的数学素养，学好数学将为学好其他知识奠定坚实的基础。

（三）培养数学学科核心素养

小学数学知识奠定了学生继续学习的基本知识和基本技能，是发展学生数学核心素养，促进学生全面发展的基础。在数学学科教学中要注重培养学生核心素养。核心素养的培养必须以具体的教学内容为基础，教学的设计与实施也是以具体的学科教学内容为切入点。[①]小学数学教师教书育人，应当从数学核心素养的角度开展教学设计和实施，丰富学习内容，拓展学生的视野，增长学生的见识，提高学生的创新精神与实践应用能力，从而使学生的学科核心素养得以发展，实现德、智、体、美、劳全面发展的育人目标。

培养学生的数学核心素养是当下课程改革的基本目标，是适应教育教学改革发展趋势，培养我国人才建设的需要。社会的进步，经济的发展，更加需要提升学生综合素质和能力。数学核心素养的培养有助于提升学生适应社会发展和未来挑战的必备品格与关键能力，更是有助于学生全面发展的重要内容之一。

小学阶段的学习是人生学习的起步阶段，学生的学习必须符合他们的年龄和身心

---

① 马云鹏.如何在课堂教学中培养学生核心素养：以小学数学课堂教学为例［J］.中国德育，2018(8)：45－50.

发展特征。从小学数学学科的具体内容来看,数学核心素养包括培养学生的数感、符号意识、空间观念、几何直观、数据分析观念、运算能力、推理能力和模型思想、应用意识和创新意识等。例如:加强学生的符号意识,通过运算和推理,可以让学生用简洁的数学语言表示数以及数量关系及其变化规律。以直观的图示呈现,丰富形象的学习素材,以及和学生自主的想象可以帮助培养学生空间观念核心素养;基于现实生活情境的调查研究、收集数据,分析整理,数据判断等可以帮助学生形成良好的数据意识和基本能力。

新课程改革以来,我们的教育教学观念发生了很大的变化,素质教育理念深入人心,数学学习不再仅是空洞枯燥的理论知识。小学数学知识之间是紧密联系的,教学中要前后联系,充分调动学生的思维和学习经验,对数学的新旧知识进行充分探究和讨论,提高解决数学问题的基本能力,从而形成牢固的知识体系。数学产生和发展与现实生活之间的紧密联系,教师创设现实情境帮助学生理解和掌握相关知识,形成数学核心素养,不仅可以帮助学生获得数学知识,还能让学生感受到数学学科的价值,潜移默化地得到数学学科核心素养的培养,增强学生实践应用和创新能力。

(四)兼顾交融全面发展

数学学科与人文历史等其他学科交融,可以充分发挥功能,五育并举、协同发展。社会主义核心价值观内涵是“富强、民主、文明、和谐、自由、平等、公正、法治、爱国、敬业、诚信、友善”。中国学生发展核心素养,以科学性、时代性和民族性为基本准绳,以培养全面发展的人为核心,分为文化基础、自主发展和社会参与三大方面。六大素养分别是人文底蕴、科学精神、学会学习、健康生活、责任担当、实践创新,涵盖了人文情怀、审美情趣、理性思维、勇于探究、健全人格、社会责任、国家认同、劳动意识等十八大方面。

数学学科的学习将以数学学科核心素养和国家要求的道德品格,公民素养有机融合。例如,数学本身就具有科学严谨的特征,这种不同于其他学科的品性和风格,要求数学学习者假设有度、分析有方、论证有据。数学的概括、推理、判断一切都依据科学的态度,服从于客观真理,不掺杂半点虚假。数学学习还能强化学生遵守规则、规范的意识,数学的严密运算、缜密的逻辑推理都是依据相关的公理、定义、定理。学习数学可以帮助学生正确认识事物发展的规律,科学定律的客观性和严肃性,遵循一定程序和规范,具备严谨求真的治学态度,尊重事实,形成规范意识,逐步养成遵纪守法、正直诚实的优良道德品质。

学习数学可以塑造科学求真态度。科学精神是一种以事实为依据,尊重客观规律、坚持理性分析、积极探索创新,求真务实、开放包容的精神、心态和态度。学生在学习数学的过程中,不断钻研、大胆质疑、求索论证、推导结论,其从猜想到验证到形成结论的过程就是一个不断推翻、不断求真的过程。因此,数学学科本身就蕴含着求真求实的科学精神。假设、证明、质疑、批判、合作、交流、钻研、求真、科学、理性等精神,是数学学科育人价值的集中体现,这对于培育学生科学求真、勇于探索的品质以及终身学习和发展都有重要价值。

学习数学可以培育探索创新精神。“创新是一个民族进步的灵魂,是一个国家兴旺发达的不竭动力,科技创新越来越决定一个民族和国家的发展进程。只有提高青少年的创新能力,才能提高国家的创新能力”。数学是探索与创新的学科,具有高度的抽象性、严谨的逻辑性、思维的灵活性、分析问题的开放性、解决问题方法的多样性等特征。学生在学习的过程中要充分调动心理和思维参与,才能真正领会数学知识的产生与发展。数学知识的发展历程,一定程度上也展现了人类历史文明的发展和创新。只有通过学习数学,学生不断培养创新思维,树立信心,勇于探索,锲而不舍,刻苦钻研,不断成长,才能成为推动我国国家发展和民族复兴的中坚力量。

学习数学发展的历史,还能增强民族自豪感与自信心。中国数学文化的历史悠久,有许多世界瞩目的伟大历史成就,中国古代的《周髀算经》《九章算术》《孙子算经》《五曹算经》《夏侯阳算经》《孙丘建算经》《海岛算经》《五经算术》《缀术》《缉古算机》等10部数学算书,被称为“算经十书”。我国古代数学家丰硕的研究成果对世界数学的发展做出了巨大贡献。比如:祖冲之的圆周率推算、杨辉著《详解九章算法》等既能基于生活实践,又能吸收先进的数学思想并开拓创新。中国传统的数学文化与世界各国的数学文化共同促进和推动了世界数学的发展。因此,要加强对中国数学文化的学习,不断渗透和传递中华传统数学文化精粹,使学生继承和发扬中华传统数学文化的思想内涵和数学精神,感受数学文化的独有魅力,增强民族自豪感与自信心。

数学学科育人应结合学科特点,依托教学内容,强化育人实效,精准施教,促进学生德智体美劳全面发展。《教育部关于印发〈革命传统进中小学课程教材指南〉〈中华优秀传统文化进中小学课程教材指南〉的通知》,要求“依据学科内容体系和独特育人功能,把反映革命传统重要人物事迹、重大事件、伟大成就、重要论述作品、节日纪念日、故居遗址遗物、馆藏文物等适宜内容纳入课程教材。”数学学科和其他学科一样,其中蕴含了丰富的育人素材,数学课程教材中就有很多关于革命传统教育内容,也有很多数学家事迹、故事和成就。例如:陈景润、华罗庚等持之以恒、勇于攻关的故事,培养学生自强不息、勇于探索的科学精神，增强民族自豪感。我国被列入世界非物质文化遗产的中国算盘，中国古人发明的“唐图”（七巧板、益智图），具有中国特色的园林建筑、文化遗址、民间艺术，以及古代数学名家的成就等都可以让学生感受到中华数学文化的源远流长，了解我国数学家在数学发展史上的杰出贡献，从而增强民族自豪感，涵养爱国情怀，立下不断勇攀高峰、为国争光的远大志向。

渗透数学学科育人的人文理念，让学生在追溯知识本源的过程中，潜移默化地领会数学历史的人文蕴意和数学学习的真谛，培养独有的数学品质。开展数学学科育人的实际操作，体现数学学科固有的抽象性、演绎性、逻辑性，培养学生敢于质疑、勇于思考、求真务实的科学精神。更为重要的是，数学教育应该贡献学科的独特力量，致力于为未来社会培养合格公民，深入把握数学课程的知识体系，深刻认识并不断挖掘数学课程的内在规律和育人价值，努力培育既具有丰厚学识又对国家和人民有朴素感情，具有民族自豪感，愿为国家富强和民族复兴而奋斗终生的人才。

第三节　小学数学学科全息育人的价值

一、学生发展——促进数学学科素养的形成

（一）　帮助学生形成完整的数学知识结构

1.学科素养的培养应给予基础知识和基本技能。没有知识为基础而谈素养是空中楼阁，数学学科全息育人必须把数学知识的学习和完整的知识结构作为重要的学习目标，在教学中予以落实。数学知识结构是指数学知识之间横向和纵向的联系，是对数学知识融会贯通后所形成的深层结构①。教学中促进学生数学学习前后贯通，融会交融，往数学学习深层次认知和建构，有利于学生形成良好的整体知识结构，打下良好的数学学习基础，从而奠定发展学生数学学科素养的基础。

数学学科的认知结构是学生在学习数学知识的过程中，按其获取的知识的深度和广度，结合自己的记忆、思维、联想、理解等认知特点而形成的具有内部规律的完整知识结构。小学数学学科全息育人，应注重在学习过程中帮助学生利用旧知、借助经验，

① 叶澜，李政涛.学科教学的育人价值及其开发［M］.上海：上海教育出版社，2019：102.

在遇到新知识时利用同化学习，不断强化学生的应用意识，从而建构完整的知识体系。首先，数学知识的结构严密而有序，教学中教师应当将不同的知识点进行梳理，概括并形成框架，以便学生将零散的知识点有机地联系在一起，形成知识网络。第二，数学学习既注重知识，更注重数学方法和数学思维。教师指导学生在学习过程当中有效地梳理学习方法，引导学生回顾知识探索和形成的过程，优化学生的认知方法和认知结构。学生发现知识形成的基本方法将有助于学生在以后的学习中举一反三，自主探索，获取知识。第三，学生要在脑海中形成知识结构，还要具备结构化思维的能力。学生可以利用相应的工具和总结的方法，例如思维导图帮助自己形成知识结构图，学生将知识在自己的头脑中组织起来，形成将知识结构化的能力也非常重要。

2.数学学习应当抓住数学学科的本质。“数学是研究数量关系和空间形式的科学”。数学知识具有高度的抽象性、逻辑性和应用性。首先，要夯实数学学习的基础知识。例如数学学习中有大量的概念，数学概念的特点是抽象、晦涩、难懂。同时，学生的抽象概括能力还没有完全形成，这增加了学生的学习难度，因此，建构清晰的数学概念，夯实数学学习基础是抓住数学本质的前提条件。第二，注重知识的内在联系。数学知识是一个有机的整体，包含了大量的知识点。无论是数量关系还是空间形式，都有内在的特点和基本结构。知识之间存在着紧密的联系，数量关系与空间形式也有密切的联系，在特定条件下互相转化。例如，其典型表现就是数形结合的数学思想。因此，教师要注重知识之间的联系，加强知识整体的建构。第三，注意激发学生的数学思维。问题是数学的心脏。启发和培养学生的思维能力是学好数学，抓住数学本质的关键要素。只要学生善于提问、善于思考往往就能从数学抽象，逻辑推理，建构模型，空间想象等方面直击数学的本质。第四，帮助学生深层次地认识和理解知识。数学知识可以分为浅层知识和深层知识，深层知识就是指的数学知识最根本的性质、特征，数学知识的原点。例如平面图形、立体图形外在形状就属于浅层知识，可以在小学低段认识和感知图形；而图形的边、角、面等特征，就属于数学的深层知识，可在小学高段通过操作、验证等方法去深刻认识和理解，学生在学习过程中不断地操作、感知、体悟、内化、经历数学学科特有的逻辑推理、数理论证、抽象建模等，从而形成自己对数学的理解，形成良好的数学知识结构，从深层次理解数学本质。

（二）凸显数学学科特点，培养学生数学思维

1.数学是思维的体操，数学学科具有强烈的逻辑性、抽象性的特点。数学学习应当基于学生的认知基础，在必要的时候为学生提供充分的、形象直观的数学学习情境，让

学生进行充分的感知、直观形象地呈现学习内容，帮助学生发展思维；当学生的能力得到提升，抽象思维得到一定发展后，又应当让学生从情境当中脱离出来，聚焦数学问题进行必要的抽象、推理、建模。小学数学学科全息育人抓住数学学科的本质特征，即从数学知识的科学性和严谨性、数学思考的逻辑性、数学应用的广泛性，不断地去培养学生的思维能力和提高学生的应用能力和创新意识，从而不断地培养学生的数学思维能力和数学思维品质。

2. 教师应有目的地发展学生的数学思维。数学学科的知识和学习有其固有的特点，如数学知识内在的逻辑体系，严密数学论证的方法和数学的思想和方法等。教学中应基于牢固地掌握数学知识，不断地加强学生发现问题、提出问题、分析问题、解决问题能力的培养，不断渗透数学的思想和方法，帮助学生经历数学知识的形成过程，并积累数学活动经验。学生在教师的指导之下，通过多样化的学习活动，不断丰富数学学习的思维方式，发展逻辑思维、形象思维、直觉思维和辩证思维。

（三）基于数学本质，培养学生核心素养

1. 注重提升学生数学学习品质。《课标》指出，数学教学倡导知识应用和数学创造的能力培养。在学生的数学学习过程中，注重培养学生思维的灵活性和多样性，有利于不断激发学生的学习兴趣和学习灵感。充分基于学生的学习认知的经验，在新知识的认知过程中，不断发展学生的辩证思维，从而让学生的数学学习在稳定性、整体性之外更加体现灵活的数学思考和数学创造，提升数学学习的品质。

2. 注重发展学生核心素养。现代数学教学，特别关注数学的思想和方法，数学的活动经验，注重学生自主学习、主动学习的能力培养。除此之外，数学教育还特别关注学生整体学习力的培养。数学学科全息育人，就是要抓住数学的特点，基于数学的“四基”和“四能”培养学生主动地学习数学。既注重知识的获得，也注重学生学科核心素养的发展，更注重“五育并举”，培养有知识、有修养、有情怀的全面发展的人。例如从现有的教学案例来看，数学教育者注重数学文化的渗透，把数学的知识与数学知识的发生、发展相结合；与数学家的故事相结合；与其他学科知识交融，从而让学生习得基于数学学科知识基础之上的综合性知识。又例如在数学教学当中渗透美育，不仅体现在几何图形所呈现的外在之美，更体现在数学知识的结构之美、思维之美、数学思想方法之美等，从而拓展学生的知识面，全面发展学生的综合素质和核心素养。

二、教师成长——促成学科育人理念的生成

(一)帮助教师从教书到育人的教育观念转变

全息育人理念下的课堂教学,要求教师从传统的知识传授式教学,基于基本知识、基本技能的教学,逐步转向基于学生全面发展的、体现数学教育育人价值的课堂教学。教师只有更新教育教学观念,才能真实地改善自己的教学行为,才能实现学科课堂教学转型。以往教师在课堂教学设计时,往往注重在落实知识和表面的方法这些层面上的学习,而缺乏思考这样的知识内容和这样的学习方法,能够达到什么样的最终目的,会对学生的终身学习发展造成什么样的影响。以往教师的教学往往只停留在教教材,而不去关注数学学科知识的本质是什么。全息育人理念下的教育教学观念,要求教师在进行教学设计和实施时一定要追问:这样的教学究竟可以达到什么样的教育目的?有没有更好的方式实现数学学科的育人价值?

(二)深刻把握教材内容,基于学生认知基础开展教学

1.为了促进学生全面发展,教师在课堂教学当中需要进一步整合教学内容和目标,切实落实数学课堂教学的育人价值。例如基于育人的目标,思考教学的原点和育人的价值取向,基于教材呈现的线索,创造性地使用教材,创造更有价值的学习素材。

第一,教师应当对与本节课学习有关的知识和方法有清晰的认识,以此作为学生进一步学习的基础。第二,教师应该基于教学内容的重点难点,确定本节课的知识结构和学习方法,整体设计学习环节及相应的教学活动。第三,教师还要清楚整体的知识结构。注意把学生的新知与以往的旧知,以至于能与后面要学的知识进行前后沟通联系,形成整体的知识结构。积累知识和经验,前知为后知作学习铺垫,后面学习时也要知道可以运用前面的知识和方法作为基础,进行灵活迁移学习。

2.《课标》指出:“教师教学应该以学生的认知发展水平和已有的经验为基础,面向全体学生注重启发式和因材施教。”①教师要对学生知识基础、已有的活动经验,以及学生的学习认知能力有充分的了解,了解学生掌握了什么样的知识,学会了什么样的方法,依据最近发展去确定学生的学习目标和任务。准确地把握学生的学习困难和认知盲点,在关键之处做好学习的“组织者、引导者与合作者”。只有充分地把握了教材和学情,充分地做好面对课堂教学动态生成的准备,才能准确地实施教学目标,有效地完成教学任务。

① 中华人民共和国教育部.义务教育数学课程标准(2011年版)[M].北京:北京师范大学出版社.2011.

（三） 教学实践中实现学科育人价值

学科全息育人注重在教学的实施过程中注意建构知识体系、丰富的学习资源、多样化的学习方式，以及课堂教学的灵活生成，达到知识的习得与个人全面发展的协调统一。教师要不断更新教育教学理念，提升自身教师专业能力，始终坚持从教育的原点出发，进行教学设计和实施，提升教书育人促进学生全面发展的意识，才能在课堂教学实践中真正地实现学科育人的价值追求。

三、课堂转型——改善课堂教学的实践路径

（一）教学观念转型

课程改革的根本目的在于促进学生真正的学习发生，促进学生的全面发展。课程改革成败的关键在于课堂教学的转型，而课堂教学转型的关键在于教师。因此教师应当更新观念，按照学生的学习发展规律，从促进学生全面发展出发，从帮助学生适应未来生活和社会挑战的需求出发，科学地回答“培养什么人”的教育问题。我们应当在培养学生核心素养的指引下，建构出学科育人价值的新体系，回到学科知识创造的原点，把数学的知识的原始形态和原始价值充分挖掘；对教学内容的育人价值充分分析，并找寻新的生长点和新的学习资源，才能充分地从知识、情感、思维、审美、思想、精神等多个方面实现学生的全面发展。

（二）学习方式转型

课程改革不再是简单的教学内容的变化，其重心已经转化为学习方式的变革。教师要从传统讲授型转向为学习共同体的建设，“双主共学，互动共生”，已经成为这个时代优质课堂教学形态的关键标志。我们倡导的课堂教学的最佳状态就是教与学交融共生的状态。教师应当充分调动学生的能动性，尊重学生的独立性，体现学生的主体性，把学生有效的学习活动作为教学活动生成的根基，才能实现核心素养的落实。

（三）教学目标转型

国家课程实施最基本的途径是课堂教学，课堂教学成功的关键是教学设计，而这其中最关键的是教学目标的设计。准确的教学目标定位是设计教学程序、教学活动、教学问题、教学练习、教学评价的基础。教学目标的设计是指教师对课程目标、单元目标、教材内容和学生实际的学习条件等进行准确地了解和分析，对每节课将要达到的

学习结果和评价标准的一种预设。

2001年6月，教育部颁布的《基础教育课程改革纲要（试行）》指出："改变课程，过于注重知识传授的倾向，强调形成积极主动的学习态度，使获得基础知识与基本技能的过程，同时成为学会学习和形成正确价值观的过程。"这一表述明确指出，学生的学习除了获得必备的学科知识，同时还应该形成正确的人生观、价值观。

2014年，教育部下发《关于全面深化课程改革，落实立德树人根本任务的意见》，指出了培养什么样的人的问题。2018年9月，习近平总书记在全国教育大会上发表重要讲话强调"培养德智体美劳全面发展的社会主义建设者和接班人"，更是明确地将学生德、智、体、美、劳全面发展作为育人的总体目标。因此教学目标从"教书到育人"的转型是国家培养人总体目标的具体体现。

近20年来的课程改革，让我们对教学目标的定位更加清晰：第一，更新和重新认识课程改革时期基本知识和基本技能的内涵；第二，重视学生学习知识的过程与方法；第三，在学习知识的过程中，潜移默化地培养学生正确的价值观、人生观和世界观，要引导学生在学习知识的过程中形成正确的价值选择，具有社会责任感，努力为人民服务，树立远大理想。①

四、课程升级——完善数学与新时代的融合

（一）课程标准的基本要求

"人人都能获得良好的数学教育，不同的人在数学上得到不同的发展"。这是课程标准指出的对于义务教育阶段学生的培养目标。数学课程内容选择应该具有数学的特点，反映数学知识的发展和时代进步的需要，更要符合学生的认知规律。课程内容的选择要贴近学生生活，实际有利于学生体验、理解、思考和探索，它不仅要包括数学的结果，也必将包括数学结果形成的过程和其中蕴含的数学思想和数学方法。②数学课程的结构和数学课程的内容，将对学生在数学方面获得的发展产生直接影响。学生在数学学习当中所获取的数学知识与技能，将直接影响学生在现实生活中应用数学解决问题的能力，也会影响其在学习其他的学科能力的发展。③

21世纪之初20年的课程改革，对数学课程的结构和内容都提出了新的要求，也对学生未来发展提出了更高的培养目标。特别是在倡导学生全面发展，培养学生核心素

① 全国基础教育课程改革实验工作会议上的讲话，王湛，2003.

② 中华人民共和国教育部.义务教育数学课程标准（2011年）[M].北京：北京师范大学出版社，2011.

③ 李光树，王纬虹.义务教育数学课程育人功能研究[M].重庆：西南师范大学出版社，2010，133.

养的今天,数学课程内容的选择直接影响学生学习的综合效能,以及真实问题情境中解决问题能力。数学在现代社会的广泛应用,不仅仅是因为数学是学习其他学科的基础,还因为基本数学素养是现代社会公民必备的素养之一。

(二)课程改革的深入探索

改革开放以来,我国基础教育课程改革存在一些缺陷和不足,于是从20世纪90年代末开始,我国在原有基础课程进行调整的同时,开始酝酿和准备新一轮基础教育课程改革。1999年召开的第三次全国教育工作会议和国务院批转的教育部面向21世纪教育振兴行动计划,提出了改革现行基础教育课程体系,研制和构建面向新世纪的基础教育课程教材体系的任务,由此启动了轰轰烈烈的新一轮基础教育课程改革①。其提出的培养目标以及各个学科的课程标准提出的课程目标,都具体地体现了服务社会发展的主导价值追求,因此有学者认为课程改革最为核心的理念不能简单地理解为"以人为本",而是为了在时代的变革之下,为了适应社会发展的需求,不断提高国家综合国力以及人才培养需求的价值主导。

课程改革力图通过切实有效地促进人的发展,来构建国家发展、社会发展、民族复兴的坚实基础。国家的政策方针和各个学科课程标准的目标要求,既强调了人终身学习所必需的基础知识和技能、学习能力的掌握,又强调了正确的价值观的形成;既包含知识方面的目标,也包括了情感、心理、身体、审美等方面的要求,是对人的综合素质和健全人格全面的构建。我国基础教育的课程范式明示了从应试教育向素质教育转型的课程理念,对于这一理念的落实的典型表现是课程的综合化,课程的结构、教学规范及评价制度的转型②。钟启泉教授在其论文中指出我国基础教育课程改革至关重要的几个问题:一是关注课程的组织,统整与衔接。二是关注思想道德教育的针对性和实效性,即作为社会主义国家的我国始终将培养学生良好的思想品德作为教育活动的首要任务。三是关注现代信息技术向课程的渗透③。

随着课程改革的不断深入,我们越来越清晰地认识到:"教书与育人不是两件事,是一件事的不同方面,要教好书,首先需要明白育什么样的人"。④教师在教学中不能

---

① 彭泽平.改革开放以来我国基础教育课程改革评析[D].华东师范大学,2004.

② 钟启泉.寻求课程范式的转型——中国大陆基础教育课程改革的进展与问题[J].比较教育研究,2003(01):6-10.

③ 钟启泉.开发新时代的学校课程——关于我国课程改革政策与策略的若干思考[J].全球教育展望,2001(01):14-20+54.

④ 叶澜,李政涛."生命·实践"教育学研究(第三辑):学科教学的育人价值及其开发[M].上海:上海教育出版社,2019.

只满足于知识的传递，还应当把学生全面的、主动的、健康的发展意识和能力培养作为核心价值。因此我们要实现教书与育人的融通，一是要重视把学生作为生命体，综合关注他们各个方面的发展需要；二是深刻挖掘和理解数学学科中蕴含在课程、教材和具体教学内容中独特的、不可替代的生命价值或育人价值；三是努力探索与学科育人相关的教学行为与方法。

第二章

小学数学学科全息育人点导引

小学数学学科全息育人着眼于学生的全面发展，学科全息育人是培养人的重要途径。数学学科教育要在教育理论、学科课程标准、数学学科教材、学生认识水平等方面深入探索研究，促进学生德、智、体、美、劳全面发展。

第一节 小学数学学科全息育人点整体设计的依据

一、教育理论

实现人的全面发展是马克思主义一贯的核心价值，也是中国共产党长期执政的价值旨归。在我国持续推进人的全面发展的前提下，习近平总书记在中国共产党第十九次全国代表大会上的报告中做出了中国特色社会主义进入了新时代的伟大历史论断。推进人的全面发展是中国特色社会主义进入新时代的逻辑起点、贯穿主线以及目标归宿。

习近平总书记在全国教育大会上强调：要遵循教育规律，坚持改革创新，以凝聚人心、完善人格、开发人力、培育人才、造福人民为工作目标，培养德、智、体、美、劳全面发展的社会主义建设者和接班人。并围绕如何构建德、智、体、美、劳全面发展的教育体系，提出“学科体系、教学体系、教材体系、管理体系要围绕这个目标来设计，教师要围绕这个目标来教，学生要围绕这个目标来学”。因此，学科全息育人是培养人的重要途径。

叶澜教授指出：“任何一门学科的教学，都要认真分析本学科对于学生而言独特的发展价值，它除了指该学科领域所涉及的知识对学生的发展价值外，还应该包括服务于学生对所处的变化着的世界的认识；为他们在这个世界中形成、实现自己的意愿，提供不同的路径和独特的视角；学习该学科发现问题的方法和思维的策略、特有的运算符号和逻辑；提供一种唯有在这个学科的学习中才可能获得的经历和体验；提升独特的学科美的发现、欣赏和表现能力。”国际数学大师陈省身指出：“我们欣赏数学，我们需要数学。”亚里士多德强调：“数学能促进人们对美的特性——数值、比例、秩序等的认识。”由此可见，在长期的教育实践中，德育、智育、体育、美育、劳育是构成学校育人的五个重要方面。

数学学科作为学校教育的内容之一，以育人为目的，不仅限于指向数学本身的发展，而最终是指向人的发展。从数学的学科育人价值来看，数学知识、数学技能本身对学生智力培养和学生的发展具有重要的智育发展价值；数学思想方法、逻辑思维对学生的问题意识培养具有积极的作用，蕴含在教学内容中的关于爱国主义情感、集体主义情感、团结互助优良品质等内容，能够让学生拥有特殊的体验，能很好地促进学生的德育发展；数学独特的学科美感，学生可以在学习数学知识的同时欣赏数学美、感悟数学美，培养学生的审美情操，对学生发现、欣赏、表现美的能力，具有潜移默化的作用。在数学学习过程中，可以培养学生坚毅品格、一丝不苟、乐学善学的健全人格，让学生拥有一个健康的身心。同时，学生主动参与在实践中进行验证、创新，能增强其劳动实践意识，培养学生的实践能力。因此，数学教学要根据数学学科内容对其进行育人点挖掘，进行德、智、体、美、劳五育进行育人点的整体设计，最终实现培养人的发展。

二、学科课程标准

学科育人不仅是培养人的途径，更是培养发展学生核心素养的重要措施，而学科育人关键在于结合本学科的知识的生长点与延伸点、学生思维的障碍点和发展点，结合促进学生核心素养发展的主要内容与表现形式，确定其学科教学的育人点。《义务教育数学课程标准(2011年版)》(以下简称《课标》)强调：数学教育是一项传承和发展人类优秀文化的活动；数学教育可以发展学生的逻辑思维能力和创造想象能力，提升学生的理性思维、审美智慧和创新精神；数学教育要让学生经历数学发现的过程，学会“数学地思考”问题。这具有更强的时代精神，更符合公平的、优质的、均衡的、和谐的教育时代要求。

(一)从课程理念来看

数学课程应致力于实现义务教育阶段的培养目标，要面向全体学生，适应学生个性发展的需要，使得人人都能获得良好的数学教育，不同的人在数学上得到不同的发展。这里明确了数学课程的作用和任务，强调既要面向全体学生又要关注学生的差异。人人都能获得良好的数学教育，使每一个学生都接受良好的数学教育，提高数学素养，进而提高学生的公民素养。良好的数学教育，不是所有的学生都能得到一样的教育，而是他们得到的机会是一样的，但最后的发展有可能是有差异的。根据学生智力的发展，根据兴趣各方面的不同，照顾学生的个别差异，使每一个学生都能获得在德、智、体、美、劳等方面不同程度的发展。

《课标》指出：“教学活动是师生积极参与、交往互动、共同发展的过程。”数学教学活动，特别是课堂教学应激发学生兴趣，调动学生积极性，引发学生的数学思考，鼓励学生的创造性思维；要注重培养学生良好的数学学习习惯，使学生掌握恰当的数学学习方法。学生学习应当是一个生动活泼的、主动的和富有个性的过程。教师既要关注学生学习的结果,又要重视学习的过程;既要关注学生学习的水平,又要重视学生在活动中所表现出来的情感与态度,帮助学生认识自我和建立信心。因此,学生学习的全过程,就是德智体美劳全面发展的过程。

(二)从课程性质来看

义务教育阶段的数学课程是培养公民素质的基础课程,具有基础性、普及性和发展性。数学课程能使学生掌握必备的基础知识和基本技能,培养学生的抽象思维和推理能力,培养学生的创新意识和实践能力,促进学生在情感、态度与价值观等方面的发展。义务教育的数学课程能为学生未来生活、工作和学习奠定重要的基础。这就要求数学教育过程中,要关注数学观念和数学意识的培养,要将学生具备数学的量感、符号意识、几何直观、空间观念、数据意识、运算能力、推理意识和模型意识等融入学生的数学学习之中,将隐藏在数学教学内容中的数学精神,通过数学教学活动将育人精神传递给学生,让学生在创新精神和实践能力上得到有效提升。学科育人目标的定位,是坚持在教学知识的基础上,挖掘育人素材,进行点滴渗透、自然融合在教与学中。例如:在小学数学学习中,教师们一般能根据儿童及教材的特点,坚持“做中学”的思想,让学生通过观察、操作、猜想等数学活动,自己发现知识。在实验探究的过程中,去追求过程的“实”和结果的“真”,培养学生具有独立思考、坚持真理、严谨求实的科学态度。

(三)从课程目标来看

课程目标的修订,提出对学生的“四基”“四能”的培养,这是对义务教育的总体阐述,是总纲,贯穿义务教育的始终。通过义务教育阶段的数学学习,学生能获得适应社会生活和进一步发展所必需的数学的基础知识、基本技能、基本思想、基本活动经验。让学生体会数学知识之间、数学与其他学科之间、数学与生活之间的联系、运用数学的思维方式进行思考,增强发现和提出问题的能力、分析和解决问题的能力。从而引导学生了解数学的价值,提高学习数学的兴趣,增强学好数学的信心,养成良好的学习习惯,具有初步的创新意识和科学态度。数学教育是一个培养人的过程,既要面向全体,使每一个人都能获得良好的数学教育,又要照顾差异,让不同的人在数学上得到不同的发展。这就要求数学教师必须为孩子的学习和个人发展提供最基本的数学基础、数学准备和发展方向,促进孩子健康成长,使人人获得良好的数学素养,不同的人在数学上得到不同的发展。

(四)从课程内容来看

《课标》指出:“数学教学活动必须建立在学生认知发展水平和已有的知识经验基础之上。”这意味着小学数学课堂教学应站在儿童立场,准确把握学生的学习起点,把学生的数学知识和生活经验作为教学资源,合理处理教材,调整课堂结构,真正做到以学定教,以教促学。处理好课程内容应做到以下三点:一是课程内容应反映社会的需要、数学的特点,要符合学生的认知规律。它不仅包括数学的结果,也包括数学结果的形成过程和蕴涵的数学思想方法。课程内容的选择要贴近学生的实际,有利于学生体验与理解、思考与探索。二是课程内容的组织应重视过程,处理好过程与结果的关系;应重视直观,处理好直观与抽象的关系;应重视直接经验,处理好直接经验与间接经验的关系。三是课程内容的呈现应注意层次性和多样性。要充分考虑从学生的认知规律、学生学的过程、学生的终身发展出发进行选取,从而真正达到育人目的。

(五)从课程实施来看

数学教学是数学活动的教学,是师生之间、学生之间交往互动与共同发展的过程。可以说,数学教学和数学教材在育人价值层面的作用又一次被提升到一个新的高度,数学的价值不仅在于能够让学生获得更加丰富的数学知识和技能,还应体现学生的主体地位,重视学生在实践中“爱数学、学数学、用数学”的情感体验,提升学生实践和创造力水平,增强学生智力发育,在培养学生树立正确的价值观和世界观,在德、智、体、美、劳等层面发挥其特有的育人价值。

在课程实施的过程中,要重视学生的学习活动。要让学生在学习过程中感受成功和挫折、分享发现和成果,感悟数学思想,积累数学活动经验;要让学生的数学素养、数学的应用与实践、探索求知、信息技术整合等方面得以改革创新,为学生成长创造良好的发展空间。同时将育人目标有机融合在教学过程之中,把数学思想、方法、数学精神、数学文化等传递给学生,让学生在获得知识的同时得到价值的传递和素养的培养。

在课程实施的过程中,要重视课堂教学评价。有效的教学评价有助于及时对师生教与学的情况做出判断与评估,也有助于教师“对症下药”,进一步改进教学,从而达到事半功倍的效果,同时能引导学生身心健康发展。例如:在小学低年级数学教学中,许多教师把考试成绩作为评价学生的唯一标准,一定程度上忽视了课堂评价。根据《课标》的要求,教师要准确定位小学低年级数学课堂评价的功能、掌握课堂评价的关键要素、善于运用评价结果,找准育人点,不仅能实现教学效率的提高,还能让学生对世界观、人生观和价值观有正确的认识。

三、数学学科教材

无论教育改革如何进行，课程标准如何编制和修订，教育的所有教学改革，最后都要落实到教师“教什么”和“如何教”、学生“学什么”和“如何学”的问题上。因此，作为课程载体的教材就显得尤为重要，教材是课程理念、课程目标和教学内容的载体，是《课标》的具体体现，是教师教和学生学的重要依据，是学生进行知识学习的主要参照，是提升学生学习效果，落实育人目标的重要阵地，教材内容的结构编排、呈现方式、数量多少等直接关系到教师的教与学生的学。小学数学学科教材以西南师大版小学数学教材为例，其育人功能如下：

（一）数学学科的特点具有育人功能

数学从它的结构看，是模型；从它的过程看，是推理与计算；从它的表现形式看，是符号、是语言；从对人的指导看，是方法论。美国数学家R.柯朗在《数学是什么》一书中写道：“数学，作为人类智慧的一种表达形式，反映生动活泼的意念、深入细致的思考，以及完美和谐的愿望，它的基础是逻辑和直觉，分析和推进，共性与个性。”因此，数学是一门培养学生发展的滋养理性的学科，其作用和价值在于推动学生个体的成长和发展，而不是简单的知识理论学习。西南师大版小学数学教材正是如此，除了能让学生获得数学知识以外，还能够让学生在逻辑思维、数学语言、数量关系等方面获得一定的能力，并能够用这种能力去观察和分析世界，用这种能力去培养独特个性的思维方式和思维方法，让学生成为个性鲜明的个体。

（二）数学学科的素材具有育人功能

西南师大版小学数学教材重视农村、关注西部，蕴含着一定的育人价值。其素材选取上重视农村和西部，不仅有利于农村、西部小学生数学学习动机的激发和对相关数学内容的理解，而且促使他们从小就了解、关心和热爱农村、西部。同时也为城市、东部的小学生准确和深入认识农村、西部提供重要的数学课程资源，减少他们因不熟悉而疏远甚至歧视农村、西部的现象。另外，教材中的数学文化内容设计和呈现形式彰显出育人价值。数学文化内容以“你知道吗”命名，整套教材共有35个，均安排在合适的章节末尾，与本章节的内容有联系，在数学知识上涵盖了数与代数、图形与几何和统计与概率三个知识领域，其内容设计系统化，将题材分为知识的由来与发展、数学家的故事、数学的应用、数学思想与方法、数学故事五个类型，使小学数学内容从知识、思想、技能、问题解决、情感等多方面得到拓展。如通过介绍“阿拉伯数字的由来”“长度单位米的来历”“统计的产生与发展”等帮助学生了解数学在人类发展中的作用，激发学生数学学习兴趣，拓宽学生的视野和提高人文素养。数学文化的内容以连环画的形式呈现，有时以卡通人物的对话框，语言具有儿童化，图文并茂，形式活泼。如四至六年级“你知道吗”末尾均设有“链接活动”，其对连环画内容进一步阐释，引导学生对呈现内容进行反思，对相关内容进行查询和交流，从而让学生受到数学文化的熏陶，提高学生的反思能力和增加丰富的信息量。

教师在教学过程中就可以通过教材上知识的传播，让学生明白数学中蕴含着丰富的人文精神和教育价值，这种教育价值在于能够让人获得精神层面的慰藉。通过数学教学让学生获得数学知识、创新能力、训练思维、思维方法；通过这些方法能够加深对概念的理解，对思维品质的提升，从而达到智育提升的目的；通过数学审美能力的提升，增强数学创造能力，在这一过程中学生能够创造灵感，感受数学之美，受到文化的熏陶。

（三）数学学科的编者意图具有育人功能

教材特色是教材的独到之处或优势的集中体现，西南师大版小学数学教材编写特色尤为突出，对于促进教材多样化发展，提升学生核心素养具有重要的现实意义。编者力图通过创设密切联系学生生活的情境，通过图文并茂的素材，注重转变学生的学习方式，重视数学知识的形成过程及应用等。例如：课堂活动编排在例题后，用以引导学生在课堂上巩固当堂所学知识的内容，一般每课时设计有一个。课堂活动注重游戏、操作、对话交流与探究。第一学段较重视游戏，第二学段更加突出探究性。课堂活动的编写符合小学生的年龄特征和认知发展规律；对于激发学生数学学习兴趣、积累基本活动经验、深刻理解所学知识，提高动手实践能力、表达能力和创新意识等有着重要的促进功能。

为此，该教材突出学科本质和核心思想，以培养学生核心素养为目标，在引导学生自主探究获取知识的同时，更多地关注学生数学思想方法的领悟和思维品质的提升，同时重视培养学生独立思考、严谨求真的科学态度，进一步滋养了学生的理性精神，实现了小学数学学科的育人价值。

四、学生认知水平

认知是人对客观世界的认识活动。小学生的认知能力随着其年龄和经验的增长而不断发生变化。一般认为，认知包括感觉、知觉、注意、记忆、思维、言语、想象、创造、问题解决等方面。小学生从笼统、不精确地感知事物的整体渐渐发展到能够较精确地感知事物的各部分,并能发现事物的主要特征及事物各部分间的相互关系。小学生的注意力不稳定、不持久,且常与兴趣密切相关。小学生的记忆最初以无意识记、具体形象识记和机械识记为主。小学生的想象从形象片段、模糊向着越来越能正确、完整地反映现实的方向发展。低年级的小学生,想象具有模仿、简单再现和直观、具体的特点,到中高年级,他们对具体形象的依赖性会越来越小,创造想象开始发展起来。其思维从以具体形象思维为主要形式逐步向以抽象逻辑思维为主要形式过渡,但他们的抽象逻辑思维在很大程度上仍是直接与感性经验相联系的,具有很大成分的具体形象性。其情感逐渐变得更加稳定,丰富、深刻。低年级学生虽已能初步控制自己的情感,但还常有不稳定的现象。到了小学高年级,他们的情感更为稳定,自我尊重,希望获得他人尊重的需要日益强烈,道德情感也初步发展起来。他们的自制力还不强,意志力较差,所以遇事很容易冲动,意志活动的自觉性和持久性都比较差。

小学生学习数学是建立在数学学科认识的过程中,伴随着学生认识、运用数学的过程,蕴含着数学抽象、逻辑推理、数学建模等过程,与数学学科核心素养息息相关。因此,提高学生的数学学科认识水平,要充分引导学生亲历知识的生成过程,有效利用学生的生活经验,发挥比较的辨析功能,充分利用元认知的梳理功能等。提高学生的数学思维能力,可以让学生在形象的情境中,进行学生的思维加工。例如,在认识周长时,到自然界中采摘一片树叶,然后去研究它的周长,学生的注意力自然就会集中在树叶的"周"上,问题则指向"长"上,于是思维自然就会将树叶抽象成一个只有"周"而不考虑树叶本身的产物。于是在课堂上可以看到这样的情形:学生将树叶平铺在草稿纸上,然后用笔描出树叶的"周"。这实际上就是一个数学抽象的过程,可以很好地帮助学生建立"周"的概念。建立了"周"的概念之后,如何测量像树叶这样的不规则物体的周长,考验着学生的智慧,也决定着学生对数学学科认知的走向。这一育人过程,能有效地提升学生的数学学科综合素养。总之,小学生的德、智、体、美、劳的全面发展要结合其认知特点进行因材施教。

第二节　小学数学学科全息育人框架

一、小学数学学科全息育人整体框架介绍

“学科全息育人”是指学科的、课程的、一堂课的全部信息，是以学科课堂实现教学到育人的功能转变，贯穿全学段、全学科、全过程、全方位的育人方法、路径、策略。小学数学学科全息育人从“学科认知、德性育人、审美育人、健康育人、劳动育人”五个维度出发，分别设置一级指标和二级指标，全方位构建育人框架体系。所谓“学科认知”就是学生通过学习数学学科，掌握必备的基本知识和基本技能，领悟数学思想与方法，提高思维能力和创新能力，积累数学活动经验；“德性育人”重在培养学生的辩证思维和良好的学习品质，养成实事求是、言必有据、一丝不苟、严肃认真、坚韧不拔、独立思考、勇于创新的良好习惯，使之具有国家认同感和社会责任感；“审美育人”旨在引导学生感受数学证明过程及数学结论的确定性和严谨性，体会理性思维的魅力，感受到数学之美；“健康育人”就是在学科学习中促进学生身心健康发展，不仅要养成健康的意识，还能正确面对成功和失败，具有较好的抗挫能力；“劳动育人”着眼于培养学生劳动实践意识和能力，让学生在实践中发展能力、验证创新，促进学生在情感、态度和价值观等方面的发展，为未来生活、工作和学习奠定重要基础。全息育人让学科育人更立体、更多元，更能有效实现五个维度的和谐统一，实现育人目标。下面是小学数学学科全息育人指标体系整体框架（图 2–1）。

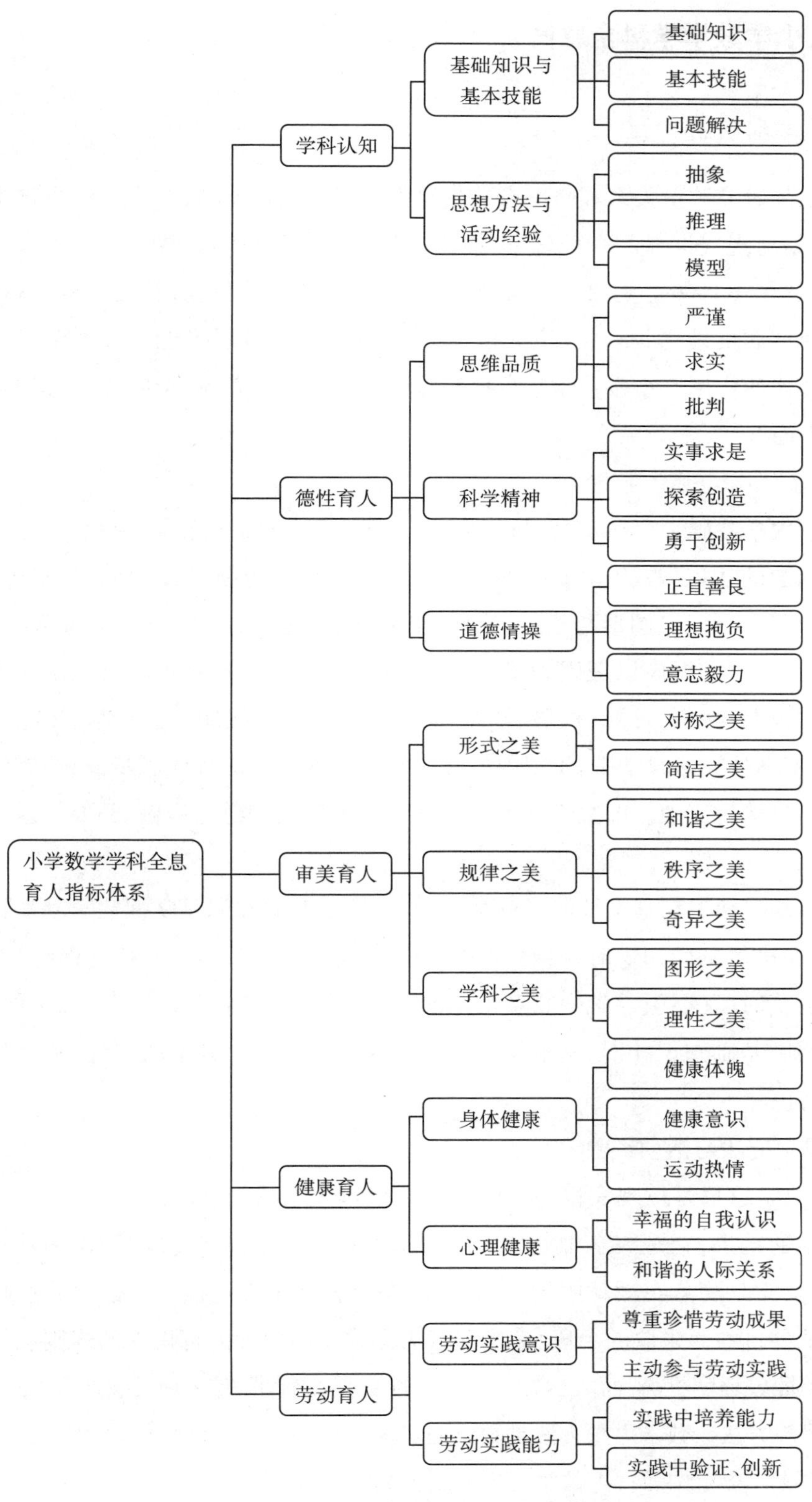

图2-1 小学数学学科全息育人指标体系框架图

二、小学数学学科全息育人整体框架解读

(一)学科认知

数学是研究数量关系和空间形式的科学,它广泛应用于社会生产和日常生活的各个方面,是对现实世界的一种思考、描述、解释、理解和应用。数学学习不只是数学知识的学习,更不只是重复的计算与训练,它能开启儿童的智慧,发展儿童的思维品质,提高解决问题的能力,丰富儿童的精神世界,在培养人的思维能力和创新能力方面有着不可替代的作用。小学数学学科认知分为基础知识与基本技能、思想方法与活动经验两个方面。

1.基础知识与基本技能

小学数学基础知识涉及“数与代数、图形与几何、统计与概率、综合与实践”四大领域。包括数的认识、数的运算、常见的量、式与方程、正比例和反比例、探索规律、图形的测量、图形的运动、图形与位置、统计、可能性、问题解决等。“学生掌握数学知识,不能依赖死记硬背,而应以理解为基础,并在知识的应用中不断巩固与深化。”与这些知识相关的审题、解析、计算、检验、作图、测量等就是基本技能。关于基本技能,《课标》指出“在基本技能的教学中,不仅要使学生掌握技能操作的程序和步骤,还要使学生理解程序和步骤的道理。”即数学基本技能的教学不但要知道怎样做,还要知道为什么这样做。

数学基础知识和基本技能紧密结合,掌握数学基础知识是掌握数学基本技能的前提,因此在讲解基础知识时,要有意识、有目的地渗透相关的基本技能训练,在进行相关技能训练时,又要引导学生联系学过的基础知识,让二者有机结合、相互促进、共生共长,做到“基础知识扎实、基本技能熟练”,这是我们数学教学的传统,也是我国数学教学的特色。

2.思想方法与活动经验

(1)数学思想是指现实世界空间形式和数量关系反映到人的意识中,经过思维活动而产生的结果,它是数学中处理问题的基本观点,是对数学基础知识和基本方法本质的概括,它是隐藏在教材中的一条暗线,需要教师用心挖掘。而数学方法是人们为了达到某种目的而采取的手段、途径和行为方式中所包含的可操作的规则和模式。数学思想的抽象程度更高,而数学方法的实践性更强,二者既有区别又彼此联系,通常合称为数学思想方法。数学思想方法是数学的灵魂,要学好数学、用好数学,就要深入领悟数学思想方法。史宁中教授把数学思想归纳为抽象、推理和模型。

抽象是抽取出同类数学对象的共同的、本质的属性或特征的思维过程。通过抽象,人们把现实世界中与数学有关的东西抽象到数学内部,形成数学的研究对象,其思维特征是抽象能力强,它包括符号化思想、数形结合思想、分类思想、对应思想、极限思想等。

推理是从一个或几个已有的判断得出另一个新判断的思维形式。推理一般包括合情推理和演绎推理,合情推理用于探索思路、发现结论,演绎推理用于证明结论。学生推理能力的发展贯穿在整个学习过程中,通过推理,人们从数学的研究对象出发,在一些假设条件下,有逻辑地得到研究对象的性质以及描述研究对象之间关系的命题和计算结果,促进数学内部的发展,其思维特征是逻辑推理能力强。它包括类比思想、转化思想、归纳思想等。

模型就是从现实生活或具体情境中抽象出数学问题,用数学符号建立方程、不等式、函数等表示数学问题中的数量关系和变化规律,求出结果并讨论结果的意义。方程、函数就是一种数学模型。通过模型,人们用数学所创造的语言、符号和方法,描述现实世界中的故事,构建了数学与现实世界的桥梁,其思维特征是表述事物规律的能力强。

(2)活动经验主要指通过具体操作所获得的经验,是对看得见、摸得着的东西进行直接操作,它是建立在生活经验基础之上,是在具体的数学学习活动中逐渐积累、逐步得到的东西,它是数学知识的一部分,是一种认识、一种经历,是学习者在参与数学活动的过程中所形成的感性认识、情绪体验和应用意识。因此,数学教学更重要的是过程的教学,要给出充分的时间和空间,结合具体内容让学生在数学学习活动中经历观察、实验、猜测、计算、推理、验证等活动过程,在做数学中体验数学、感悟数学,积累数学活动经验。

(二)德性育人

我们现阶段教育的根本任务和目标就是“立德树人”。立德,就是坚持德育为先,通过正面教育来引导人、感化人、激励人;树人,就是坚持以人为本,通过合适的教育来塑造人、改变人、发展人。为了更好地落实“立德树人”的教育目标,我们必须坚持德育为首、五育融合,因此,德性育人是学校教育的核心内容。作为数学学科,我们不仅仅要让学生获得相应的学科认知,更重要的是让学生在获得学科认知的同时形成良好的思维品质,具有探索求真的科学精神,养成良好的道德习惯,因此,小学数学学科德性育人包括了思维品质、科学精神、道德情操三个方面。

1.思维品质

思维品质，实质是人的思维的个性特征，它反映了每个个体智力或思维水平的差异。主要表现在：思维的逻辑性、广阔性、深刻性、灵活性、敏捷性、批判性、创造性和预见性。小学数学学科，不仅仅要教授学科知识，更重要的是要有意识地结合教学内容对学生进行思维品质的培养，特别是要通过实践观点、普遍联系观点、运动变化观点、对立统一等观点的教育，让学生学会辩证思维，树立科学的世界观，逐步形成严谨、求实、敢于批判的思维品质。

2.科学精神

科学精神，是一种实事求是、探索创造、勇于求新的理性精神，是学生在学习、理解、运用科学知识和技能等方面形成的价值标准、思维方式和行为表现。因此，在小学数学教学中，要把学生当作一个发现者、探究者、思考者，让学生动手实践，追溯知识的本源，经历知识的形成过程，以发现为起点，以探究为主要方法，以分析推理、演绎归纳为主要思维形式，有意识引导学生大胆探索、求真务实、敢于质疑，感受发现的乐趣，发展学生的求知欲，让学生乐学善学、勤于反思、坚持真理，让探索求真在学习活动中得以落实并发展。

3.道德情操

道德情操通常指道德情感和操守的结合，是构成道德品质的重要因素，它是一种重要的精神力量，对人的道德行为起着支持作用。不同社会和时代道德情操有不同的内容和要求。当今时代，培养学生的道德情操，其核心就是学会做人，成为正直善良、有理想抱负，有责任担当、对国家对人民有用的人。数学作为整个教育的一部分，在学科教学中，要充分挖掘教材中的德育因素，把学科知识教学与教材中蕴涵的德育素材有机结合，激发学生的民族自尊心和自豪感，热爱祖国、诚实勇敢；学习之路艰难曲折，学生在学习过程中教师要有意识培养学生坚忍不拔的意志品质，要有战胜困难的信心和勇气，要学会自我约束、自我管理、自我检查、学会合作，养成运用知识解决问题的意识和习惯，从小培养学生的国家认同感和社会责任感，扣好人生第一颗纽扣，争做新时代的好少年。

（三）审美育人

审美育人的终极旨趣在于塑造一个道德高尚、人格健全、精神丰富、生活幸福的人，从而实现人的自由全面发展，体验完善至美的人生。古往今来，追求美是人类最早发展起来的最强烈的社会需求，作为人类文明和智慧的结晶，数学之美充满整个世界。英国科学家狄拉克说“上帝使用了美丽的数学来创造世界”，数学之美遍布生活中的各个方面。作为数学学科的审美育人包括形式之美、规律之美和学科之美三个方面。

1.形式之美

数学美集中体现在它的形式美上。数学是一门精密科学，又是形式科学，其明显特征是广泛的适用性、高度的抽象性、严格的逻辑性和语言的简明性，因而数学的审美价值主要在于它的形式美方面。数学形式美，要求以最合理、最恰当的形式表现美的内容，它是可以从事物的外在属性例如声音、颜色、尺度等表现出来的美，在表现同一内容的众多形式中，力求选择一种最理想的表现形式，力求形式上的创新。这种美往往可以通过人的一般感知即可认识与把握。数学的形式美主要包括对称之美、简洁之美。

(1)对称之美

数学研究客观世界的空间形式与数量关系，研究现实中的各种模式，必然要描述大量的对称性，当然存在丰富的对称美。首先，数学的对称美包含有形的对称：即关于点的对称、线(或轴)的对称和面的对称。具有对称性的几何形体显得匀称、均衡、和谐，给人美感。其次，数学中有数或式的对称。如一些神奇的数字就具有很好的对称性，如 $1\times1=1$，$11\times11=121$，$111\times111=12321$……此外数学中的一些概念，表达式也具有一定的对称性，如对称多项式、对称函数等，它们刻画了现实世界中一类特殊的具有对称美的数量关系或数学系统。最后，数学中还有思想方法的对称，可以简化我们的学习研究，带给我们轻松愉悦的感受。

(2)简洁美

数学的简洁之美，不是指数学内容简单，而是指数学的表达形式、数学的证明方法和数学的理论体系的结构简洁。具体包括数学语言简洁美，就是数学的概念、符号、公式、定理、法则等都可以用简洁的数学语言来表述；几何图形简洁美，就是几何图形中轴对称、中心对称图形本身和几何图形组合成各种图案带给人的简洁；探索方法简洁美就是在探索知识的过程中，应当以最简单的方法探究得出结论；解题方法的简洁美就是在解决问题时，要善于寻找、选择简单的方法，正如狄德罗所说“美的解答是指一个困难、复杂问题的简单回答”；梳理方法简洁美，就是用简单、有效的方法帮助学生把握整体，梳理知识体系，形成知识网络，感受知识的系统美。

2.规律之美

数学规律就是数学内在的必然联系，这种联系存在于图形之间，数字之间或算式之间，教学时要有意识地引导学生去探究规律，发现规律，感受到规律之美。数学的规律之美主要表现为和谐之美、秩序之美、奇异之美。

数学的和谐美基本表现为其内容和形式的统一性和对称性，在数学中不可胜数，如著名的黄金分割比、图形的密铺、勾股定理等。

秩序就是事物按照一定的规律井然有序地存在。数学的秩序美主要表现为有序，有序地思考、有序地罗列、有序地计算、有序地证明，感受数学的严谨周密。

所谓奇异美，是指奇怪、异常、突发，出乎意料的事物，给人带来惊讶、兴奋、激动的感觉，令人身心愉悦，产生美感。数学的奇异美存在于数和形的奇、数和形的异及思维方式的奇异中，常常给人“出人意料”和“令人震惊”的体验。

3.学科之美

数学美是自然美的客观反映，是科学美的核心。简而言之，数学美就是数学中奇妙的、有规律的、让人愉悦的、美的东西。数学学科之美是独有的数学美、可以概括为图形之美、理性之美。

图形美：主要是指图形的形象美、对称美、排列美、奇异美和图形的运动变化之美。

理性美：理性是数学特有的气质，数学学习不仅仅是获得一些概念、公式，更重要的是要养成严谨的学习态度和良好的学习习惯，因此在我们的数学课堂上要从准确把握数学知识、注重过程体验、发展数学思维等方面孕育数学理性，让数学充盈理性之美。

（四）健康育人

健康是指一个人在身体、精神和社会等方面都处于良好的状态。小学数学学科中的健康育人就是帮助学生树立健康意识，养成良好的健康行为，拥有健全人格，能调控自己的情绪，积极乐观，与他人和谐相处，团结互助，健康成长。它包括身体健康和心理健康两方面。

1.身体健康

所谓身体健康，就是拥有健康体魄，能抵御疾病的侵袭。因此在学习过程中，要引导学生养成健康意识和行为习惯，端正坐姿和站姿，正确用眼，早睡早起，坚持体育锻炼，热爱体育运动，充满运动热情，增强身体免疫力，养成良好的锻炼习惯，促进身体健康成长，让学生从小就拥有健康的身体。

2.心理健康

所谓心理健康是指心理的各个方面及活动过程处于一种良好或正常的状态。心理健康的理想状态是保持性格完好、智力正常、认知正确、情感适当、意志合理、态度积极、行为恰当、适应良好的状态。小学数学作为基础教育的主要学科，要促进学生心理健康，需要营造宽松、和谐、民主、平等的学习氛围，创设问题情境，激发学习兴趣，对问题有强烈的探究欲望，在学习过程中有愉悦的情感体验，想学、好学、乐学、善学；遇到困难勇于面对并克服，相信自己，不轻言放弃；与同学友好相处，能充分感受到集体的温暖。同时对学生的点滴进步及时肯定和鼓励，关注学生的心理变化，及时疏导，让学生自信大方、乐于分享、善于交流，在群体生活中提高幸福的自我认知能力，形成和谐的人际关系。

（五）劳动育人

劳动教育是使受教育者树立正确的劳动观点和态度，养成劳动习惯的教育。其主要内容是：树立正确的劳动观，懂得劳动的伟大意义；热爱劳动和劳动人民，养成劳动习惯；树立学习是学生的主要劳动的观点，勤奋学习。作为小学数学学科的劳动育人，从小培养学生的劳动意识、理解劳动意义，养成劳动习惯，可以提升学生的社会适应能力，促进社会进步和发展。具体包括劳动实践意识和劳动实践能力。

1.劳动实践意识

培养学生热爱劳动、尊重劳动、敬畏劳动是我们教育工作者的重要责任。小学数学教材提供了丰富的劳动情境和素材，教学时要用好这些宝贵的资源，让学生明白农民劳动生产出粮食，工人劳动生产出日用品、交通工具、高楼大厦等；老师劳动为我们传授知识；医生劳动医治伤痛；歌手用美妙的歌声给我们美的感受；科学家劳动提高了生产生活水平等。劳动不仅创造了物质财富，还创造了精神财富，让学生感受到“劳动无高低贵贱之分”，劳动能创造幸福美好的生活，从小树立正确的劳动意识，树立以辛勤劳动为荣，以好逸恶劳为耻的荣辱观，尊重劳动成果，主动参与劳动实践。

2.劳动实践能力

劳动能启迪人的智慧，提升人的创新能力，它是人类进步的源泉。作为数学学科，离不开操作实践，更离不开反省思考和领悟。教学中，要相信学生，让学生自主探究，充分经历“自主学习”“自主探索”“自主感悟”和“自主解决问题”的过程，找到适合自己的学习方法，实现真正的知识建构，从而促进数学学习兴趣的激发和思维品质的养成；重视数学综合实践与运用，给学生创设问题解决的情境，模拟相应的实践活动，扮演不同的劳动者角色，学会从不同角度去分析问题和解决问题，提升学生的综合能力。劳动的过程是经验积累的过程，小学数学解决问题的意义不应仅仅停留在能够解决某一类问题，获得某一类问题的结论和答案上，而应在“解决问题”这一劳动活动中经历和形成相应经验、技巧、方法，体验到解决问题策略的多样性，获得一定的解决问题的策略，在实践中培养能力，在实践中大胆创新。

第三节　小学数学学科全息育人点设计

小学数学学科育人点一年级(上)单元导引

一、10以内数的认识和加减法(一)	
学科认知	1.能认、读、写5以内的数,会用5以内各数表示日常生活中的一些物体的个数、顺序位置,并能在同学之间进行交流。 2.认识5以内数的大小,认识符号"＞,＜,＝"的含义,能用符号和语言描述5以内数的大小,体验比较数的大小的方法。 3.初步体会加法和减法的含义,能熟练地口算5以内数的加减法。经历与他人交流各自算法的过程,获得一些初步的数学活动经验。 4.规范书写数字、符号、算式,培养认真看、算、写的习惯。 5.鼓励积极参加数学活动,增强对数学的好奇心和求知欲。
德性育人	1.在升旗活动和参观校园中,培养对学校和祖国的热爱之情。 2.在写数的过程中,培养学生不惧困难,力求将数写得规范、美观的意志力。 3.在比较过程中,感受数的大小的辩证性。 4.在整理知识的过程中,培养善于总结、反思的良好品质。
审美育人	1.通过观察、说数、摆数等活动,从具体实物抽象出数的过程中,感受数的抽象美和简洁美。 2.在数的分解与组成过程中,体会排列的有序性,感受数学的秩序美。 3.通过例题的教学,感受从有到无的过程,体会数序的排列与规律美。 4.在比较中,感受符号的抽象美和简洁美。 5.从具体情境到算式呈现,感受算式的抽象和简洁美。
健康育人	1.通过与同桌合作对口令等游戏,培养和谐的人际关系,感受学习中的快乐。 2.在书写大于、小于、等于符号中,培养握笔、书写、坐姿等良好习惯。 3.在加法与减法的情境教学中,渗透交通安全意识。
劳动育人	1.通过摆学具活动,培养动手操作的实践能力。 2.通过找生活中的0,感受0在生活中的运用,积累数学活动实践经验。
二、10以内数的认识和加减法(二)	
学科认知	1.在5以内数的认识和加减法的基础上,经历从具体情境中抽象出数的过程,能认、读、写6～10各数,能用6～10各数表示生活中物体的个数。 2.在数数、认数的过程中掌握6～10各数的顺序,能够区分几个和第几个,能用数表示物体的顺序和位置。 3.在具体的情境与活动中,进一步体会加减法的含义,能正确熟练地口算6～10的加减法;能正确计算10以内数的连加、连减和加减混合。在计算过程中,初步体会计算方法的多样化,并经历与同伴交流计算方法的过程,获得初步的数学活动经验。 4.能对数、数学符号、算式等进行规范书写,逐步养成仔细看、细心算、认真写以及发现错误及时改正的良好习惯。

续表

德性育人	1.通过P25例1情境创设,增强植树造林的环保意识,培养劳动实践意识。 2.通过练习四第9题,感受祖国科技进步,培养爱国之情。 3.在写数的过程中,培养不惧困难,力求将数写得规范、美观的坚毅品格。 4.在探究算法的过程中,培养主动探究的能力及类推能力。 5.通过一图二式和一图四式,渗透数形结合的思想,感受辩证思想。 6.通过有节奏韵律的凑十歌,激发学生学习兴趣,培养乐学善学的思维品质。 7.通过例题的情境图,培养热爱大自然、热爱小动物的环保意识,培养社会责任感。 8.通过情境图,激发热爱校园、热爱同伴,热爱身边一切美好事物之情。 9.在整理知识的过程中,培养善于总结、反思的良好品质。
审美育人	1.通过观察、说数、摆数等活动,在具体实物抽象出数的过程中,感受数的抽象美和简洁美。 2.在数数过程中,感受数学的严谨与秩序美。 3.从具体情境到算式呈现,感受数学的抽象美和简洁美。 4.P27课堂活动第1题,按规律说出凑10数,感受数学的规律美。 5.通过整理加法表和减法表,感受数学的规律美和简洁美。
健康育人	1.通过创设森林运动会的情境,培养热爱小动物、热爱运动,以及强身健体的意识。 2.在多种形式的练习活动中,鼓励积极参与、攻克难题,感受学习的乐趣,增强学习自信。 3.通过P36例4的情境图,培养安全意识。 4.通过P43练习七第7题,培养遵守公共秩序的良好习惯及交通安全意识。 5.通过P48练习八第8题"准载客10人",渗透交通安全教育和珍爱生命教育。
劳动育人	1.通过P25例1情境图和练习五第5题,培养热爱劳动、积极参与劳动的意识。 2.积极参与各项操作活动,培养动手实践能力。 3.通过P39练习六第7题情境图,认识农用机械,渗透劳动意识,培养发现问题、提出问题的能力。 4.通过P40例2、P43练习七第6题情境图,培养积极参与家务劳动的意识,提高主动参与劳动的意识。 5.通过综合与实践,积累活动经验,感受数学的应用价值。
三、分一分 认识图形	
学科认知	1.初步学习按照一种标准对图形进行分类,这里的分类是为了更好地认识图形。 2.通过实物和模型辨认长方体、正方体、圆柱和球等几何体。 3.经历简单分类和整理的过程,积累学习体验,培养观察能力、动手操作能力和语言表达能力。 4.感受数学与日常生活的密切联系,激发学习数学的兴趣。
德性育人	1.通过情境图,理解分类的好处,培养爱清洁、爱整理的良好习惯。 2.通过搭积木活动,培养合作协同,探索创新的精神。 3.通过P55练习九思考题,培养大胆猜测、勇于求证的精神。
审美育人	通过从具体实物到立体图形,感受抽象之美。
健康育人	在多种活动中,获得良好的情感体验,培养积极的学习态度。
劳动育人	1.通过整理自己的书包,培养学以致用的能力及劳动意识。 2.通过分、摸、说等活动,培养参与意识,在活动中培养表达、合作等能力。

续表

四、11～20各数的认识	
学科认知	1.经历从日常生活中抽象出数的过程，从中体会11～20各数在生活中的应用价值。 2.认识计数单位“十”和“一”，初步知道“十位”“个位”，知道11～20各数的组成。 3.能认、读、写11～20各数，会用11～20表示物体的个数与顺序。 4.能用“大一些”“小一些”“大得多”“小得多”等语言描述20以内各数之间的大小关系。 5.能熟练地口算20以内的不进位加法和不退位减法。 6.在与同伴合作探索的过程中体验成功，从中产生主动学习数学的积极情感。
德性育人	1.通过主题图的教学，培养爱家乡之情。 2.在写数的过程中，培养不惧困难，力求将数写得规范、美观的坚毅品格。 3.在探究算法的过程中，培养知识“迁移”能力及主动探究的能力。 4.通过练习十一第8题、思考题，培养攻克难题、不轻易放弃的坚毅品格。 5.在整理知识的过程中，培养善于总结、反思的良好品质。 6.通过数学文化“阿拉伯数字的由来”了解数字发展的简史，拓宽视野。
审美育人	1.通过捆、拨等活动，在具体实物抽象出数的过程中，感受数的抽象美和简洁美。 2.在数的分解与组成过程中，体会排列的有序性，感受数学的秩序美。 3.从具体情境到算式呈现，感受数形结合的思想和数学的抽象美和简洁美。
健康育人	通过主题图的教学，培养爱护环境、强身健体、健康生活的态度。
劳动育人	1.通过P61练习十第9题，渗透劳动意识。 2.在探究算法的过程中，培养动手操作的实践能力。 3.通过P65练习十一第9题，培养发现问题、提出问题、解决问题的能力。 4.通过数学文化“阿拉伯数字的由来”，感叹劳动人民的智慧，渗透尊重珍惜劳动成果的意识。
	五、20以内的进位加法
学科认知	1.结合具体的情境，进一步体会加法的含义。 2.经历探索20以内进位加法计算方法的过程，掌握计算方法，并能熟练地口算20以内的进位加法。 3.能获得一些简单的、初步的解决数学问题的方法。 4.能克服数学学习活动中遇到的困难，获得成功的体验，初步建立学好数学的信心。
德性育人	1.在探究算法的过程中，培养积极思考、合作协同的精神及严谨的思维习惯。 2.通过P73练习十三第8题，渗透合理的消费意识。 3.通过例题情境图，培养团结友爱、互帮互助的良好品质。 4.在整理知识点的过程中，建构知识框架，培养善于总结、独立思考的良好品质和合作交流的意识。
审美育人	1.通过课堂活动，感受数学排列之美。 2.通过P80练习十五第4题，渗透统计意识，感受表格简洁美。 3.在整理20以内的进位加法表的过程中，感受有规律的排列美。
健康育人	1.通过主题图，培养热爱运动、强身健体的意识。 2.在探究算法的过程中，培养团结互助的意识，学会欣赏他人的算法，学会在对比中优化算法，形成健康的心理。 3.通过P74例2情境图，渗透生命安全教育。 4.通过P82练习十六第6题，培养交通安全意识，进行珍爱生命教育。培养积极参与有益的活动的意识，形成积极向上、阳光的心理。

续表

劳动育人	1.通过P74例1的教学,培养一题多解的思维能力,提高解决问题的能力。 2.通过P75例3情境图,参与美化校园的活动,渗透劳动教育。 3.通过P78例1、P80练习十五第8题情境图,培养热爱劳动、心怀感恩的意识。
六、20以内的退位减法	
学科认知	1.进一步体会减法的意义。 2.掌握20以内退位减法的计算方法,能熟练地口算20以内的退位减法。 3.尝试从日常生活中发现并提出简单的数学问题,获得初步的解决简单数学问题的方法。 4.在数学学习活动中获得成功的体验,从而产生学习数学的兴趣。
德性育人	1.通过P83主题图的教学,培养热爱小动物、热爱大自然的意识。 2.在探究算法的过程中,培养积极思考、合作协同的精神及严谨的思维习惯。 3.通过P85例3的教学,感受辩证思想。 4.通过P92例2情境图,培养良好的拿书、看书、放书等文明行为习惯。 5.在整理知识点的过程中,建构知识框架,培养善于总结、独立思考的良好品质。 6.通过环保小卫士,拓展环境保护的视野,培养垃圾分类意识、环保意识,以及热爱祖国大好河山的爱国之情,培养社会责任感。
审美育人	1.通过P83主题图的教学,感受人与自然的和谐美。 2.通过排算式,发现规律,感受数学排列之美。 3.在探究活动中,感受数学的概括美和抽象美。 4.在整理20以内的退位减法表的过程中,感受数学有规律的排列美。
健康育人	1.通过P88例2情境图,培养热爱运动、强身健体的意识。 2.通过P94练习十九第6题,进行户外活动安全教育,提高学生安全意识,促进学生身心健康发展。 3.通过P90练习二十第6题,培养积极乐观的竞争意识。
劳动育人	1.通过P90练习十八第3题,渗透劳动意识,培养热爱劳动、主动参与劳动的精神。 2.通过P95例1情境图,渗透爱劳动的教育,以及植树造林的公民意识。 3.通过图文结合,培养分析问题、解决问题的实践能力。

小学数学学科育人点一年级(下)单元导引

	一、100以内数的认识
学科认知	1.在现实情境中理解100以内数的意义,认识百位,能熟练地一个一个地和十个十个地数出100以内的数。 2.知道100以内的数的组成,能正确地、比较熟练地读、写100以内的数。 3.能用100以内的数表示物体的个数或事物的顺序和位置,能比较100以内数的大小。 4.初步感受100以内的数在现实生活中的应用,在教师的指导下,从日常生活中发现并提出与100以内的数相关的数学问题,并尝试解决。 5.能有效地利用20以内数的认识来主动学习100以内数的认识,积极主动参与数学活动,在学习过程中体验获得成功的乐趣,建立学好数学的自信心。
德性育人	1.通过P1主题图的教学,知道重庆的发展变化,培养对家乡的热爱之情。 2.通过阅读奥运会金牌数的统计表信息,渗透爱国主义教育。 3.在信息的收集整理中,渗透信息意识,培养现代公民能力。 4.通过数数、百数表,培养合作交流意识和探究精神。 5.在整理知识点的活动中,提高合作协同、自我反思的能力。 6.在实践活动中,培养独立自主的人格和与人合作交流的能力。

续表

审美育人	1.在中秋文化的浸润下，感受传统文化之美，提高文化认同感和文化自信心。 2.通过数数、摆数、拨数、写数，从具体形象到抽象出数，感受数学的简洁与抽象美。 3.在百数图中，感受数在排列中的规律之美。 4.在大小关系的比较中，感受符号的魅力，培养符号意识。 5.在各种趣味数学游戏中，感受数学的规律美、简洁美、严谨美和理性美。
健康育人	1.在数数遇到困难时，鼓励不怕挫折，培养抗挫承压的能力。 2.在练习中，内化知识，体验成功的快乐，形成积极乐观的心理。 3.在猜数游戏、小组合作等活动中，学会与人交流、与人合作，培养和谐的人际关系。
劳动育人	1.在数数活动中，激发主动参与意识，积累数数活动经验。 2.在摆数、拨数活动中，培养动手操作能力，积累操作经验。 3.在调查本校各班人数，综合与实践“有趣的数”教学活动中，激发学生主动参与多种游戏和调查活动，培养收集、调查能力，积累实践经验。
二、位置	
学科认知	1.会用上、下、前、后、左、右描述物体的相对位置。 2.能将所学知识运用于生活实际，初步辨认在同一场所自己或他人所在的相对位置。 3.经历描述物体的相对位置的过程，培养观察能力及语言表达能力。 4.感受所学知识在生活中的应用价值，增强学习数学的兴趣。
德性育人	1.通过P22例1情境图的教学，渗透保护小动物的责任意识。 2.通过P22例2和P26练习五第5、6题的教学，渗透规则和纪律意识，培养遵守交通规则，文明出行的行为习惯。
审美育人	在探索方位的活动中，感受方位的相对性。
健康育人	1.通过P21主题图，P22例2和P26练习五第5、6题情境图的教学，了解简单的道路交通规则，培养遵守交通规则、珍爱生命的安全意识。 2.通过P26练习五第4题情境图的教学，渗透体育锻炼意识。
劳动育人	通过P24课堂活动第3题，在剪拼活动中，培养动手能力，提高对知识的应用实践能力。
三、认识图形	
学科认知	1.通过观察、操作、合作、交流等活动，直观认识长方形、正方形、三角形和圆，能辨认和区分这些图形。 2.能根据给定的事物发现规律，并能按给定的规律进行操作(画、摆、涂……)。 3.积极参与剪、拼、讲、数等活动，积累一定的数学活动经验，培养空间观念和创新意识。 4.经历图形分类及探索规律的过程，提高学习数学的兴趣及学好数学的信心。
德性育人	1.在长方形、正方形、三角形和圆的探究活动中，培养学生自主探索、合作交流的意识。 2.通过举例生活中的三角形和圆形环节，认识交通标志，渗透交通规则和安全教育。 3.在探索规律和图形拼组活动中，初步培养合作意识、规则意识和创新精神。
审美育人	1.在图形的探索活动中，感受图形的抽象美。 2.在规律的探索中，发现图形排列的规律美。 3.在拼组图形中，培养色彩搭配、构图等审美能力。
健康育人	1.在探索活动中，鼓励不怕挫折，培养坚韧的品质。 2.在探索规律活动中，体验成功的快乐，形成积极健康的自我认知。 3.在图形拼组活动中，培养团结互助、和谐的人际关系，体验学习的乐趣。

续表

劳动育人	1.在图形拼组活动中,渗透主动参与实践活动的意识,积累实践活动经验,培养在实践中创新的意识。 2.培养相互欣赏劳动成果、尊重珍惜他人劳动成果的意识。
四、100以内的加法和减法	
学科认知	1.结合具体情境,进一步体会加法和减法的含义,理解100以内数的加、减法的算理,掌握100以内数的加、减法的计算方法。 2.能口算100以内数不进位和不退位的整十数加、减整十数,两位数加减整十数、一位数,两位数加、减两位数,初步掌握用竖式计算不进位和不退位两位数加、减两位数的计算方法,能笔算两位数加减两位数的加法。 3.在理解与表达算理和算法的活动中培养表达能力和数学思维能力,渗透数形结合等数学思想方法。 4.感受100以内数的加减法在生活中的应用,能从具体生活情境中发现并提出简单数学问题。 5.通过直观形象、生动有趣的教学活动,感受到数学学习的乐趣,获得良好的情感体验。
德性育人	1.在口算算法探索中,培养合作意识和探究精神。 2.在解决比多比少问题中,学会辩证思维。 3.通过P43练习八第7题参观野生动物园的情境,渗透保护小动物的教育和文明参观的良好行为。 4.在中秋文化的浸润下,感受传统文化之美,提高文化认同感和文化自信心。 5.通过了解班级男女生人数,培养集体意识,热爱班级的教育。 6.通过P48练习九第9题,渗透熊猫是国宝的常识,培养热爱小动物,保护小动物的社会责任感。 7.在整理知识点的活动中,培养协同合作、自我反思的能力。
审美育人	1.通过折纸的情境,感受折纸艺术,感受数学的奇异美。 2.通过竖式的书写,感受竖式的抽象美和简洁美。
健康育人	1.在练习活动中体验数的运算的实践价值,激发学习兴趣,体验成功的快乐,增强学习自信。 2.通过P46课堂活动第3题、P48练习九第8题进行爱护牙齿、保护视力的教育,培养健康意识。 3.通过P45例3的座位情境图的教学,渗透安全乘车、文明乘车教育,提高生命安全意识。 4.通过P51练习十第9题体育用品情境图的教学,渗透热爱体育锻炼的教育,激发运动热情。
劳动育人	1.通过操作小棒或计数器,培养动手能力及验证求真的科学精神。 2.在模拟买东西的活动中,培养数学应用意识和解决简单实际问题的能力。 3.通过P42练习八第4题蜜蜂采花蜜情境图的教学,感受劳动的艰辛,渗透珍惜劳动成果的意识。
五、认识人民币	
学科认知	1.能认识各种面值的人民币及人民币的单位(元、角、分),知道1元=10角、1角=10分。 2.会进行人民币的简单换算、计算和实际应用,培养思维能力和实践能力。 3.知道如何爱惜人民币,培养勤俭节约的美德。
德性育人	1.通过认人民币面值的活动,渗透爱惜人民币的教育。 2.通过人民币的换算活动,渗透勤俭节约的教育。 3.通过P57练习十一第11题废品回收站情境图的教学,渗透保护环境、废物利用的教育,培养学生垃圾分类的意识。 4.通过数学文化,让学生感受祖国经济发展、科技进步与人们生活水平的不断提高,从而拓宽学生视野,激发生活热情。
审美育人	通过观察人民币,感受祖国大好河山,激发审美情趣。

续表

健康育人	1.通过人民币的换算活动,感受人民币的实际价值,建立正确的金钱观。 2.在人民币的换算活动中,面对困难,培养积极主动克服困难、迎难而上的坚韧品质。
劳动育人	1.通过模拟购物,培养运用数学知识解决生活问题的实践能力。 2.通过课堂活动说一说,小调查,了解人民币在生活中的运用,在实践中培养能力,增强实践运用意识。
	六、认识钟表
学科认知	1.认识钟面、时针和分针,掌握整时、几时半和大约几时在钟面上的表示方法,能认、读这些时间。 2.在经历认识整时、几时半和大约几时的过程中,积累认识时间的活动经验,培养观察能力。 3.从计时工具的演变过程中,拓展对计时工具的认识,感受古今劳动人民的智慧和科学技术的发展。
德性育人	1.通过认识钟表,培养珍惜时间,遵守时间的良好习惯。 2.通过介绍计时工具的变化,感受劳动人民的智慧,培养民族自豪感。 3.在认识钟表的活动中,培养乐学善思,获得快乐的体验。
审美育人	1.通过大大小小,形状不一的钟表,激发审美情趣。 2.通过两种时间表示方式的学习,感受电子计时法的简洁美。
健康育人	在认识钟表的活动中,渗透合理安排时间的健康意识,积极参与有益活动。
劳动育人	1.通过认一认、拨一拨、写一写等活动,培养动手操作能力。 2.通过上网查阅“计时工具的变化”资料,培养主动参与的习惯,感受劳动人民的智慧。
	七、100以内数的加法和减法(二)
学科认知	1.结合具体情境,进一步体会100以内数的加减法的意义,理解并掌握100以内数的进位加法和退位减法的计算方法。 2.会正确口算或笔算两位数加一位数的进位加法和两位数减一位数的退位减法,能正确笔算100以内的进位加法和退位减法。知道连加、连减的运算顺序,能正确计算连加、连减。 3.经历两位数加减两位数进位加法和退位减法计算方法的探索过程,初步感受100以内数的进位加法和退位减法在现实生活中的应用。 4.在教师的指导下,从日常生活中发现并提出与100以内数的进位加法和退位减法相关的数学问题,并尝试解决。 5.能利用20以内数的加减法和100以内数不进位加法和不退位减法的知识,学习100以内数的进位加法和退位减法,积极主动参与相关的数学活动,在学习过程中体验获得成功的乐趣,建立学好数学的自信心。
德性育人	1.在算法的探究过程中,培养大胆尝试、勇于探究、协同合作的精神。 2.通过P69例3春游情境图的教学,渗透爱护大自然和环境教育。 3.通过P73练习十四第7题,创设重庆桥都的情境及P69例4农村“评星”活动的情境,培养热爱家乡之情。 4.通过P71例5入队情境的教学,渗透热爱少先队、红领巾教育。 5.通过P80例4购买文具的情境,渗透爱惜文具等良好习惯的教育。 6.通过整理与复习,培养协同合作、自我反思的能力。 7.通过P85第6题少数民族个数的情境教学,了解我国是一个统一的多民族国家,渗透爱国情怀教育。

续表

审美育人	1.在摆小棒探索算法的活动中,感受数形结合美。 2.感受竖式的规范美。 3.通过情境图,感受新农村的自然美和环境美。 4.通过比多比少的问题探究,感受数学的辩证美。
健康育人	1.通过P78练习十五第7题乘船的情境教学,渗透水域安全的生命教育。 2.通过P86练习十七第9、10题,渗透锻炼身体、科学饮食的健康意识。 3.通过P69例3、P82练习十六第6题,鼓励积极参与有意义的活动,培养积极健康的身心意识。
劳动育人	1.在探索算法的活动中,培养操作能力,积累数学活动经验。 2.在P82练习十六第5题教学活动中,感受劳动的艰辛,培养尊重劳动成果的意识。 3.通过P69例4的教学,感受新农村建设的美好,感悟劳动创造美。
八、分类与整理	
学科认知	1.通过具体的情境,能根据给定的标准或自己选定的标准,对事物或数据进行分类,感受分类与分类标准的关系。 2.经历分类整理数据的过程,并能呈现分类整理的结果,积累分类整理的活动经验,培养初步的统计意识。 3.在参与分类整理的活动中获得成功的体验,培养学习数学的兴趣,逐步养成良好的学习习惯。
德性育人	1.通过分类,培养学生探究意识和合作意识,渗透分类的辩证思维。 2.通过课堂活动教学,渗透爱惜人民币教育。 3.通过P92"分一分",渗透爱护小动物意识。
审美育人	1.在图形分类中感受分类整理的整洁美和规范美。 2.在分类中感受统计表的简洁美。 3.通过农场图,感受大自然的美好,培养审美情趣。
健康育人	1.在分类中,引导学生学会与人交流,培养独立自主的人格和与人合作交流的能力。 2.通过P89例3跳绳的情境教学,渗透体育锻炼教育。 3.通过农场图,培养学生尊重大自然、尊重生命、人与大自然的和谐共生的意识。
劳动育人	1.经历分类、整理的过程,培养动手操作能力和统计意识,学会简单的分类统计方法,积累统计活动实践经验。 2.通过不同标准的分类,增强应用数学知识的意识。

小学数学学科育人点二年级(上)单元导引

一、表内乘法(一)	
学科认知	1.结合现实情境,经历把几个相同数的连加表示成乘法算式的学习过程,初步理解乘法的含义,知道乘法算式各部分的名称,会读、写乘法算式。 2.经历编1~5的乘法口诀的过程,知道乘法口诀的来源,熟识1~5的乘法口诀并能熟练地口算1~5的乘法。 3.在具体的情境中初步感知乘加、乘减题的运算顺序,会计算乘加、乘减题。 4.在编乘法口诀的过程中,初步培养抽象、概括以及发现简单规律的能力,增强自主学习的意识,感受学习成功的乐趣。 5.结合情境图,在学习中受到热爱自然、热爱科学、保护环境等方面的教育,在情感、态度方面健康发展。

续表

德性育人	1.通过校园图的教学，培养热爱学校之情。 2.在探索乘法的初步认识和编口诀中，培养探究精神和合作交流意识。 3.通过练习二第7题分蛋糕情境图的教学，渗透与人分享的美德教育，培养善良的做人品质。 4.通过P15例3科学实验图的教学，培养从小热爱科学的意识和实事求是的科学精神。 5.通过北京奥运情境图的教学，渗透民族自豪感，培养热爱祖国之情和国际意识。 6.在思考题的练习中，勇于探究不畏困难，培养坚忍的意志品质。 7.在整理知识点的过程中，建构知识框架，培养勤于反思的良好品质。
审美育人	1.在探索相同加数连加改写成乘法时，感受乘法算式的简洁美。 2.在编乘法口诀和整理乘法口诀的过程中，感受乘法口诀的规律美和简洁美。 3.在创编青蛙儿歌的教学中，感受数字儿歌规律的和谐美和秩序美。 4.通过整理与复习第2题的数轴情境，感受数学的理性美。
健康育人	1.通过P1校园图教学，渗透锻炼身体的健康教育，激发运动热情。 2.在探究活动中，培养和谐的人际关系，提高抗挫承压能力。 3.在编乘法口诀的各种游戏活动中，感受数学学习的生动有趣，激发学习数学的热情，体验成功的快乐，健全幸福的自我认知。 4.通过滑冰、跳绳、奥运会等情境图的教学，渗透锻炼身体的健康意识，提高参与体育运动的热情。 5.通过练习六第6题用药情境的教学，渗透安全用药的健康意识教育。 6.通过练习七第5题的情境教学，渗透合理膳食的健康意识。
劳动育人	1.通过P2例1植树情境，让学生感受劳动的价值，渗透尊重珍惜劳动成果的意识。 2.在摆筷子的情境中，让学生感受劳动的价值，渗透尊重劳动成果的意识，鼓励学生主动参与劳动实践。 3.通过练习三第10题住宾馆情境，提高学生的社会实践能力。 4.通过练习七第5题购买食品情境，培养学会珍惜食物，尊重他人劳动成果的意识。
二、角的初步认识	
学科认知	1.结合生活情境认识角，感受角与生活的密切联系。 2.能说出角各部分的名称，会辨认角。 3.认识直角，会用三角板判断一个角是不是直角。 4.直观认识锐角和钝角，会摆出锐角、钝角。 5.在探索角的过程中，获得成功体验。
德性育人	1.通过主题图的教学，渗透热爱学校、热爱学习，培养正直善良的美德。 2.在探究角的认识活动中，培养探究精神和合作交流能力。 3.在使用工具判断角的活动中，培养一丝不苟的严谨态度。
审美育人	在探索角的活动中，感受角的图形美、符号的简洁美。
健康育人	1.通过情境图的教学，渗透锻炼身体的健康教育，激发学生运动热情。 2.在探索活动中，渗透安全使用剪刀、三角板等工具的教育，保证个人与他人的人身安全。
劳动育人	1.主动参与认角、找角、折角、做角、摆角、比角等实践活动中，培养学生的动手实践能力。 2.在使用三角板和方格纸等工具判断角的活动中，培养学生灵活、创新解决问题的实践能力。

续表

三、表内乘法(二)	
学科认知	1.经历编写6~9的乘法口诀的过程。 2.熟记6~9的乘法口诀,并能正确、熟练地利用6~9的乘法口诀求积。 3.在编乘法口诀、应用口诀的过程中,感受数学与生活的联系。 4.在编制和整理乘法口诀的过程中,培养简单推理以及发现规律的能力,进一步感受与同学合作交流的价值,增强学好数学的自信心。
德性育人	1.通过P31例1台历图的教学,渗透合理安排时间意识。 2.通过九九表的数学文化介绍,感受数学发展的悠久历史,培养民族自豪感和国家认同感。 3.在整理知识点的过程中,建构知识框架,培养善于总结、勤于反思的良好品质。 4.在练习十一第3题的教学中,渗透爱惜人民币教育。 5.在练习十一第7题的教学中,渗透热爱学校生活的教育。 6.在赶场活动中,感受传统集市的魅力,渗透合理消费的意识;体验购物活动,感受不同人物角色的人生价值,培养学生在公众场合的文明习惯。
审美育人	1.在编乘法口诀和整理乘法口诀的过程中,感受乘法口诀形式的简洁美、规律的秩序美。 2.在赶场活动中,感受乡土文化和新农村建设的美好生活。
健康育人	1.在编乘法口诀的过程中,体验成功的快乐,健全人格,培养幸福的自我认知。 2.通过练习九第11题划船图和练习十第9题游乐园图的教学,渗透玩耍中的安全教育和规则意识,渗透珍爱生命教育。 3.在整理与复习第1题的教学中,渗透热爱体育锻炼的健康意识。 4.通过练习十一第8题的教学,渗透健康的饮食习惯。
劳动育人	1.在探究乘法口诀的各种活动中,渗透主动参与实践活动的意识,学习实践活动的方法,积累实践活动的经验。 2.通过练习十第8题购物情境图的教学,渗透正确的消费观,学会尊重和珍惜劳动成果。 3.通过练习十一第4题制作转盘活动,培养动手实践能力。 4.通过练习十一第9题算工作时间的情境,感受父母工作的价值,学会珍惜劳动成果。 5.在赶场活动中,感受劳动的价值,渗透尊重劳动成果教育,渗透主动参与实践活动的意识,学习实践活动的方法,积累实践活动的经验。
四、观察物体	
学科认知	1.能根据具体事物、照片或直观图辨认从不同角度观察到的简单物体。 2.经历从实际物体中抽象出简单平面图形的过程。
德性育人	1.通过观察活动,培养仔细观察的学习习惯和从不同角度观察的批判辩证思维。 2.通过拍照情境,感受家庭氛围,培养爱家、爱生活之情。
审美育人	在探索方位的活动中,感受方位的相对性和数学的理性美。
健康育人	1.在观察物体的各个活动中,学会分工合作,培养和谐的人际关系。 2.通过练习十二第1题的教学,渗透安全教育,培养健康意识。
劳动育人	主动参与观察物体活动,学习从不同角度观察物体的方法,并能将自己观察的结果与人交流,积累活动经验。

续表

五、测量长度	
学科认知	1.在测量活动中,体会建立统一长度单位的重要性。 2.体会并认识长度单位厘米、米,知道分米,会进行简单的单位换算,能恰当地选择长度单位。 3.在经历不同方式测量物体长度的过程中,掌握用米、厘米作单位测量物体长度的方法,并从中获得成功的体验。 4.在测量活动中,初步感受长度测量与实际生活的密切联系。
德性育人	1.在探索几厘米的长度活动中,感受直尺的产生过程,感受数学文化,培养对数学的兴趣。 2.在测量活动中,培养学生严谨的测量态度和一丝不苟的测量习惯。 3.在学习“米的来历”的数学文化中,感受人类文明,培养对数学学习的兴趣。 4.通过情境图,感受校园生活的丰富多彩,培养热爱学校之情。
审美育人	1.在填测量结果中,感受统计表的简洁美。 2.在参与测量活动中,感受校园的环境美。
健康育人	1.在测量自己手指宽、手掌长、手掌宽、手臂长、身高、1拃长、1庹长等活动中,了解自己的身体,渗透健康意识。 2.在练习十四第9题测量跳远活动中,渗透运动中的安全教育,培养健康运动的意识。 3.通过小小测量员情境图的教学,渗透体育锻炼意识。 4.在测量活动中,学会文明安全参与活动,培养安全活动的意识与和谐的人际关系。
劳动育人	1.主动参与各种测量活动,会合理使用测量工具,正确读取测量结果。 2.在测量活动中,渗透主动参与实践活动的意识,学习实践活动的方法,积累实践活动的经验。
六、表内除法	
学科认知	1.在分一分的活动中,经历不同分法的过程,理解“平均分”的意义。 2.能结合具体情境,体会除法的意义,并能说出除法算式各部分的名称。 3.经历、探索用乘法口诀求商的过程,能根据具体的除法算式正确选择乘法口诀求商,能熟练地口算表内除法。 4.在摆学具和解决问题的活动中理解倍的含义,能解决一些有关倍的简单实际问题。 5.会运用所学习的乘、除法知识解决生活中的一些简单实际问题,培养数学应用意识和解决问题的能力。 6.了解除法与生活的联系,体会表内除法的应用价值。
德性育人	1.通过主题图和P69例2的教学,感受校园生活的丰富多彩,培养学生热爱学校之情。 2.在学习“乘除号的来历”的数学文化中,感受数学知识的发展,感受数学的魅力,培养对数学的热爱之情。 3.通过练习十九第10题和练习二十二第9题,进行保护小动物教育,培养学生的善良品质。 4.通过练习二十第3题情境,渗透爱护校园环境意识。 5.在整理知识点的过程中,建构知识框架,培养学生善于总结、反思的良好品质。 6.在P93整理与复习第4题中,渗透合作协同意识和热爱班级的教育。
审美育人	1.在分一分的活动中,感受平均分的和谐美和理性美。 2.在认识除号的活动中,感受除法算式和除号的简洁美。 3.通过圈一圈、分一分和练习十七第5题等活动中,感受数学的理性美。 4.在摆一摆的活动中,感受图形排列的简洁美和规范美。 5.通过练习二十二第9题的教学,感受人与自然的和谐美。 6.通过走进田园,感受田园风光,体验大自然之美。

续表

健康育人	1.通过P69例2和练习十八第10题的教学，培养体育锻炼意识。 2.在分一分的活动中，体验成功的快乐，健全学生人格。 3.通过练习十五第3题，渗透环保知识，培养健康生活的意识。 4.通过练习十七第10题，渗透游泳的好处，培养体育锻炼的意识，同时渗透游泳的安全教育。 5.通过练习十七第11题，向学生渗透正确喝水的好处，培养健康生活的意识。 6.通过练习十八第6题和练习二十一第5题渗透交通安全教育，不坐超载车船。 7.通过练习二十第2题和练习二十一第1题情境，培养分享意识，培养和谐的人际关系。 8.通过P95练习二十二思考题检查视力情境，进行保护眼睛的教育，学会正确用眼。 9.在实践活动中，渗透合作意识，培养和谐的人际关系，同时渗透活动的安全教育。
劳动育人	1.主动参与分一分活动，培养动手能力，积累平均分的经验。 2.通过买文具情境图的教学，渗透合理消费观意识。 3.通过练习十七第2题拾麦穗情境，感受劳动的价值，培养劳动习惯。 4.通过练习十八第11题植树图的教学，渗透劳动教育。 5.通过P83例4植树情境图的教学，渗透保护大自然的教育。 6.在画一画、摆一摆、分一分等活动中，培养操作能力。 7.通过P87例1、练习二十第3题和整理与复习第3题、4题，练习二十二第10题，培养热爱劳动的意识。 8.通过P90例3和练习二十一第7题，渗透合理消费教育，学会尊重他人劳动成果。 9.在实践活动中，鼓励学生积极参与劳动，渗透热爱劳动，珍惜劳动成果教育。

小学数学学科育人点二年级(下)单元导引

一、万以内数的认识	
学科认知	1.在现实情境中理解万以内数的意义，认识计数单位“千”与“万”，初步建立万以内数的计数单位体系；理解相邻两个计数单位之间的进率是10，能用已学的计数单位数万以内的数。 2.认识千位与万位，能说出各数位的名称；能正确地、比较熟练地读、写万以内的数；能理解各数位上的数表示的含义，知道万以内数的组成；认识算盘，知道算盘可以表示多位数。 3.能用万以内的数表示生活中物体的个数或事物的顺序和位置，能比较万以内数的大小。 4.初步感受万以内数在现实生活中的应用，能对较大数进行估计并能进行一定的推理，培养数感；能从现实生活中发现并提出与万以内数相关的数学问题，并尝试解决。 5.能有效利用100以内数的认识的方法主动学习万以内数的认识，积极参与数学活动，获得成功体验，建立学好数学的自信心。
德性育人	1.通过单元主题图的教学，从三峡大坝有关的数据中感受祖国的现代化建设成果，培养对祖国的热爱之情。 2.通过数数活动，培养严谨的思维品质，合作交流的良好学习习惯。 3.通过练习二第4题读数活动，拓宽知识面，渗透爱国主义教育。 4.通过对算盘的认识，丰富了数学文化，感受文化价值和美学价值，提高文化认同感，激发爱国情感。 5.通过数的大小比较，渗透批判辩证思想，培养探究意识和合作交流意识。 6.在估数活动中，培养学生合作交流意识和质疑批判精神。
审美育人	1.通过数、捆、拨等活动，在读数、写数过程中感受数学的抽象美和简洁美。 2.在数数过程中感受数学的严谨美和秩序美。 3.在比较中感受符号的简洁美。 4.在估计和推测的过程中感受数学的严谨美。 5.在对知识点的整理过程中感受数学的简洁美。

续表

健康育人	1.通过P15课堂活动第3题的同桌游戏和在P16例2、P17例3,课堂活动第2、3题等较大数的估计活动中,学会合作,体验成功,培养和谐的人际关系。 2.通过对练习四第5题跑步的教学,渗透体育锻炼意识。
劳动育人	1.通过三峡大坝的数据分析,感受三峡大坝是科技创新的劳动成果,学会感受劳动成果的价值。 2.鼓励学生积极参与数、摆、捆、拨等活动,培养动手操作能力。 3.亲身参与练习二第10题、练习三第11题的小调查活动,培养主动参与实践活动的意识,学习调查活动的方法,积累调查活动的经验。 4.在练习二第4题中,感受劳动人民的伟大,通过劳动创造了这么多伟大的工程,渗透尊重劳动成果的意识。 5.在P16例2、P17例3、P17第2、3题等较大数的估计活动中,通过各种办法亲身实践,并在实践中验证。
二、千米的认识	
学科认知	1.结合实践活动,体会并认识千米,知道毫米,能进行简单的单位换算,能恰当地选择长度单位。 2.能结合生活实际,估计一些物体的长度,并进行简单的测量。
德性育人	1.通过认识千米和毫米,培养探究意识和合作交流意识。 2.在感受1千米的跑步活动中,培养一丝不苟、克服困难的坚毅的品质。 3.通过P23例3、P24课堂活动第3题和练习五第3题的数量认识,感受我国科技的进步,激发学生的爱国热情。
审美育人	1.在认识千米、毫米的过程中感受符号的简洁美和长度单位的抽象美。 2.在校园内体验1千米的活动中,感受校园环境之美。
健康育人	1.在P23例1感受1千米的活动中,培养团结互助的意识,建立和谐的人际关系。 2.在P23例2体验1千米的活动中,渗透加强体育锻炼,提高身体素质的教育。 3.能积极、主动地参与测量活动,能克服测量活动中可能遇到的困难,获得成功的体验,树立自信心。
劳动育人	1.在参与1千米的体验活动中,培养主动参与实践活动的意识,学习实践活动的方法,积累实践活动的经验。 2.通过P23例3、P24课堂活动第3题和练习五第3题的数量认识,感受我国科技创新的成果,渗透尊重劳动成果的意识。
三、三位数的加减法	
学科认知	1.结合具体情境,进一步体会加减法运算的意义,能正确口算整十、整百数的加减;能计算三位数的加减;经历与同学交流各自算法的过程,体验计算方法的多样性。 2.能结合具体情境,选择适当的单位进行加减的简单估算,体会估算在生活中的作用。 3.探索简单情境下的变化规律,并做出适当的说明,经历探索规律的全过程,初步形成探索意识。 4.能运用所学的知识解决生活中的简单实际问题,初步形成问题解决的基本策略,能说出问题解决的过程与方法,并能对结果的实际意义做出解释。 5.培养独立思考、自主探索以及与同学合作交流的意识和能力。 6.感受数学与日常生活的密切联系,在学习过程中体验获得成功的乐趣,建立学好数学的自信心,激发学习数学的兴趣。

续表

德性育人	1.在口算方法的探究中,培养探究意识和合作能力。 2.在验算方法的探究活动中,培养验证求真的意识。 3.通过P32例4统计图书情境图的教学,渗透在图书馆学习的文明习惯和热爱公共财物的公德教育。 4.通过练习六第6题乐山大佛高度的教学,感受古人的勤劳智慧,提升民族自豪感,培养爱国之情。 5.通过练习八第5题三峡水库的情境,感受祖国的科技进步,培养对祖国的热爱之情。 6.在竖式计算中,培养仔细计算、一丝不苟、严谨求实的良好学习品质。 7.在探索规律和问题解决中,培养探究意识和合作能力。 8.通过P52例1买书情境的教学,养成热爱阅读的好习惯。 9.通过练习十一第9题参观科技馆情境的教学,培养从小热爱科学的教育。 10.通过练习十一第12题母亲节情境的教学,渗透孝敬父母的教育。 11.在实践活动中,培养合作意识、探究能力和不怕吃苦的坚毅品格。
审美育人	1.在探究算法和算理的过程中,感受数学的理性与严谨美。 2.在计算中感受竖式的规范美和简洁美。 3.通过练习八第8题直条图的教学,初步感受直条图的简洁美。 4.通过练习八思考题天平的教学,感受天平的对称美。 5.通过练习九第11、12、13题的学习,感受统计表的直观美和简洁美。 6.通过P45例5看电影情境图的教学,培养学生良好的审美情趣。 7.在观察比较中,感受规律之美,增强审美意识。 8.通过练习十第2题飞机图的情境,感受队列的整齐美。 9.通过列表法解决问题,渗透有序思维,感受数学思维的秩序美。 10.通过练习十一第2题参加兴趣小组和第9题参观科技馆情境的教学,培养广泛的兴趣爱好和良好的审美情趣。 11.在参观养鸡场活动中,感受新农村建设的美好生活。
健康育人	1.通过P36例5打预防针情境的教学,知道打预防针的重要性,培养健康的意识。 2.通过练习七第2 、4题情境的教学,渗透锻炼意识,培养健康的生活方式。 3.在练习八第8题跳高、P44例3爬山和P54例3跳绳的情境图中,感受体育的魅力,培养体育锻炼的意识。 4.在经历探索、发现规律的过程中,感受规律的神奇,激发探索兴趣,体验成功的快乐,建立幸福的自我认知。 5.在解决问题的过程中,感受数学与生活的紧密联系,培养热爱数学的良好情感,建立幸福的自我认知。 6.在实践活动中,渗透活动的安全教育。
劳动育人	1.通过P30主题图买船票的教学,渗透初步的消费意识,学会尊重他人劳动成果。 2.在P32例4的情境图中,渗透在图书馆等公共场合尊重别人劳动成果的意识。 3.通过练习七第5题、练习八第5题的教学,感受科技创新给生产生活带来的积极影响,渗透尊重劳动成果的意识。 4.在第P42练习八第10题、P43例1、练习十一第12题买东西的情境中,渗透明码标价诚实合法劳动的意识。 5.通过练习九第11题水电气表的教学,引导亲身参与调查自己家水电气表,培养主动参与实践活动的意识,积累实践活动的经验。 6.在亲身拼摆规律中,相互学习,懂得尊重别人的劳动成果,培养动手操作能力。 7.在实践活动中,渗透主动参与实践活动的意识,学习实践活动的方法,积累实践活动的经验。

续表

四、认识图形	
学科认知	1.通过观察、操作、交流等活动,理解并能用自己的语言描述长方形、正方形的特征,能辨认平行四边形。 2.会用长方形、正方形、三角形、平行四边形、圆拼组图形,发展空间观念。 3.在对长方形、正方形特征的合作探索过程中,学会与他人合作、交流,并从中获得成功的体验。
德性育人	1.通过长方形、正方形、平行四边形的教学和图形的拼组活动,培养探索精神和合作交流的意识。 2.通过七巧板文化的学习,感受文化价值和美学价值,提高学生的文化认同感。
审美育人	1.在探究活动中,感受抽象美和图形之美。 2.在拼组图形中,感受图形的组合美、奇异美和对称美。
健康育人	1.在探究活动中,获得成功感,增强自信心。 2.在拼组图形中,让学生团结互助、乐学善思,感受学习的乐趣,培养和谐的人际关系。 3.在练习活动中,内化知识,攻克难题,体验成功的快乐,建立幸福的自我认知。
劳动育人	1.在探究、拼组活动中,渗透主动参与实践活动的意识,学习实践活动的方法,积累实践活动的经验。 2.在拼组图形中,学会互相欣赏,学会尊重他人劳动成果教育。
五、有余数的除法	
学科认知	1.结合实例认识除法竖式,正确书写除法竖式。 2.结合具体情境,认识余数,理解有余数的除法。 3.掌握有余数除法的横式和竖式的写法,正确笔算和口算有余数的除法。 4.在理解与表达算理、算法的过程中培养学生的表达能力和思维能力。 5.在应用有余数的除法解决简单实际问题的过程中感受数学与生活的联系。
德性育人	在除法竖式的探究活动中,培养探究意识和合作交流能力。
审美育人	通过数形结合理解除法竖式,感受除法竖式的简洁美和理性美。
健康育人	1.通过练习十四第9题跳绳情境的教学,增强锻炼意识和团队意识。 2.通过练习十四第5题租船情境的教学,渗透安全教育,培养健康生活意识。 3.通过练习十四第10题安装日光灯的教学,培养正确用眼的好习惯。
劳动育人	1.通过分一分活动,培养学生动手操作能力。 2.在P72例4装羽毛球情境中,感受劳动的价值,渗透尊重劳动成果教育。
六、时、分、秒	
学科认知	1.认识时间单位:时、分、秒,知道1时=60分,1分=60秒。 2.借助生活经验和实践活动体验1时、1分、1秒的长短,建立单位时间概念。 3.能认钟面时刻,能进行时间单位之间的简单换算,会计算简单的经过时间。 4.应用时、分、秒的知识解决简单的实际问题,感受数学在生活中的应用价值。 5.形成爱惜时间的意识,养成合理安排时间的行为习惯。
德性育人	1.在认识时钟的活动中,培养探究精神和合作交流能力。 2.通过感受1分、1时时间长度的活动,体验学校生活的丰富多彩,培养热爱校园生活之情。 3.通过“嫦娥二号”卫星发射的主题图、“和谐号”动车情境图的教学,感受祖国的科技进步,增强民族自豪感,培养爱国之情。在练习十五第1题升国旗活动中培养爱国之情。 4.在问题解决中,感受方法的多样性,培养学生创新精神。 5.在整理知识点的过程中,建构知识框架,培养善于总结、反思的良好品质。 6.通过整理与复习第1题的重要时刻的了解,渗透爱国主义教育。

续表

审美育人	1.在时间单位的教学中,感受用字母表示单位的简洁美。 2.在教学时间的两种表示方法时,感受电子计时法的简洁美。 3.在比较大小的过程中感受符号的简洁美。 4.在问题解决和练习中,感受数学思维的严谨美。
健康育人	1.在认时、分的活动中,渗透合理安排时间的健康意识和健康习惯。 2.在P77例2的体验活动中,了解自己的脉搏和呼吸,渗透健康意识。 3.在P79课堂活动第3题中,学会健康的生活方式。 4.在P80课堂活动第3题中,渗透合理安排作息时间的健康意识和健康习惯。 5.在练习十五第1题做眼保健操活动中,认识到正确地做眼保健操的好处,进行保护视力教育。 6.通过例4运动会的情境,鼓励积极参加体育锻炼,提高身体素质。
劳动育人	1.在1分、几秒的体验活动中,激发主动参与实践活动、在活动中学习实践活动的方法,积累实践活动的经验。 2.在练习十五第1题洗手绢活动中,进行劳动教育。 3.在P85课堂活动第2题小强的星期天情境中,渗透热爱劳动的教育。 4.主动参与到整理知识点的活动中,培养整理能力,学习整理方法。 5.在P88第1题神舟八号与天宫一号对接的情境中,感受科技创新的力量。
七、收集与整理	
学科认知	1.能根据给定的标准或者自己选定的标准,对事物进行分类,感受分类与分类标准的关系。 2.经历简单的数据收集与整理的过程,了解整理数据的简单方法,并能用自己的方式呈现整理数据的结果。 3.通过实例,初步认识象形统计图和简单的统计表,并完成相应的图表。 4.能通过对数据的简单分析,体会运用数据进行表达与交流的作用,感受数据蕴含的信息。 5.能克服统计活动中遇到的某些困难,获得成功的体验,建立学好数学的信心。
德性育人	1.在收集与整理活动中,感受分类方法的多样性,培养辩证求异思维和合作意识。 2.通过练习十八第3题先进班集体评比情境,渗透集体荣誉意识,培养热爱班级之情。 3.通过例4庆祝六一活动和实践活动,感受校园生活的丰富多彩,培养热爱学校之情。
审美育人	1.在图形分类中感受分类整理的简洁美和规范美。 2.在统计整理中感受“正”字统计法的整齐美和简洁美。 3.在校园内活动中,感受校园环境的美。 4.在统计结果时,感受统计图、表的简洁美。
健康育人	1.在练习十八第5题的调查活动中,感受水果的营养价值,渗透合理膳食的健康意识。 2.通过练习十九第2题整理全班1周阅读课外读物活动,渗透热爱阅读的好习惯,培养学生健康生活方式。 3.在综合实践活动中,认识体育锻炼的重要性和必要性,加强体育锻炼意识。
劳动育人	1.在收集与整理中,渗透主动参与实践活动的意识,学习实践活动的方法,积累实践活动的经验。 2.通过不同标准的分类活动,培养学生动手操作能力。 3.主动参与说、记、整理等活动,培养学生收集整理能力。

小学数学学科育人点三年级(上)单元导引

一、克、千克和吨的认识	
学科认知	1.知道克、千克、吨是计量物品轻重的单位,会选择恰当的质量单位表示物品的轻重。 2.在实际情境中感受1克、1千克、1吨物品有多重,初步建立克、千克、吨的质量观念,并在此基础上培养学生估量物品质量的意识。 3.知道克、千克、吨之间的进率,能进行简单的换算。 4.培养学生的应用意识和实践操作能力。 5.通过操作体验等多样化的学习方式激发学生学习数学的兴趣。
德性育人	1.通过单元主题图的教学,在介绍测量物体重量的工具中让学生了解秤的由来,树立国家认同感,激发学生的爱国热情。 2.通过对质量单位的综合运用和实践活动,培养学生实事求是,探索创造的精神和互帮互助的良好品质。 3.通过对调查用水量的实践活动,培养学生的社会责任感。
审美育人	1.在用天平称物体的过程中感受天平的对称美。 2.在用字母表示重量单位过程中感受数学的符号美和简洁美。 3.在实践活动中感受人的对称美和健康美。
健康育人	1.通过动手操作,在合作中构建和谐的人际关系。 2.在理解吨、千克的关系中,培养学生不惧困难的坚毅品质,帮助学生突破难点,体验到成功的喜悦。 3.在称体重的实践活动中,培养学生合理膳食、增强体育锻炼的意识。
劳动育人	1.通过调查超市商品质量的实践活动,调动学生的参与意识,在调查活动中养成尊重、珍惜劳动成果的意识。 2.通过对大宗物品和较多物品的质量估计,培养学生在实践中验证、创新的学习品质。 3.通过抓一抓、掂一掂等实践活动,培养学生主动参与实践的习惯和能力。
二、一位数乘两位数、三位数的乘法	
学科认知	1.结合具体情境进一步体会乘法的意义,感受乘法的价值。 2.经历一位数乘两位数、三位数的计算方法的探索过程,理解一位数乘两位数、三位数的乘法算理,掌握算法,能正确口算整十、整百数乘一位数和一位数乘两位数的乘法,能正确笔算一位数乘两位数、三位数的乘法。 3.能结合具体情境选择以十、百作单位进行简单的估算,体会一位数乘两位数、三位数的估算在生活中的作用。 4.在一位数乘两位数、三位数的乘法学习中,培养学生的归纳概括能力、推理能力、运算能力和问题解决能力,能清楚表达运算过程,发展学生的数感。 5.能从问题情境中发现并提出一位数乘两位数、三位数知识解决的问题,并能综合应用所学知识解决问题,培养学生的数学应用意识。 6.经历发现和提出问题、分析与解决问题过程,掌握分析、综合、比较等问题解决的策略,初步体验问题解决方法的多样化,培养学生的评价与反思意识。 7.体会抽象、概括、推理、模型、数形结合等数学思想方法。

续表

德性育人	1.探索估算方法，培养探究精神和质疑反思品质。 2.通过一位数乘两位数的教学，培养规范书写竖式的严谨习惯。 3.通过P14例6乘车情境图，渗透安全乘车、文明乘车教育。 4.通过P23例6，增强学生的集体荣誉感。 5.通过练习五第3题的教学，渗透安全意识。 6.通过P25第5题，培养社会责任感以及渗透爱护公共设施的教育。 7.在整理与复习中，培养学生严谨、求是、批判的自我反思能力。
审美育人	1.加强竖式两种书写形式的对比，感受竖式的抽象美和简洁美。 2.在估计数的过程中感受数学的严谨美和理性美。 3.在探究算法和算理的过程中感受理性美。 4.在解决问题的过程中，感受数学的逻辑美。 5.在整理中，感受思维导图的简洁美和秩序美。
健康育人	1.通过P18例2的情境图，渗透热爱体育锻炼的教育。 2.在探究算法的过程中，培养团结互助的意识，学会欣赏他人的品质，学会在对比中优化算法，形成健康的心理。 3.在练习活动中，内化知识，攻克难题，体验成功的快乐获得幸福的自我认知。
劳动育人	1.通过P10例3的教学，培养珍惜劳动成果的意识。 2.通过P13例4的教学，培养养成整齐摆放生活用品的习惯。 3.通过练习三第10题的教学，渗透勤俭节约的消费意识。
三、辨认方向	
学科认知	1.能辨认东、南、西、北四个方向，知道东方和北方之间是东北方向，并由此能推测东南、西南、西北方向。 2.会根据给定的一个方向(东、南、西、北)辨认其余的几个方向，会用东、南、西、北及东北、西北、东南、西南这些词语描述物体所在方向。 3.能想象出物体的方位和位置关系，发展学生的空间观念。 4.能应用辨认方向的知识解决现实生活中的问题，发展学生的实践能力。 5.通过体验、交流、实践等多样化的学习方式激发学生学习数学的兴趣。
德性育人	1.通过对指南针的了解，培养国家认同感，渗透爱国主义教育。 2.通过室外活动辨认方向，增强学生热爱家乡、热爱校园的教育。 3.感受方向的相对性，培养学生严谨的辩证思维。 4.通过练习九第3题的实践活动，培养热爱校园的积极情感。
审美育人	在探索方位的活动中，感受方位的组合美和对称美。
健康育人	1.在小组探究活动中，构建和谐的人际关系，培养互帮互助的良好品质。 2.在练习活动中，内化知识，攻克难题，体验成功的喜悦，获得幸福的自我认知。
劳动育人	1.在学校操场中用指南针实际测量方向，把知识运用在实践中，在实践中培养能力。 2.通过P37例2的教学，体会父母工作的辛劳，渗透劳动教育。

续表

四、两位数除以一位数的除法	
学科认知	1.结合具体情境,进一步体会除法的意义。 2.经历两位数除以一位数计算方法的探索过程,理解两位数除以一位数的算理,能正确口算、笔算两位数除以一位数的除法。 3.能结合现实情境进行两位数除以一位数的估算。 4.在两位数除以一位数的除法学习中,发展学生运算能力,能有条理地表达自己的想法。 5.经历运用两位数除以一位数解决简单实际问题的过程,增强学生发现和提出问题、分析与解决问题的能力。 6.在问题解决活动中,让学生体会问题解决方法多样化,发展其创新精神、应用意识和实践能力。 7.在问题解决过程中,让学生感悟与他人合作解决问题的重要性,培养其初步的合作意识。 8.体会两位数除以一位数的作用,进一步感受数学的价值,激发学生学习兴趣。
德性育人	1.通过练习十第7题的教学,培养正直善良的思想品质。 2.在探索规律教学中,培养严谨、求实的品质以及探索创新、大胆猜想、勇于求证的意识。 3.通过P51例1的教学,渗透集体主义观念的教育,培养社会责任感。 4.通过整理与复习,培养严谨、求实、批判的品质及自我反思的能力。
审美育人	1.在口算、估算教学中,感受算法的简洁美和秩序美。 2.通过竖式的书写,感受竖式的理性美,计算的秩序美、简洁美、规范美。 3.通过P44例3的教学,渗透中国传统节日教育,凸显文化价值。 4.在探索规律中,感受规律的学科之美和排列美。 5.在解决问题中,感受学科的理性美。
健康育人	1.通过P43第5题的情境,激发学生参加跳绳锻炼的情感。 2.通过P51例2的教学,鼓励学生积极参加户外活动。 3.通过P57第8题,培养学生积极参加体育锻炼的意识。
劳动育人	1.通过P41例1、P51例1的教学,培养热爱劳动、积极参与劳动的意识,渗透爱惜劳动成果的教育。 2.通过P53第5题,感悟动手制作的乐趣。 3.通过P55第2题,感受工人劳作的辛苦及劳动产生的价值。 4.在算法的探究活动中,培养劳动观念,培养尊重珍惜劳动成果的品质,感受劳动带来的成功的喜悦。
五、四则混合运算	
学科认知	1.结合具体情境,体会整数四则混合运算的意义。 2.认识小括号,知道小括号的作用。 3.经历探索整数四则混合运算计算方法的过程,掌握两步计算的四则混合运算的顺序,并能进行简单的整数四则混合运算(两步)。 4.培养学生的运算能力、推理能力和问题解决的能力。 5.感受整数四则混合运算与现实生活问题的联系,培养学生的数学应用意识和良好的计算习惯。
德性育人	1.通过P59例1的教学,渗透初步的消费意识,培养理性消费的习惯。 2.通过P61例3的学习,培养严谨、求实、批判能力。
审美育人	在学习过程中,感受综合算式的简洁美。
健康育人	通过P60例2买篮球的情境,培养学生积极参加体育锻炼的意识和习惯。
劳动育人	通过P63例8摘苹果的情境,渗透劳动意识。

续表

六、年、月、日	
学科认知	1.认识时间单位年、月、日，了解它们之间的关系；了解闰年、平年的概念，会用推算的方法判断闰年、平年，知道每个月及闰年、平年各有多少天。 2.认识24时记时法，会用24时记时法表示时刻，能进行12时记时法与24时记时法之间的相互转换。 3.感悟1年、1月、1日这些时间的长短，初步建立这些时间观念，发展学生的量感。 4.能应用年、月、日的知识解决现实生活中简单的问题，体验年、月、日的价值，培养学生数学应用意识和问题解决能力。 5.培养学生遵守时间、珍惜时间的意识，养成良好的生活习惯；在年、月、日的学习过程中，通过有趣的题材与学习方式激发学生的学习兴趣。
德性育人	1.通过介绍闰年与平年的来历，感受古人的智慧，提升民族自豪感，获得国家认同感。 2.通过制作年历卡，培养探究创新的意识，渗透合理安排时间的教育。
审美育人	1.在探索年、月、日关系和制作年历卡的活动中，感受年历表的规律美和简洁美。 2.在探索闰年和平年的活动中，感受规律美。 3.在探索24时记时法的活动中，感受钟面的组合美。 4.感受年历卡的简洁美和排列美。
健康育人	1.通过P70例3的教学，了解小学生健康的睡眠时间，养成早睡的良好的习惯。 2.通过P72第3题的学习，了解北京奥运会的知识，弘扬奥运精神。 3.通过制作年历卡，体验数学在实际生活中的应用，促进学生养成良好的作息习惯，获得幸福的自我认知。
劳动育人	1.通过P70例2邮局营业时间的了解，体会邮局工作人员的辛劳。 2.通过P72第4题，感受李叔叔上班的辛劳。
七、周长	
学科认知	1.结合实际认识周长，知道周长的含义，能测量简单图形的周长。 2.探索并掌握长方形、正方形的周长计算公式，会用长方形、正方形的周长计算公式解决生活中简单的实际问题。 3.在探讨长方形、正方形周长的过程中，建立初步的空间观念，发展形象思维。 4.在探索长方形、正方形周长的过程中感悟、抽象、归纳数学模型思想，培养学生的归纳概括能力。 5.感受长方形、正方形周长等知识与现实生活的密切联系，体会数学的运用价值，激发学生的学习兴趣。
德性育人	1.通过P77例1、例2的探究活动，学习用多角度寻求解决问题的方法进行探究活动。培养学生实事求是、探索创造的精神。 2.通过练习十九第4题，渗透爱护班级文化的教育，增强社会责任感。
审美育人	在探究活动中，感受周长公式抽象美和简洁美。
健康育人	1.在单元情境图、P82第3题的教学中，鼓励积极参加体育活动。 2.通过合作交流学习，构建和谐的人际关系，体验成功的快乐。 3.在练习中获得成功感，增强自信心，获得幸福的自我认知。
劳动育人	1.在P77例1教学中，培养动手参加劳动的意识和习惯。 2.在P80例4中，渗透劳动创造幸福生活的教育。 3.在探索中主动参与实践，培养动手能力，学会自我管理。

续表

<table>
<tr><th colspan="2">八、分数的初步认识</th></tr>
<tr><td>学科认知</td><td>1.结合具体情境和操作认识几分之一和几分之几,初步理解分数的意义,会用简单的分数表示生活中的事物。
2.知道分数各部分的名称,会认、读、写简单的分数,能比较两个同分母分数的大小,体现数形结合的思想方法。
3.体会分数加减法的意义,理解简单的同分母分数加减法的算理,掌握算法,会进行简单的同分母分数的加减法运算。
4.会用同分母分数加减法计算,解决简单的现实生活问题,体会分数加减法的实践价值,增强数学应用意识。
5.感悟数形结合的思想方法,培养形象思维和抽象思维。
6.结合具体情境和数学文化的介绍,感受分数产生的必要性,激发学生学习数学的积极性。</td></tr>
<tr><td>德性育人</td><td>1.在学习过程中培养自主探索的学习习惯和乐于探究的学习态度。
2.在P88例1的学习中培养学生的探究精神。</td></tr>
<tr><td>审美育人</td><td>1.感受分数的简洁美。
2.在比较分数大小的过程中感受数学学科抽象之美。
3.在制作小报过程中感受数学小报的和谐美。</td></tr>
<tr><td>健康育人</td><td>1.在学习过程中感受参与的乐趣,获得幸福的自我认知。
2.在制作小报的过程中,培养学生的创新意识,激发学习兴趣,构建和谐的人际关系。</td></tr>
<tr><td>劳动育人</td><td>1.通过单元情境图,鼓励学生积极参加浇水、切西瓜等实际劳动。
2.通过P89例3,体会劳动产生价值的幸福感。
3.结合中国传统节日,增强学生对社会风俗的了解,增强学生尊重和珍惜劳动成果的意识。
4.通过P91第4题,体会修路工人的辛苦,激发劳动热情。
5.通过实践,增强学生劳作意识。</td></tr>
</table>

小学数学学科育人点三年级(下)单元导引

<table>
<tr><th colspan="2">一、两位数乘两位数的乘法</th></tr>
<tr><td>学科认知</td><td>1.理解两位数乘两位数的乘法的算理,掌握两位数乘两位数的计算方法,能采用多种方法较熟练地进行口算,并能准确地进行两位数乘两位数的笔算。
2.经历探索两位数乘两位数计算方法的形成过程,培养学生独立思考和探究问题的意识,提高抽象、归纳、概括的思维能力。
3.能在教师的指导下,从现实生活中发现和提出简单的数学问题,并综合运用所学的知识和技能解决简单的问题,体会乘法口算、笔算在日常生活和生产中的重要作用。
4.积极参与数学活动,能倾听别人的意见,并能尝试对别人的想法提出建议,感受和大家一起获得成功的体验,建立学好数学的自信心。</td></tr>
<tr><td>德性育人</td><td>1.通过体育馆座位情境的教学,渗透爱护公物的教育。
2.通过两位数乘两位数竖式的书写,培养规范书写的习惯。
3.通过上网查资料了解乘法发展历史,培养用发展的眼光观看世界的意识。
4.通过练习三第9题的情境图,渗透安全文明乘车教育。
5.通过课外活动基地情境图的教学,渗透热爱生活、爱护小动物的教育,培养学生社会责任感。</td></tr>
<tr><td>审美育人</td><td>1.在探索过程中,感受计算方法的简洁美和理性美。
2.了解数学文化,感受数学文化美。</td></tr>
<tr><td>健康育人</td><td>通过第P13例1、P15第4题、P16第10题、P20第15题,培养积极参加体育锻炼的情感。</td></tr>
</table>

续表

劳动育人	1.通过P6第9题、第11题,P16第8题、第12题,渗透劳动教育,激发热爱劳动的情感,体会劳动产生价值的幸福感。 2.通过练习三第1题洪大伯种菜的教学,渗透勤劳工作、勤奋学习的教育,培养尊重和珍惜劳动成果的品质。 3.通过走进课外活动基地的实践活动,培养学生的劳动意识,形成一定的劳动经验。
二、长方形和正方形的面积	
学科认知	1.结合实例认识面积,体会并认识面积单位平方厘米、平方分米、平方米,能进行简单的单位换算。 2.探索并掌握长方形、正方形的面积公式,估计给定简单图形的面积。 3.经历长方形、正方形面积计算公式的推导过程,培养观察、思考、归纳、概括的能力,并获得一些数学活动的基本经验。 4.通过积极参与看一看、摸一摸、想一想、说一说等学习活动,培养学习数学的好奇心和求知欲,增强学好数学的自信心。
德性育人	1.通过面积和面积单位的教学,培养仔细观察、动手操作的学习习惯和乐学善学合作意识。 2.通过长、正方形面积公式的教学,培养大胆猜测、动手实践的学习品质。 3.通过周长和面积的练习,培养认真审题、独立思考的严谨习惯。 4.通过P34第7题,培养环保意识和社会责任感。 5.通过练习八第3题情境图的教学,渗透保护动物的教育,培养社会责任感。 6.通过整理与复习,培养勤于反思的习惯。
审美育人	1.在探索活动中,感受长方形和正方形的图形美。 2.在探究中感受图形的直观美和面积公式的简洁美。 3.通过整理和复习,让学生感受图形之间的联系美。 4.通过练习活动,感受数学的秩序美、直观美和简洁美。
健康育人	1.通过P33第3题、P44第3题,培养积极参加体育锻炼的情感。 2.在探究面积单位的进率中,培养合作交流的学习习惯,构建和谐的人际关系,让学生体验成功的快乐。
劳动育人	1.通过P33第5题,P35第10题、第12题,P39例1,P41第2题、第3题、第5题,P42第7题、第9题,渗透劳动教育,激发热爱劳动的情感,体会劳动产生价值的幸福感。 2.在周长与面积的对比中,培养应用意识,感受长方形面积和正方形面积计算公式在现实生活中的应用。 3.从整体把握知识脉络,培养综合素质,通过模拟情境,培养学生尊重和珍惜劳动成果的意识。
三、三位数除以一位数的除法	
学科认知	1.理解三位数除以一位数的算理,能比较熟练地口算整百数、几百几十的数除以一位数,能正确笔算三位数除以一位数的除法。 2.能结合具体情境进行三位数除以一位数的估算,并解释估算的过程。 3.在三位数除以一位数的学习过程中,初步学会简单的归纳、类比和有条理的思考。 4.能根据现实情境,发现给定事物中隐含的某些简单规律,并做出适当的说明。 5.能从现实生活中发现一些用除法解决的数学问题,并能综合运用所学知识和技能解决问题。掌握解决问题的一些基本策略,体验解决问题策略的多样性,发展应用除法的意识。

续表

德性育人	1.通过P49例1分树苗的素材,渗透环保教育,培养社会责任感。 2.通过P50例4情境图的教学,体会估算在现实生活中的意义和价值,培养信息运用意识。 3.通过练习十二第7题猫头鹰捉田鼠情境图的教学,渗透保护有益动物的教育。 4.通过P64例3情境图的教学,培养仔细观察、认真思考的习惯。 5.通过整理复习本单元,培养独立思考、合作交流的习惯,培养乐学善学的品质。
审美育人	1.在计算方法的探究中,感受计算方法的简洁美和数学的逻辑美。 2.通过练习活动,感受数学的理性美、直观美和简洁美。
健康育人	1.通过单元情境图,P51课堂活动第2题,P55第3题,P57例8,激发学生积极参加体育锻炼的情感。 2.在探索规律活动中,构建和谐的人际关系,体验成功的快乐。 3.在练习活动中,内化知识,攻克难题,体验成功的快乐,获得幸福的自我认知。
劳动育人	1.通过P49例1、例2,P50例3,P52第8题,P56第10题,P61第3题,P62第8题、第9题,P68第11题,渗透劳动教育,激发热爱劳动的情感,体会劳动产生价值的幸福感。 2.通过找规律,培养学生在实践中验证和创新的能力。
四、旋转、平移和轴对称	
学科认知	1.结合实例,感知旋转、平移和轴对称现象,能辨认简单图形平移后的图形。 2.通过观察、操作等实践活动,体会旋转和平移的特点,初步认识轴对称图形的一些基本特征。 3.经历物体或图形的旋转、平移或对折的过程,培养学生观察、操作的能力,建立初步的空间观念。 4.在初步认识、欣赏旋转、平移现象和轴对称图形的过程中,增强对身边与旋转、平移、轴对称有关的事物的好奇心,激发对数学学习的兴趣。
德性育人	1.通过例1、例2情境图的教学,渗透课间活动玩耍安全教育。 2.通过练习十六第5题情境图的教学,培养学生善于观察的习惯。
审美育人	1.感受物体、事物的运动变换之美。 2.感受物体和图形的对称美。
健康育人	1.在合作学习中构建和谐的人际关系。 2.参与学习过程,体验探索发现的快乐,获得幸福的自我认知。 3.在探索活动中,鼓励学生不怕挫折,培养坚韧的品质。
劳动育人	1.通过主题图的教学,培养仔细观察、动手操作的学习习惯。 2.感受数学来源于生活又服务生活,增强实践能力。
五、小数的初步认识	
学科认知	1.能结合具体情境初步认识小数,会读、写小数,能比较两个一位小数的大小。 2.初步理解一位小数加减法计算的算理,掌握一位小数加减法计算的方法,能正确进行一位小数的加减法计算。 3.经历一位小数加减法计算方法的探究过程,培养学生观察、思考、抽象、归纳的思维能力。 4.初步了解小数与日常生活的密切联系,能用小数表示日常生活中的简单数量,并进行交流,体验小数的应用价值。
德性育人	1.通过主题图的教学,培养仔细观察、乐学善学的学习习惯。 2.通过例1情境图的教学,渗透勤俭节约教育,培养学生的社会责任感。

续表

审美育人	1.在探索过程中,感受符号的简洁美和数形结合美。 2.在比较小数大小的过程中感受学科结合美。 3.在学习中感受知识的联系,感受数学的理性美。
健康育人	1.通过例1情境图的教学,渗透健康饮食,鼓励多吃水果,增强体质健康。 2.通过例4测量身高情境图的教学,渗透热爱体育锻炼教育。 3.在探究中构建和谐的人际关系,获得幸福的自我认知。
劳动育人	1.结合具体情境,培养劳动观念,体验到劳动带来的成功的喜悦。 2.通过分层体验活动,让不同的学生参与小数的产生过程,培养学生数学的应用意识。
六、简单的统计活动	
学科认知	1.进一步体验对简单数据的收集、整理、描述和分析的过程。 2.认识简单的统计图(1格代表1个单位),能按照一定的标准整理数据并完成相应的统计图表,能根据统计图表提出并解决简单的问题。 3.通过对数据的简单分析,体会运用数据进行表达与交流的作用,感受数据所蕴含的信息。 4.结合实例,熟悉统计在现实生活中的应用,逐步增强统计的意识,培养和发展分析信息的能力,学会与他人合作交流。
德性育人	1.通过例题的学习,培养严谨、实事求是的学习态度。 2.通过综合与实践的教学,渗透学生节约用纸,保护大自然的教育,培养学生的社会责任感。
审美育人	在例题的教学中,感受数学的理性美、直观美和简洁美。
健康育人	1.在合作交流中获得成功体验,培养与人和谐相处的意识。 2.在练习中培养抗挫承压能力,获得幸福的自我认知。
劳动育人	通过模拟情境,在实践中验证、创新。

小学数学学科育人点四年级(上)单元导引

一、万以上数的认识	
学科认知	1.认识万以上的数,结合现实情境感受大数的意义,体会数与生活的紧密联系。 2.从数数中进一步了解十进制计数法,会借助数位顺序表认识万级、亿级各数位以及它们的计数单位,并能正确读写万以上的数。 3.会用万或亿作单位表示大数,能用"四舍五入"法求一个大数的近似数。 4.了解一些简单的数字编码,会用数描述事物的某些特征,进一步体会数在日常生活中的应用。 5.认识计算器,能借助计算器进行大数的加减运算,解决简单的实际问题。
德性育人	1.通过图书馆藏书的教学,渗透热爱阅读的意识,树立远大理想。 2.在大数的比较方法探究活动中,培养一丝不苟、严谨的学习态度。 3.在改写和求近似数的比较中,培养求同存异、严谨求实的学习习惯。 4.在退耕还林情境教学中,渗透保护树木,保护大自然的教育,增强社会责任感。 5.在邮政编码、学号的编制过程中,培养实事求是的科学态度和质疑批判的思维品质,在自主编制学号的活动中,培养探索创造的精神。 6.在运用计算器计算的过程中,培养认真审题的习惯。 7.通过三峡工程的教学,培养爱国情怀,增强民族自豪感。

续表

审美育人	1.通过万以上数的读写，感受数位的秩序美。 2.在改写和求近似数的过程中，感受数学的简洁美。 3.感受数字编码的抽象美、简洁美和秩序美。 4.通过计算工具的发展史教学，渗透数学文化，体验数学文化之美。 5.在实例中感受三峡工程的雄壮美。
健康育人	1.在读数、写数的探究活动中，勇于不断尝试，体验成功的快乐，获得幸福的自我认知。 2.在数的改写过程中，培养勇于创新的良好品质及获得幸福的自我认知。 3.通过与生活密切相关的学习素材，激发兴趣和拓展数学视野。 4.在练习活动中，内化知识，攻克难题，体验成功的快乐。
劳动育人	1.在编码过程中，培养参与意识和解决问题的能力。 2.通过收梨的问题情境，渗透辛勤劳动、诚实劳动的思想。 3.通过整理与复习，培养主动梳理知识的意识和积累整理知识的经验，在实践中验证、创新。 4.通过对三峡工程相关数据的收集，在劳动实践中培养能力。
二、加减法的关系和加法运算律	
学科认知	1.在具体情境中体会加减法的逆运算关系和加减法各部分间的关系。 2.经历加法运算律的探索、发现过程，掌握加法交换律和结合律。 3.会运用加法运算律进行简便计算，掌握必要的运算技能。 4.了解社会生活中与加减法关系相关的信息，主动参与数学活动。
德性育人	1.通过加减法之间的关系教学，探索、发现两种运算之间的辩证关系。培养实事求是，勤于反思的品质。 2.通过加法运算律的教学，培养勇于探索创造和勇于求证的精神。 3.通过捐款的教学，培养学生帮助他人，奉献爱心的品质。 4.在整理与复习的过程中，培养合作协同，自我反思的意识及能力。 5.通过练习，培养严谨的思维品质。
审美育人	1.在探究、练习中感受数学理性与严谨之美。 2.用字母表示运算律，体现数学的简洁美、抽象美。 3.在练习活动中，感受数学的直观美、简洁美。
健康育人	1.在加减法关系探究活动中，帮助突破难点，体验在练习活动中内化知识、攻克难题，体验成功的快乐。 2.在运用运算律来解决问题的过程中，培养乐学善思，一丝不苟的学习态度，感受运算律带来的简便，激发学习兴趣，获得幸福的自我认知。
劳动育人	1.在加减法关系探究活动中，引导学生主动参与，主动思考，在劳动实践中培养能力。 2.在探索运算律的过程中，培养学生猜想、验证的学习能力。
	三、角
学科认知	1.认识线段、直线和射线，了解它们的区别和联系，会画线段、直线和射线。 2.理解角的意义，认识锐角、直角钝角、平角和周角，了解它们之间的关系。 3.认识量角器，会用量角器量角的大小，会画角。 4.经历探索线段、直线、射线、角等知识的过程，培养空间观念和探索精神。 5.了解线段、直线射线、角在现实生活中的应用，体会它们的应用价值。

续表

德性育人	1.在画线段、直线、射线的过程中，培养严谨的学习习惯。 2.在数线段的过程中，培养有序观察、严谨求实的学习品质。 3.在认识量角器的过程中，培养探索创造、交流合作的学习习惯。 4.在画角的过程中，培养严谨的科学态度。
审美育人	1.从实物中抽象出几何图形，感受图形的简洁美。 2.在认识量角器的发展过程中，感受数学测量工具的组合美。 3.在认识锐角、直角等各类角的过程中，感受图形之间的变换美。 4.在数角的过程中，感受数学的有序性。
健康育人	1.在认识线段、直线、射线的过程中，构建团结协作的和谐人际关系。 2.在画图的过程中，感受学习的乐趣，获得幸福的自我认知。 3.在认识量角器和各种角的过程中，构建团结协作的和谐人际关系。
劳动育人	1.在画线段、直线、射线的过程中，培养动手劳动实践能力，积累画图经验。 2.在摆角、画角的过程中，培养劳动创造的能力。 3.在量三角形各个角的度数过程中，培养在劳动实践中验证、创新的意识。
四、三位数乘两位数的乘法	
学科认知	1.能结合现实情境进行估算。 2.掌握三位数乘两位数乘法的笔算方法，并能正确地进行计算。 3.能运用三位数乘两位数乘法的知识解决简单的实际问题，培养应用意识和解决问题的能力。 4.感受三位数乘两位数乘法的价值，培养数学应用意识和运算能力。
德性育人	1.通过对主题图果园情境的教学，渗透热爱生活、热爱劳动的教育。 2.在探索口算、估算的方法中，培养探究精神和质疑反思品质。 3.通过对三位数乘两位数的笔算教学，培养独立思考、合作协同的探究精神和质疑批判的学习品质。 4.通过三位数乘两位数的教学，培养规范书写竖式的乐学善学习惯。 5.通过练习十二景区植物种类情境图的教学，渗透保护植物、爱护大自然的教育，增强社会责任感。 6.通过参观黄果树瀑布教学，渗透热爱生活、热爱大自然的教育，获得国家认同感。 7.通过淡季、旺季购买门票的教学，培养勤俭节约、合理规划的能力。
审美育人	1.在估计数的过程中感受数学的严谨美。 2.通过竖式的书写，感受竖式的简洁美。 3.在探究算法和算理的过程中感受理性美。 4.通过练习活动，感受数学的概括美、直观美和简洁美。 5.通过问题解决练习，让学生感受理性美。 6.在整理中，感受思维导图的简洁美和逻辑美。
健康育人	1.在算法的探究活动中，通过讨论交流，培养热爱数学的情感，体验成功的快乐。 2.在练习活动中，内化知识，攻克难题，体验成功的快乐。 3.在登山活动情境教学中，渗透热爱运动的教育。
劳动育人	1.通过例5张阿姨采摘脐橙、李叔叔包装脐橙情境的教学，渗透劳动最光荣、劳动的人最美丽的思想。 2.通过模拟情境，渗透初步的消费意识，在情境中渗透珍惜劳动成果的思想。

续表

五、相交与平行	
学科认知	1.了解平面上两条直线相交或平行的位置关系,结合具体情境理解垂线和平行线的意义。 2.知道垂线的画法,并能画出垂线。 3.了解垂线和平行线在学习与生活中的应用,体会它们的应用价值。 4.经历探索垂线、平行线及其特征的过程,培养探索精神。
德性育人	1.在认识两条直线位置关系时,培养乐于探究的精神和合作交流的意识。 2.在画平行线和垂线的过程中,培养严谨的学习态度。
审美育人	在探究中感受图形的直观形象美。
健康育人	1.在画平行线和垂线的过程中,体验成功的乐趣,获得幸福的自我认知。 2.通过主题图的教学,渗透热爱运动,增强体质的教育。
劳动育人	通过思考题的教学,在动手画一画、量一量的过程中,发现平行线之间的距离处处相等,培养在劳动实践中验证、创新。
六、条形统计图	
学科认知	1.认识条形统计图,感受条形统计图的优点。 2.掌握分段处理数据的方法,能按一定的标准和要求对原始数据进行分段整理。 3.经历条形统计图的制作过程,完成相应的统计图表。 4.能从统计图表中提出并回答简单的问题。 5.经历数据收集、整理、描述、分析的过程,培养数据分析观念和能力。 6.能根据统计结果进行分析,培养读图能力,感受统计的价值。
德性育人	1.通过例1空气质量状况的教学,减少污染物的排放,渗透环保教育,增强社会责任感。 2.通过综合与实践教学,渗透爱护环境、保护环境的教育,培养垃圾分类的意识,增强社会责任感。
审美育人	在例题、练习的教学中,感受统计图表的简洁美和形象直观美。
健康育人	1.在综合与实践教学中,教育学生珍爱生命、尊重自然,培养热爱生活情趣,获得幸福的自我认知。 2.通过例2、例3的教学,渗透热爱运动的思想,形成良好的健康意识。
劳动育人	1.在统计分析活动中,培养学生识图、读图、绘图的能力,以及培养收集、整理、分析数据的意识,在劳动实践中验证、创新。 2.在大数据的呈现和处理中,体现统计在现实生活中的价值,培养尊重劳动成果和参与劳动的意识。 3.通过练习十六第5题歌唱比赛得分的教学,渗透热爱生活、陶冶情操的教育,主动参与到劳动实践当中来。 4.在综合实践教学中,教育学生主动参与垃圾分类的活动,养成良好的生活习惯,培养劳动实践能力。
七、三位数除以两位数的除法	
学科认知	1.会口算整百数、几百几十的数除以整十数的除法,能估算三位数除以两位数的除法。 2.理解并掌握三位数除以两位数的笔算方法,能正确进行三位数除以两位数的笔算,能用三位数除以两位数的除法解决生活中的简单问题。 3.能借助计算器进行较复杂的除法运算,探索乘除法算式的简单规律。 4.经历三位数除以两位数计算方法的探索过程,发展初步的归纳、类比能力。 5.体验三位数除以两位数的除法与现实生活的联系和应用价值,培养数学应用意识和解决简单实际问题的能力。

续表

德性育人	1.通过主题图的教学,增强热爱大自然、保护森林的意识,培养家国情怀,增强社会责任感。 2.通过三位数除以两位数笔算教学,培养合作意识、探究精神和质疑批判的学习品质。 3.在探索规律环节中,初步培养规则意识,培养探索创新和猜想意识,并勇于求证。 4.通过我国每人每天节约1粒米情境图的教学,培养学生勤俭节约、爱惜粮食的意识,增强社会责任感。
审美育人	1.在口算和估算的过程中,感受算法的简洁美、秩序美和数学的严谨美。 2.通过竖式的书写,感受竖式的抽象美、简洁美和计算的秩序美。 3.在探索规律的过程中,感受排列美、数形结合之美、逻辑推理美。
健康育人	1.通过口算练习,增强成功体验和学习自信。 2.在算法和算理的理解活动中,突破难点,提升抗挫承压的能力,体验成功的快乐。 3.在思考过程中感受解决问题的多样性和严谨性,增强学生学好数学的信心,获得幸福的自我认知。 4.在练习活动中,内化知识,攻克难题,体验成功的快乐,获得幸福的自我认知。
劳动育人	1.通过练习十八第9题植树活动的教学,渗透崇尚劳动,积极参与社会实践活动的意识,增强社会责任感。 2.通过练习十九第2题给树林浇水情境图的教学,渗透热爱劳动、劳动的人最伟大的思想,体验劳动带来的成功喜悦。 3.通过我国每人每天节约1粒米的教学,渗透节约粮食、尊重劳动果实的思想。
八、不确定现象	
学科认知	1.在现实生活中感受随机现象,初步体验有些事件的发生是确定的,有些则是不确定的。 2.对具体情境中的确定现象与不确定现象能用“一定”“不可能”“可能”等词语进行描述。 3.在活动中体验数学与生活的联系,培养学生猜想、分析、判断推理以及解决问题的能力。
德性育人	在经历随机事件发生的过程中,培养团结协作、勇于求证的探究精神。
审美育人	在练习中,感受数学的有序美。
健康育人	体验数学与生活的密切联系,激发学习兴趣,获得幸福的自我认知。
劳动育人	经历随机事件发生过程,培养猜想、验证能力,积累研究随机事件的经验。

小学数学学科育人点四年级(下)单元导引

一、四则混合运算	
学科认知	1.认识中括号,理解中括号在四则混合运算中的作用。 2.掌握四则混合运算的运算技能,能进行简单的整数四则混合运算(以两步为主,不超过三步)。 3.感受四则混合运算在问题解决中的应用,体会四则混合运算的价值。
德性育人	1.通过练习一第7题情境图的教学,渗透依次排队上车的交通安全教育。 2.通过练习二第6题同学春游的教学,渗透热爱生活、不乱扔垃圾的教育。
审美育人	1.在元宵佳节文化的浸润下,感受传统文化之美。 2.在学习过程中,感受数学符号的简洁美。
健康育人	1.在练习活动中,内化知识,攻克难题,体验成功的快乐,获得幸福的自我认知。 2.在数学情境中,培养学生的规则意识,构建团结协作的和谐人际关系。

续表

劳动育人	1.通过例1制作灯笼情境图的教学，亲自动手制作灯笼来庆佳节，感受劳动是快乐的，培养学生主动参与劳动实践的意识。 2.通过例3师徒二人一起做零件情境图的教学，渗透热爱劳动的思想。
二、乘除法的关系和乘法运算律	
学科认知	1.在具体运算和解决简单实际问题的过程中体会乘与除的关系，乘法各部分间的关系、除法各部分间的关系。 2.经历乘法运算律的探索发现过程，了解乘法运算律，会应用乘法运算律进行一些简便运算。 3.能运用相关知识解决一些实际问题，形成解决问题的相关策略，积累解决实际问题的相关经验。培养数学应用意识和解决问题的能力。 4.在乘除法的关系和乘法运算律的学习过程中，获得成功体验。
德性育人	1.通过乘除法关系和运算律的教学，培养勇于探索创造和勇于求证的精神。 2.通过练习五第4题为班级购买桌椅的教学，渗透爱护公物、热爱班集体的教育。 3.通过乡村旅游计划情境的教学，渗透环境教育、热爱家乡教育。
审美育人	1.在探究、练习中感受数学理性美和严谨美。 2.用字母表示运算律，体现数学的简洁美和抽象美。 3.通过情境图的教学，感受发展变化中的乡村美。
健康育人	1.在乘除法关系探究活动中，突破难点，体验在练习活动中内化知识，攻克难题，获得成功的快乐。 2.在制订计划、计算费用的过程中，获得解决问题的成功体验，构建团结协作的和谐人际关系。 3.通过练习四第6题同学跑步情境的教学，渗透热爱体育锻炼的教育。
劳动育人	1.在探索运算律的过程中，培养猜想、验证的劳动实践思维品质。 2.在综合实践教学中，培养综合运用知识解决现实问题的能力，在劳动实践中验证、创新。
三、确定位置	
学科认知	1.在具体情境中认识列和行，知道确定第几列、第几行的规则；初步理解数对的含义，能在方格纸上用数对表示具体情境中物体的位置。 2.经历从用数对描述具体情境中物体的位置到用数对描述方格纸上点的位置的抽象过程，知道数对与方格纸上点的对应关系。 3.使学生积极参与学习活动，获得成功的体验和经验，感受用数对表示物体位置的简洁性和对应关系，激发学习兴趣，进一步发展空间概念。
德性育人	1.通过例题的教学，培养乐于探究的精神和合作交流的意识。 2.在探寻用数对来表示位置的过程中，培养独立思考、勇于创新的个性品质。
审美育人	感受用数对来确定位置的简洁美。
健康育人	在练习中获得成功感，增强自信心，获得幸福的自我认知。
劳动育人	通过模拟数学情境，积极参与到活动中，在实践中验证感受用数对表示物体位置的简洁性和对应关系，在数学情境中进行劳动创造。
四、三角形	
学科认知	1.认识三角形，能说出三角形各部分的名称，能指出底与相对应的高。通过观察、操作，了解三角形任意两边之和大于第三边，了解三角形的内角和是180°。 2.能对三角形进行分类，认识锐角三角形、直角三角形、钝角三角形、等腰三角形和等边三角形。 3.经历积极探索三角形的特征以及根据不同标准对三角形分类的过程，体会三角形在生活中的作用。

续表

德性育人	1.在探索三角形三边关系、内角和的过程中,培养乐于探究的精神和合作交流的意识。 2.通过探究活动,学习用观察、比较等方法进行三角形分类的探究活动,培养探索创造和坚韧不拔的学习品质。在将不同三角形按边、角进行分类的过程中,培养乐学善学的学习态度。 3.通过整理与复习,培养学生的合作意识、自我反思能力。
审美育人	1.从实物中抽象出几何图形,感受图形的抽象美。 2.感受不同三角形之间的联系美。 3.感受等腰三角形与等边三角形之间的变换美。
健康育人	1.在三角形三边关系和内角和的探究活动中,不怕挫折,体验成功的快乐,构建团结协作的和谐人际关系。 2.在画图的过程中,感受学习的乐趣,获得幸福的自我认知。 3.在练习活动中,内化知识,攻克难题,体验成功的快乐,获得幸福的自我认知。
劳动育人	1.通过三角形三边关系和内角和的教学,在劳动实践中培养学生猜想、验证的思维品质。 2.通过例3折、剪三角形的教学,学生在动手折一折、剪一剪的劳动实践中验证、发现等边三角形的特点。
五、小数	
学科认知	1.结合具体情境理解小数的意义,认识小数的计数单位,理解相邻两个计数单位之间的十进制关系,会读、写小数,能比较小数的大小,进一步体会小数在日常生活中的作用。 2.结合具体情境理解小数的性质和小数点位置移动引起小数大小的变化规律,能求小数的近似数,会进行名数的互化。 3.通过在方格纸上涂阴影、用直线(数轴)上的点表示小数等操作活动认识小数,并用小数表述生活中的有关信息。通过观察、实验、推理等活动,归纳小数的性质及大小变化的规律,培养学生的推理能力和应用意识。 4.感受数学与生活的密切联系,结合小数的性质与大小的变化,感受数学知识的严谨性,养成认真、仔细的习惯。
德性育人	1.通过练习十六第8题的教学,渗透保护森林的意识,增强社会责任感。 2.通过例1鲸鱼体重的教学,渗透保护大自然和爱护动物的教育。 3.通过练习十七第5题的教学,渗透爱国主义教育。 4.在探究新知的过程中,培养实事求是、一丝不苟的良好品质。 5.通过整理复习本单元的知识,培养整理和复习知识乐学善学的品质。
审美育人	1.在新课学习中感受知识的组合美和结构美。 2.在小数点位置移动的过程中感受到数形结合美。 3.在单位换算、解决问题的过程中,让学生感受数学统一美。 4.在求近似数、改写的过程中,感受数学的简洁美。
健康育人	1.通过例4跳远的情境教学,渗透热爱体育锻炼教育。 2.通过综合与实践教学,在模拟情境中,增强防灾的意识,掌握防灾的小常识,珍惜生命,保护自我。 3.通过主题图的教学,渗透热爱运动,增强体质的教育。
劳动育人	1.通过涂方格、分一分、填一填等操作活动,培养学生主动参与劳动实践的意识。 2.在画方格图、线段图来理解小数的性质的过程中,通过劳动实践培养学生猜想、验证的思维品质。 3.在思考题的教学中,通过不断列举,在劳动实践中创新寻找最优方法。

续表

六、平行四边形和梯形	
学科认知	1.通过观察、操作等活动，认识平行四边形和梯形，了解这两种特殊的四边形的一些基本特征。 2.经历从实物抽象出平行四边形和梯形这两种图形的过程，提高对几何图形的认识水平，同时发展学生的空间观念。 3.通过学生动手摆图形、拼图形的操作活动，从中发现规律，体验数学问题的探索性和挑战性。
德性育人	1.在认识平行四边形的过程中，培养乐于探究的精神和合作交流的意识。 2.在画平行四边形高的过程中，培养认真严谨、一丝不苟的学习习惯和态度。 3.在探索规律环节中，初步培养规则意识，培养探索创新和猜想意识，并勇于求证。
审美育人	1.在探究中感受图形的直观形象美。 2.在探索规律的过程中，感受排列美和组合美。
健康育人	1.在认识平行四边形和梯形特征的探究活动中，构建团结协作的和谐人际关系。 2.在探索规律活动中，培养乐学善思的精神，体验发现的乐趣，获得幸福的自我认知。
劳动育人	1.在动手摆图形、拼图形的操作活动中，培养主动参与劳动实践的意识。 2.通过找规律，培养在劳动实践中验证和创新的能力。
七、小数的加法和减法	
学科认知	1.在具体的情境中，体会小数加、减法的意义与整数加、减法的意义是相同的。 2.经历小数加、减法计算方法的探索过程，会正确计算小数加、减法。 3.在现实情境中，理解整数加法运算律和减法性质对小数加法和减法同样适用，感受运算律和运算性质的普遍适用性。 4.能合理地应用加法运算律进行小数加法的简便运算。 5.能根据具体情境，用小数加减法的相关知识进行问题解决，培养问题解决能力。
德性育人	1.通过例1情境图的教学，渗透节约水电的意识，增强社会责任感。 2.通过超市购物小票的教学，培养学生用数学眼光观察生活、把数学知识用于生活的意识，培养学生的信息意识。
审美育人	1.通过竖式的书写，感受竖式的抽象美。 2.在探究算法和算理的过程中感受理性美。
健康育人	1.在小数加、减法算法的探究活动中，通过讨论交流，构建团结协作的和谐人际关系。 2.在练习活动中，内化知识，攻克难题，体验成功的快乐，获得幸福的自我认知。 3.通过练习二十二第10题跳远的情境教学，渗透热爱体育锻炼教育。
劳动育人	在小数加、减法算法的探究活动中，培养在劳动实践中验证和创新的能力。
八、平均数	
学科认知	1.通过实际情境，从统计的角度认识平均数，体会平均数的作用。会计算平均数，并能用自己的语言解释其实际意义。 2.会根据实际问题设计简单的登记表，认识复式条形统计图及相应的统计表，体会复式条形统计图与相应统计表的应用价值。 3.经历简单的收集、整理、描述和分析数据的过程，体会数据中蕴涵着信息，能解释统计结果，逐步形成数据分析的观念。

续表

德性育人	1.通过例1情境图的教学，鼓励积极参加集体活动，增强集体荣誉感。 2.在学习活动中培养独立思考、合作交流的习惯，形成实事求是的学习态度。 3.通过我们长高了情境图的教学，培养学生乐学善学的品质。
审美育人	1.在认识平均数的过程中，感受数学的理性美。 2.在例题的教学中，感受图表的简洁美和形象直观美。 3.在练习中，感受数学的理性美。
健康育人	1.通过课堂活动跳绳、踢毽的教学，渗透热爱体育锻炼。 2.通过P94例2同学参加体育活动的教学，渗透热爱体育锻炼教育。 3.通过我们长高了的教学，培养学生合理膳食的习惯，渗透勤加锻炼的意识。
劳动育人	1.在统计分析活动中，培养学生作图，识图、读图、绘图的能力，以及培养收集、整理、分析数据的意识，在劳动实践中培养数据分析能力。 2.在大数据的呈现和处理中，体现统计在现实生活中的价值，培养尊重劳动成果和参与劳动意识。

小学数学学科育人点五年级(上)单元导引

一、小数乘法	
学科认知	1.理解并掌握小数乘法的口算方法，能迅速、正确地口算一些简单的小数乘法；探索小数乘法的笔算方法，能正确地进行笔算，并能对其中的算理做出合理的解释。 2.理解并掌握小数乘法的估算方法，能在解决具体问题的过程中，选择合适的方法(口算、估算或笔算)进行计算。 3.能借助计算器进行较复杂的小数乘法计算，解决简单的实际问题。 4.会用“四舍五入”法截取积是小数的近似值，会根据具体情况保留积的近似值。 5.体会小数乘法是解决生产、生活中实际问题的重要工具，感受小数乘法在实际生活中的应用，进一步掌握一些解决问题的基本策略。 6.在探究小数乘法计算方法的过程中，学会迁移、推理，提高计算能力和思维能力，建构数学模型、提高解决问题的能力。
德性育人	1.在计算过程中，培养严谨、求实、耐心、细致的思维品质。 2.在探究计算方法的过程中，培养严谨、求实、耐心、细致的思维品质，渗透普遍联系的观点。 3.在P5第11题中，渗透环保教育。 4.在解决水电气费和出租车费用问题中，培养严谨的思维品质，渗透环保意识和理性消费意识。 5.在整理知识点的过程中，培养学生严谨、求实的思维品质以及勤于反思、乐学善学的意识。 6.在P20第4题的教学中，增长学生见识，树立远大的理想抱负。 7.通过家庭用电调查活动，渗透节约用电的教育。
审美育人	1.感受小数乘法的严谨美、理性美、简洁美和秩序美。 2.在求积的近似值的过程中，感受理性美和简洁美。 3.在数学文化“小数点的‘祸’”中感受小数点的文化价值。 4.通过家庭用电调查活动，让学生感受数学的应用之美。
健康育人	1.在探究小数乘法的计算方法以及求积的近似值的过程中，体验发现的乐趣、获得成功的体验，在与伙伴合作交流的过程中，感受到与人交往的快乐。 2.在练习过程中，培养健康的行为意识和行为习惯。 3.在P18第8题的教学中，渗透合理上网、保护视力的教育，培养学生健康的用眼意识。 4.通过家庭用电调查活动，渗透用电安全的教育。

续表

<table>
<tr><td>劳动育人</td><td>1.通过主题图的教学，培养劳动意识、养成劳动习惯。
2.在问题解决的过程中，积累求水、电、气费问题和出租车费用问题的经验，能正确地解决这类问题，用数学解决问题的意识，提高解决问题的能力。
3.在整理知识的过程中，积累整理经验，养成整理的习惯。
4.通过让学生参与家庭用电、用水、用气的调查实践活动，培养解决问题的能力。</td></tr>
<tr><td colspan="2">二、图形的平移、旋转与轴对称</td></tr>
<tr><td>学科认知</td><td>1.通过观察、操作等活动，在方格纸上认识图形的平移与旋转，能在方格纸上按水平或垂直方向将简单图形平移，能正确判断平移的方向和距离；会在方格纸上将简单图形旋转90°，会用数学语言描述旋转的方向和角度。
2.通过观察、操作等活动，进一步认识轴对称图形及其对称轴，能在方格纸上画出轴对称图形的对称轴，能在方格纸上补全一个简单的轴对称图形。
3.能从平移、旋转与轴对称的角度欣赏生活中的图案，并运用它们在方格纸上设计简单的图案。
4.探索简单情境下图形的变化规律。
5.通过图形的平移、旋转与轴对称的学习，进一步发展学生的形象思维能力，培养建立空间观念。
6.经历探究图形的平移、旋转与轴对称等学习过程，学生能主动参与数学探究活动，体会数学活动充满探索与创造的过程，对数学学习有好奇心与求知欲。</td></tr>
<tr><td>德性育人</td><td>1.通过主题图和图形平移、旋转及对称图形的教学，培养严谨、求实的思维品质。
2.让学生学会辩证思维，渗透普遍联系的观点。
3.在设计图案、探索规律和花边设计比赛的过程中，培养严谨、求实的思维品质和勇于创新的科学精神。</td></tr>
<tr><td>审美育人</td><td>1.让学生感受图形的对称美和运动变化美。
2.在设计图案中，感受图形的和谐美、对称美、排列美、组合美以及变化美；在欣赏脸谱、剪纸等活动中，感受传统文化的价值。
3.通过花边设计比赛，让学生感受图形规律美、变化美和奇异美。</td></tr>
<tr><td>健康育人</td><td>1.在学习图形的平移、旋转和轴对称图形的过程中，学会与伙伴合作交流，感受与人交往的快乐。
2.在花边设计比赛中，培养健康意识和行为习惯，在与人交往的过程中获得愉悦的情感体验。</td></tr>
<tr><td>劳动育人</td><td>1.在表达、绘制图形平移、旋转和轴对称图形的过程中，积累画图经验，能正确地表达和画图。
2.能利用图形的平移、旋转、轴对称，创造性地设计图案。
3.在花边设计比赛中，渗透动手实践的劳动教育。</td></tr>
<tr><td colspan="2">三、小数除法</td></tr>
<tr><td>学科认知</td><td>1.理解小数除法的算理，掌握小数除法的计算方法，并能正确计算小数除法。
2.初步认识循环小数、有限小数和无限小数，能用循环小数表示除法的商，并能正确区分有限小数和无限小数。
3.掌握求商的近似值的方法，能根据具体情况灵活选用“四舍五入法”“去尾法”“进一法”保留商的近似值。
4.能综合应用小数除法等知识解决简单的实际问题，培养学生的应用意识和解决问题的能力。
5.在探究小数除法计算方法的过程中，感受转化的数学思想，在解决实际问题的过程中获得成功体验，坚定学好数学的信心。</td></tr>
</table>

续表

德性育人	1. 在探究小数除法计算方法的过程中，培养合作意识、探究精神，渗透普遍联系的观点，培养认真计算、细心检查的好习惯。 2. 在P48第2题的教学中，增长学生见识，培养学生的国家认同感。 3. 在计算中，培养学生严谨求实、一丝不苟、不惧困难的思维品质。 4. 在整理知识点的过程中，建构知识框架，培养善于整理反思，认真仔细、独立思考的思维品质和合作交流的意识。 5. 在P66第2题和P68第10题的教学中，增长见识，培养国家认同感。 6. 在关注"惠农"政策活动中，渗透热爱农村的教育，培养社会责任感和国家认同感。
审美育人	1. 感受小数除法计算的严谨美、理性美和简洁美。 2. 感受循环小数的排列美和简洁美。 3. 通过关注"惠农"政策活动，感受数学的运用之美。
健康育人	1. 在小数除法计算的过程中，体验发现的乐趣，获得成功的体验，增强计算自信。 2. 通过P47例题3的教学，渗透合理膳食的教育，培养健康意识，养成健康行为。 3. 通过P69关注"惠农"政策的教学，让学生体验参与劳动的成就感。
劳动育人	1. 在采松果的教学中，培养劳动意识。 2. 在整理知识的过程中，积累整理经验，养成整理的习惯。 3. 在关注"惠农"政策活动中，渗透热爱劳动的教育。
四、小数混合运算	
学科认知	1. 结合具体情境，引导学生体会小数混合运算与整数四则混合运算的顺序相同。 2. 在现实情境中，理解所学的运算律和性质在小数运算中同样适用，感受运算律的普遍适用性。 3. 使学生能进行简单的小数混合运算(以两步为主，不超过三步)。 4. 使学生感受小数混合运算在实际生活中的应用，体会小数混合运算的价值。
德性育人	1. 在探究小数混合运算及简算过程中，培养专注计算、灵活简算和细心检查的思维品质。 2. 在解决问题的过程中，培养合作意识和不惧困难的意志品质，学会辩证思维。
审美育人	1. 在计算的过程中感受数学的严谨美，在解决问题的过程中感受数学的理性美和抽象美。 2. 在田忌赛马的故事中，感受数学文化的价值。
健康育人	在计算和解决问题的过程中，体验思考、发现、交流的乐趣，获得成功的体验，增强学习自信。
劳动育人	通过P71例2，练习十八第1题、第3题，渗透珍惜劳动成果的教育。
五、多边形面积的计算	
学科认知	1. 经历多边形面积计算公式的探索过程，渗透转化思想，理解并掌握三角形、平行四边形和梯形的面积计算公式、建构数学模型，会用这些公式计算图形面积。 2. 能借助方格纸估计不规则图形的面积。 3. 认识平方千米和公顷，会进行简单的换算。 4. 能用所学的面积计算公式解决生活中简单的实际问题，在解决问题的过程中体会所学知识与现实生活的紧密联系，从中获得价值体验和成功体验。 5. 在探索面积计算公式的过程中培养学生发散思维能力，发展学生的个性，培养学生的探索精神，发展学生的创新意识。 6. 通过对多边形面积计算的学习，进一步发展学生的形象思维能力，培养建立空间观念。

续表

德性育人	1.在探究平行四边形、三角形、梯形面积计算公式的过程中,培养探究精神和合作意识,在变与不变中学会辩证思维,培养严谨、求实的思维品质。 2.在认识公顷和平方千米的过程中,培养探究精神。 3.在调查中,知道我国的国土面积和部分省、自治区、直辖市的面积,了解国情激发爱国热情,培养学生的国家认同感。 4.在解决问题的过程中,培养认真审题、画图分析、检查验算的好习惯。
审美育人	1.感受图形的直观美和公式的简洁美。 2.在探究平行四边形、三角形、梯形面积公式的过程中,感受图形的变化美、联系美以及公式的统一美和简洁美。 3.在推导平方米、公顷、平方千米之间进率的过程中,感受数学的理性美和简洁美。 4.在整理知识的过程中,感受知识的结构美以及图形的变化和联系美。 5.感受《九章算术》的文化价值,增强文化自信。
健康育人	1.在探究平行四边形、三角形和梯形面积的过程中,体验发现的乐趣,获得愉悦的情感体验。 2.在探究不规则图形面积、推导面积单位进率和解决问题的过程中,体验克服困难,增强学习信心。
劳动育人	1.在动手操作的过程中,积累探究平面图形面积的经验,能正确表达平行四边形面积公式推导过程。 2.在整理知识的过程中,积累整理经验,养成整理的习惯。
六、可能性	
学科认知	1.在具体情境中进一步感受简单的随机现象。 2.能列出简单的随机现象中所有可能发生的结果。
德性育人	在经历随机事件发生的过程中,培养严谨、求实的思维品质和实事求是的科学精神。
审美育人	感受数学的理性美。
健康育人	在可能性的学习中,体验参与和发现的乐趣,获得愉悦的情感体验。
劳动育人	在经历随机事件的发生过程中,培养猜想、验证的能力,积累研究随机事件的经验。

小学数学学科育人点五年级(下)单元导引

一、倍数和因数	
学科认知	1.了解自然数、奇数和偶数、质数(素数)和合数。 2.知道2,3,5的倍数特征,了解公倍数和最小公倍数;在1~100的自然数中,能找出10以内自然数的所有倍数,能找出10以内两个自然数的公倍数和最小公倍数。 3.了解公因数和最大公因数;在1~100的自然数中,能找出一个自然数的所有因数,能找出两个自然数的公因数和最大公因数。 4.在认识自然数、整数、奇数和偶数、质数(素数)和合数、倍数和因数的过程中,丰富对数的认识,初步形成数感,逐步培养数学抽象能力,并能进行初步的抽象思考。 5.在因数与倍数的学习中,知道有关知识之间的联系和区别,从而感受事物的联系,渗透辩证唯物主义启蒙教育。
德性育人	1.在倍数和因数的教学中,渗透普遍联系的观点,感受辩证思想,培养严谨、求实的思维品质。 2.在整理知识点的过程中,建构知识框架,培养善于总结反思的学习品质。 3.在练习过程中培养严谨、求实、认真仔细、独立思考的思维品质。

续表

审美育人	1.在主题图教学中,感受数学文化的价值和排列美。 2.在写倍数因数的过程中,感受秩序美。 3.在探索过程中,感受数学理性美和概括美。 4.感受短除法的简洁美和知识的结构美。
健康育人	1.在学习过程中享受探索发现的乐趣,培养热爱数学的情感。 2.在整理过程中能正确认识和评估自我,在练习中获得成功感,增强学习信心。
劳动育人	1.在生活、学习实践中,积累找倍数、因数和分解质因数的经验以及求出两个数的最大公因数和最小公倍数的经验,在实践对比中学会验证、优化。 2.在整理知识的过程中,积累整理经验,学会整理方法,在学习实践中,提高有效整理知识的能力。
二、分数	
学科认知	1.理解分数的意义,知道什么是单位"1",理解单位"1"在分数中的重要作用,认识分数单位,知道一个分数里有多少个这样的分数单位,认识真分数和假分数。 2.理解并掌握分数的基本性质,会用分数的基本性质进行约分和通分。 3.知道什么是最简分数,认识公因数和最大公因数,公倍数和最小公倍数,能找出两个数的最大公因数和最小公倍数。 4.知道分数与除法、分数与小数的联系,会比较分数的大小,会进行分数与小数的互化(不包括将循环小数化成分数) 5.感受分数在实际生活中的运用,体验分数的应用价值。 6.让学生经历认识分数的过程,培养学生数学抽象。
德性育人	1.通过主题图的教学,感受分数在生活中的应用,渗透国情教育,通过分月饼,渗透传统文化,培养国家认同感。 2.在分数与除法的关系教学中,渗透普遍联系的观点。 3.在约分、通分、探究分数的基本性质的过程中,渗透联系的观点,感受到变与不变的辩证关系。 4.在分数小数的互化过程中,培养学生的合作意识和探究精神,渗透联系的观点。
审美育人	1.在理解分数的意义的过程中,感受数形结合美和抽象概括美。 2.在真分数、假分数教学中,感受到分数分类的简洁美和概括美。 3.在约分的过程中感受到数学的简洁美。 4.在分数小数的互化和大小比较中,感受理性美和数形结合美。 5.感受知识的结构美、数形结合美和抽象概括美。
健康育人	1.在探索分数意义、分数与除法关系和分数的基本性质中,体验发现的乐趣,获得成功的体验,培养热爱数学的情感。 2.在整理知识的过程中,能正确认识和评估自我,在练习中获得成功感,增强学习信心。
劳动育人	1.通过涂一涂、找一找、比一比理解分数的意义,理解真分数、假分数的意义和分数的基本性质,积累相关经验,在实践中培养学生理解概念的能力。 2.在通分比较分数大小的过程中,渗透劳动创造价值的教育,丰富学生的学习经验。 3.运用所学的整理方法自觉进行知识整理,丰富整理经验,养成整理的习惯。 4.在P36第3题的教学中,渗透珍惜劳动成果的教育。

续表

三、长方体 正方体	
学科认知	1.在观察、操作、交流等活动中,通过对长方体、正方体立体图形的面、棱、顶点的感知与分析,形成对长方体、正方体基本特征的认识。 2.通过操作活动,从实例中理解物体表面积的含义,认识长方体和正方体的展开图。能根据表面积的含义求长方体、正方体的表面积,并能解决简单的实际问题。 3.通过操作活动理解体积(或容积)的含义,认识常用的体积、容积的计量单位并形成表象(1 m^3, 1 dm^3, 1 cm^3),感受体积(或容积)单位的实际意义,会进行单位间的换算,培养学生数学推理,建构数学模型,发展学生空间观念。 4.结合具体情境,探索并掌握长方体、正方体体积的计算方法,并能应用到生活中解决有关问题。 5.能综合运用长方体、正方体的知识,提出并解决生活中的一些简单的实际问题,体会其应用价值。
德性育人	1.在探究长方体、正方体特征、表面积和体积、计量单位和单位换算过程中培养学生的合作意识和实事求是、勇于探究的科学精神,渗透联系的观点,学会辩证思维。 2.在整理知识点的过程中,建构知识框架,培养善于总结反思、认真仔细、独立思考的学习品质和合作交流的意识。 3.通过设计长方体包装方案,培养合作意识和勇于探索、大胆创新的科学精神。
审美育人	1.感受图形的直观形象美、理性美和抽象概括美。 2.感受知识的结构美、抽象概括美和理性美。
健康育人	1.在P49第9题中,渗透每天多喝水的健康习惯。 2.在P52第3题中,渗透热爱游泳的教育。
劳动育人	1.通过摸一摸、量一量、比一比、做一做的实践活动,积累学习立体图形的经验,养成学会画图解决图形问题的习惯。 2.在P44第5题做书套的教学中,渗透劳动意识的教育。 3.在P52第6题搭积木的教学中,渗透创新劳动的教育。 4.在整理与复习中,养成画图整理的习惯,提高整理知识的能力。 5.在实践活动中,培养学生创新劳动的意识。
四、分数加减法	
学科认知	1.在解决实际问题的过程中,体会并理解分数加减法的意义。 2.在具体情境中,理解分数加减法的计算方法,会计算分数加减法,会进行分数混合运算。 3.在现实情境中,理解整数混合运算顺序及加法运算律对于分数运算同样适用,会用加法运算律进行一些分数加法的简便计算。 4.通过想象、分析,探究分数及分数加减计算中的相关规律。 5.培养学生对知识的迁移、归纳能力,以及灵活运用分数的相关知识解决问题的能力,渗透转化、数形结合的思想。
德性育人	1.在探究分数加减法的过程中,培养学生合作意识和探究精神。 2.在计算的过程中,培养学生细心、认真、严谨的态度和善于检查的习惯。 3.在P65例题3的教学中,渗透环保教育。 4.在P71“综合与实践”活动中,渗透环保意识,培养社会责任感。
审美育人	1.感受计算的简洁美、抽象概括美和数形结合美。 2.感受规律的数形结合之美和排列美。

续表

健康育人	1.在分数加减法的计算中,获得成功的体验。 2.在探究规律的过程中,培养乐学善思的思维品质,体验发现的快乐。 3.在实践活动中,增强应用数学的信心。
劳动育人	1.在P65例3种植果树的情境中,渗透热爱劳动教育。 2.在实践活动中,培养学生创新劳动的意识。
五、方程	
学科认知	1.在具体情境中能用字母表示数。结合简单的实际情境,了解等量关系,并能用字母表示。 2.认识等式和方程,理解等式的性质和方程的解法,初步学会根据字母的取值求含有字母的式子的值,比较熟练地解答含有一个或两个未知数的方程。 3.研究简单的情境关系和数形联系,明确含字母的式子、等量及等量关系的意义,建构含字母的式子、等式和方程的数学模型,探究等式的特性和方程的特点。 4.感受用字母表示数和构建方程在生活中的应用价值,强化应用意识,培养分析能力和归纳概括能力。 5.学会按事件发生的基本顺序进行数量关系提取和思维模型的加工,将生活事理关系与数学逻辑思维有机地结合。 6.用方程的基本思想解决简单的实际问题。 7.体会方程在数学史和人类发展史上的意义,进一步增强热爱数学的热情。
德性育人	1.通过P73例1的教学,渗透环保意识,培养探究精神和合作交流的意识。 2.通过乘车核载人数,渗透交通安全教育,学会辩证思维。 3.在练习二十二第6题的练习中,增长见识,提高国家认同感。 4.通过P81例1和例2的教学,体会方程在教学发展史上的意义和价值。 5.通过P87例题3和P88例4的教学,增强民族自豪感和培养学生的爱国情怀。
审美育人	1.通过P73例题的教学,感受字母表示数的简洁美、概括美和抽象美,体会代数思想的价值;通过P77例题的教学感受等式的和谐美、对称美、抽象美和数学的规律美。 2.通过整理与复习,感受知识的结构美。
健康育人	1.在用字母表示数、等式和认识方程的教学中,引导学生乐学善学,体验发现的乐趣,获得成功的体验。 2.在解方程及解决问题的过程中获得成功的体验,增强学习自信。
劳动育人	1.在编创儿歌的教学中,培养创新意识和创新能力。 2.在解方程的过程中,积累解方程的经验,提高解方程的能力。 3.通过整理知识的过程中,培养主动梳理知识的意识和学会整理的方法,积累整理知识的经验。
六、折线统计图	
学科认知	1.认识折线统计图的特征,体会折线统计图在表示数据变化趋势方面的作用。 2.读懂折线统计图所反映的数据信息及其变化规律,并对图中所反映的现象做出简单分析,能进行初步的判断与预测。 3.能根据提供的数据,在网格图中有条理地初步绘制单式和简单的复式折线统计图。 4.能从报刊、电视等媒体中获取数据信息,读出简单的折线统计图中所反映的事实,分析变化趋势。
德性育人	1.在P98例3的教学中,感受中国体育事业的进步,激发爱国之情。 2.在P100第1题中,渗透环保教育。
审美育人	1.感受统计图的简洁美、形象美和直观美。 2.在绘制、分析折线统计图的过程中,感受数学的理性美。

续表

健康育人	1.在统计过程中,体验发现的乐趣,引导学生乐学善思。 2.在发豆芽的过程中获得成功的体验。
劳动育人	1.在统计过程中培养读图、识图能力和解题能力,增强预测、判断能力。 2.在发豆芽的活动中,培养热爱劳动的情感,养成劳动习惯。

小学数学学科育人点六年级(上)单元导引

一、分数乘法	
学科认知	1.经历探索分数乘法计算方法的过程,理解分数乘法的意义和计算方法,学会数学抽象、建构数学模型,会熟练地计算分数乘法,提高运算能力。 2.从熟悉的生活情境中,抽象出求一个数的几分之几用乘法计算的数量关系,并能解决求一个数的几分之几是多少的问题,提高问题解决的能力。 3.了解分数乘法在现实生活中的作用,体会数学的价值,增强学好数学的信心。
德性育人	1.在探索分数乘法的意义和计算方法的过程中,培养探究精神、批判质疑能力和合作意识。 2.在教学中,培养专注、耐心、细心、检查等学习品质。 3.在例题情境教学中,培养良好的审题习惯、思维习惯和合作交流的习惯。 4.通过练习题等,增长见识、开阔视野,培养学生社会责任感。
审美育人	1.在探索新知中感受数学理性美和数形结合美。 2.计算过程中,感受计算的简洁美和严谨美。 3.在分析解决问题的过程中,感受数形结合美、理性美和抽象美。
健康育人	1.在调查不同年龄段人体内水分与体重的关系及计算人体骨骼块数的过程中,获得一些健康知识。 2.在听讲和做作业过程中端正坐姿,正确用眼,养成良好的健康意识和健康行为。 3.在学习过程中能与同学友好相处,感受到自己的进步和成功,获得愉悦的情感体验。
劳动育人	1.积累分数乘法的经验,并在实践中运用、创新。 2.在实践中提高学生的计算能力和分析解决问题的能力。
二、圆	
学科认知	1.通过观察、操作等活动,认识圆和扇形,了解圆的特征,会用圆规画圆,并能利用圆设计一些简单的图案,进一步发展空间观念。 2.经历圆的周长与面积计算公式的探索过程,掌握圆的周长与面积的计算方法,学会数学抽象、建构数学模型。 3.能解决生活中与圆的周长和面积有关的简单实际问题,在问题解决的过程中体会所学知识与现实生活的紧密联系,从中体验到学习数学的愉悦。 4.在探索圆的周长和面积计算公式的过程中,培养学生的归纳、类比能力,进一步培养学生的探索精神和初步的探究能力。 5.通过对我国古代杰出的数学家——祖冲之的介绍,渗透热爱祖国和热爱科学的教育。
德性育人	1.在画圆、图案设计中培养学生一丝不苟的学习态度、不惧困难的学习品质,养成大胆创新的意识。 2.经历圆周长、面积公式的探索过程,领会事物之间相互联系的观点,培养严谨认真的科学态度和探索精神。 3.了解圆周率的探索历程,培养坚毅品质,增强文化自信。 4.通过练习五第5题,渗透爱国情怀,增强民族自豪感。 5.在整理知识点的过程中,建构知识框架,培养善于总结、反思、独立思考的良好品质。 6.在读故事学数学活动中,培养质疑批判、勇于求证的科学精神。

续表

审美育人	1.在折圆、画圆、设计图案的过程中感受图形的对称美、和谐美。 2.在探究圆周长公式的过程中感受数学的抽象美和简洁美。 3.在回音壁、方中圆、圆中方等素材中感受古代建筑之美,数学运用之美。 4.在实践活动中,感受数学文化的价值,拓宽数学视野,感悟数学的奇妙之美。
健康育人	1.在探究圆周长和面积的过程中,学生分工合作,营造和谐的人际关系,并从中获得幸福的自我认知。 2.在学习过程中能与同学友好相处,感受到自己的进步和成功,获得愉悦的情感体验。 3.在整理过程中能正确认识和评估自我,在练习中获得成功感,增强学习信心。
劳动育人	1.在画圆、设计图案中积累画图经验,提高动手实践能力。 2.在探究圆周长的过程中,引导尊重前人劳动成果,培养在实践中验证、创新。 3.在实践过程中积累解决问题的经验,提高分析问题和问题解决的能力。
三、分数除法	
学科认知	1.理解倒数的意义及分数除法的算理,掌握求一个数的倒数的方法及分数除法的计算方法,渗透转化思想,建构数学模型,能正确地进行运算。 2.能运用方程解决“已知一个数的几分之几是多少,求这个数”的简单问题。 3.能根据分数的特点及运算等知识去探索发现一些分数的排列规律。 4.经历探究倒数的意义及分数除法计算方法的过程,培养学生的自主探究、归纳概括、合作交流的能力。 5.在问题解决的过程中,进一步提高学生发现问题、提出问题、分析问题、解决问题的能力,掌握问题解决的一些基本方法和策略。 6.能积极参与探究新知的学习活动,体验数学活动充满探索与创造。
德性育人	1.在探索分数乘法的意义和计算方法的过程中,培养合作意识和勇于探究、批判质疑的科学精神。 2.通过例题和练习(如P40例2、P42例4、P43-P44练习十一第1题、第9题、第11题、第12题、第13题等)增长见识、开阔视野,培养社会责任感。 3.在探索分数排列规律的过程中,培养团结协作、勇于探究的良好品质。
审美育人	1.在探索新知中感受数学理性美和数形结合美。 2.计算过程中感受计算的简洁美和严谨美。 3.在分析解决问题的过程中,感受数形结合美、理性美。 4.在排列分数的过程中感受变化美,对称美和奇异美。 5.在计算中感受简洁美,在问题解决中感受理性美和抽象美。
健康育人	1.在探究分数除法计算和问题解决的过程中,营造和谐的人际关系,并从中获得幸福的自我认知。 2.在听讲和做作业过程中端正坐姿,正确用眼,养成良好的健康意识和健康行为。 3.在学习过程中能与同学友好相处,感受到自己的进步和成功,获得愉悦的情感体验。
劳动育人	1.在分数除法的学习中,积累分数除法计算和问题解决的经验,并在实践中运用、创新。 2.在实践操作中提高学生的计算能力和分析解决问题的能力。

续表

四、比和按比例分配	
学科认知	1.结合具体情境理解比的意义和比的基本性质，了解比、分数、除法三者之间的关系，能化简比和求比值。 2.结合具体情境理解按比例分配的意义，并能解决有关的简单实际问题。 3.在探究比的基本性质，以及在用按比例分配解决问题的过程中，培养学生的归纳能力和解决问题的能力。 4.进一步感受数学与生活的密切联系，体会数学的价值。
德性育人	1.在探究比的意义和比的基本性质过程中，培养探究精神和合作意识、渗透联系的观点。 2.在分笔记本、配置混凝土、分摊运费的过程中，感受数学与生活的联系，培养合作意识，引导学生大胆探索创造。 3.在整理复习的过程中，建构知识框架、感知知识之间的联系，树立联系的观点，培养善于总结反思的好品质。 4.在修晒坝的经费预算中，培养严谨、求实的思维品质，增强社会责任感。
审美育人	1.感受比的抽象美和化简比的简洁美。 2.在按比例分配的过程中，感受分配方案的简洁美和理性美。 3.在问题解决中，感受数学知识的联系美、理性美和抽象美。
健康育人	1.在认识比和探究比的基本性质的过程中体验发现的乐趣、获得成功体验，提高学习兴趣。 2.经历按比例分配解决问题的过程，感受数学的价值，体验解决问题的快乐，获得幸福的自我认知。 3.在整理复习中团结合作，与同学友好相处，获得愉悦的情感体验。
劳动育人	在按比例分配解决问题的过程中，积累按比例分配解决问题的经验，能根据实际情况进行科学、合理地分配，提高运用数学知识解决问题的能力，树立劳动意识，珍惜劳动成果。
五、图形的变换和确定位置	
学科认知	1.能利用方格纸按一定比例将图形放大或缩小。 2.了解比例尺，在具体情境中，会按给定的比例进行图上距离与实际距离的换算。 3.能根据物体相对于参照点的方向和距离确定其位置，会描述简单的路线图。 4.在探索物体的位置关系、图形变化的过程中，发展学生的空间观念，让学生进一步感受数学与日常生活的密切联系。
德性育人	1.在探究图形的放大与缩小及比例尺意义中，培养学生的辩证思维。 2.在探究位置关系、描述路线图、绘制路线图的过程中，感受位置关系的相对性，培养辩证思维。 3.在绘制校园平面图的实践活动中，培养学生严谨、求实的思维品质和勇于创新的探究精神。
审美育人	1.感受图形的变化美。 2.在理解比例尺和用比例尺解决问题的过程中，感受理性美、简洁美。 3.在确定位置的过程中，感受图形的形象直观美。
健康育人	1.在学习过程中端正坐姿，正确用眼，养成健康意识和健康行为习惯。 2.在解决问题，绘制图形的过程中，感受到数学的价值，获得成功体验，增强学习自信。
劳动育人	主动绘制图形、绘制路线图及绘制校园平面图，在操作过程中，学会规范操作，积累作图经验，提高作图能力。

续表

六、分数混合运算	
学科认知	1.能根据整数混合运算的运算顺序类推分数混合运算的运算顺序，并能正确地计算分数混合运算(两步为主，不超过三步)。 2.能根据分数混合运算中的数据特征合理地进行简便运算。 3.能根据具体问题情境以多种途径分析数量关系，获得用不同方法解决同一问题的成功体验。 4.能综合运用分数四则运算、混合运算等知识和解决问题的技能解决简单的实际问题，发展数学应用意识和解决问题的能力。 5.在探索分数混合运算的运算顺序、解决问题的策略中，获得数学探究、合作学习的愉悦。
德性育人	1.在计算中培养学生认真、细心的学习品质。 2.在解决问题的过程中培养学生的探究精神、合作意识和良好的分析、检查等学习品质。
审美育人	1.感受计算的简洁美。 2.感受数形结合美和数学的理性美。
健康育人	P84课堂活动第1题和练习二十一第14题的心跳次数，渗透健康意识。
劳动育人	1.在计算中积累计算经验，提高计算能力。 2.在用分数知识解决问题的过程中，积累解决问题的经验，提高分析问题、解决问题的能力。
七、负数的初步认识	
学科认知	1.在熟悉的生活情境中，了解负数的意义，会读、写负数，渗透数形结合的思想。 2.会用负数表示一些日常生活中的量，体验数学的应用价值。 3.在认识负数和应用负数解决问题的过程中发展学生的数感。
德性育人	1.在认识负数的过程中培养学生的探究、质疑精神。 2.在了解负数文化过程中，渗透爱国情怀，增强民族自信，拓宽视野。
审美育人	感受数学的简洁美。
健康育人	在学习过程中培养学生的健康行为习惯，体验数学和生活的密切联系，激发学生学习数学的兴趣。
劳动育人	在理解负数意义的过程中，能将负数运用于生活实践解决相关问题，提高知识运用能力。
八、可能性	
学科认知	1.通过“摸球”“转动转盘”等游戏活动，感受随机现象结果发生的可能性有大有小。 2.在具体情境中，能对一些简单的随机现象发生的可能性做出定性描述。 3.在试验、游戏等活动中，能对“可能性大小”的话题进行交流。
德性育人	在经历随机事件发生的过程中，培养团结协作、实事求是、勇于求证的科学精神。
审美育人	感受数学的理性美。
健康育人	体验数学和生活的密切联系，激发学习数学的兴趣。
劳动育人	在经历随机事件的发生过程中，积累研究随机事件的经验，培养学生猜想、验证的能力。

小学数学学科育人点六年级(下)单元导引

<table>
<tr><td colspan="2">一、百分数</td></tr>
<tr><td>学科认知</td><td>1.理解百分数的意义,能读、写百分数,会比较百分数的大小。
2.知道分数、小数和百分数之间的关系,能进行百分数和分数、小数之间的互化。
3.感受百分数在实际生活中的应用,能用百分数解决现实生活中的简单问题,增强数学的应用意识和问题解决的能力。
4.经历探索百分数的意义和分数、小数与百分数互化及解决问题的过程,获得积极的情感体验。</td></tr>
<tr><td>德性育人</td><td>1.通过主题图教学了解三峡库区的自然状态,在练习中(如P5第3题、第5题等)了解一些相关国情,培养环保意识,增强社会责任感。
2.在纳税和利息问题的教学中,培养学生的纳税意识和理财意识,增强社会责任感。
3.在有奖购书活动中培养学生严谨、求实的思维品质和诚实守信的道德品质,培养阅读习惯。</td></tr>
<tr><td>审美育人</td><td>1.感受百分数的抽象概括美。
2.在百分数与小数的互化过程中,感受数学的联系美。
3.在抽象数量关系的过程中感受抽象概括美。
4.感受知识的联系美以及数学的理性美和抽象概括美。</td></tr>
<tr><td>健康育人</td><td>1.在学习过程中引导学生树立健康意识,养成健康的行为习惯。
2.在学习过程中小组分工合作,乐学善思,获得成功体验,提升自我认知,增强学习自信。</td></tr>
<tr><td>劳动育人</td><td>1.在理解百分数意义的过程中感受百分数与生活的密切联系,体会百分数的价值,增强运用百分数的意识,提高运用百分数的能力。
2.主动参与学习过程,积累百分数、小数、分数互化的经验和问题解决的经验,提高学生分析问题、解决问题的能力。</td></tr>
<tr><td colspan="2">二、圆柱和圆锥</td></tr>
<tr><td>学科认知</td><td>1.认识圆柱和圆锥,掌握它们的特征以及它们之间的区别与联系。
2.能正确计算圆柱的侧面积和表面积。
3.在探索圆柱和圆锥体积计算方法的过程中学会推理,理解并掌握它们的体积计算公式,建构模型思想,会计算圆柱和圆锥的体积。</td></tr>
<tr><td>德性育人</td><td>1.在认识圆锥、探究圆锥体积计算方法的过程中,培养学生的合作意识、探究精神、辩证思维和批判质疑的思维品质。
2.在整理知识点的过程中,建构知识框架,培养善于总结反思的良好品质。</td></tr>
<tr><td>审美育人</td><td>感受图形的形象美、直观美以及数学的理性美和抽象概括美。</td></tr>
<tr><td>健康育人</td><td>1.在学习过程中树立健康意识,培养健康的行为习惯。
2.在探究圆柱、圆锥表面积和体积方法的过程中,体验发现的乐趣,获得愉悦的情感体验,提升自我认知。</td></tr>
<tr><td>劳动育人</td><td>1.在探究圆柱、圆锥表面积和体积的过程中,培养在实践中验证、创新。
2.主动参与探究过程,积累解决问题的经验,提高分析问题和问题解决的能力。
3.在单元整理过程中学会整理方法,积累整理经验,提高整理能力。</td></tr>
</table>

续表

三、正比例和反比例	
学科认知	1.正确理解比例的意义和基本性质,会运用比例的基本性质解比例。 2.正确理解正比例和反比例的意义,能正确判断成正比例的量和成反比例的量。 3.初步认识正比例图像,能在方格纸上画出正比例图像。 4.能运用正、反比例知识解决生活中的简单实际问题,培养学生的数学应用意识和解决问题的能力。 5.经历探索比例的意义和基本性质、正比例和反比例的意义及其应用的学习过程,了解正、反比例知识的形成过程,体会正、反比例知识与生活的联系。 6.在学习中体会具有正比例关系和反比例关系的两种量之间的联系,渗透函数思想。
德性育人	1.在理解比例和比例的基本性质的过程中,培养善于思考、善于归纳、认真计算、细心检查的学习品质。 2.在认识正、反比例和用正、反比例的知识解决问题的过程中,学会辩证思维。 3.在绘制正比例图像的过程中,感受事物的联系和变化,渗透变化、发展的观点。 4.学生自主整理,建构知识框架,培养学生善于总结反思的思维品质。 5.在运用正、反比例知识解决问题的过程中培养学生认真、细心的好习惯和善于思考的学习品质。
审美育人	1.感受数学的简洁美和抽象概括美。 2.感受数学的理性美、抽象概括美和数形结合美。 3.感受知识结构美和理性美。
健康育人	1.在学习过程中引导学生形成健康意识,培养健康的行为习惯。 2.在理解比例和比例的基本性质、认识正反比例的过程中,体验发现的乐趣,增强学习信心。 3.在解决问题的过程中,感受数学与生活的联系,增强数学应用意识,获得成功体验。
劳动育人	1.主动参与学习过程,积累解比例的经验和用正反比例知识解决问题的经验,提高计算能力和分析解决问题的能力。 2.能运用学过的整理方法建构知识框架,提高整理知识的能力。
四、扇形统计图	
学科认知	1.认识扇形统计图,了解扇形统计图的特点和作用,知道扇形统计图的适用范围。 2.能用百分数在圆内表示所要统计的各部分数量,知道扇形统计图中百分数所表示的意义,能根据扇形统计图提供的信息解决问题。 3.能根据具体情况灵活选用合适的统计图进行数据分析,能综合运用所学的统计知识解决一些稍复杂的统计问题。 4.经历数据的收集、整理、分析和综合运用所学统计知识解决问题的过程,进一步培养数据分析观念。 5.进一步认识各种统计图在现实生活中的作用,体会统计的应用价值。
德性育人	1.在经历“我最喜欢的颜色”的统计的过程中,培养实事求是的科学态度和合作精神。 2.在“退耕还林”的统计活动中渗透环保意识,培养社会责任感。 3.在统计综合应用活动中培养合作意识。 4.在农田收入测算中,培养严谨、求实的思维品质和认真、细心的学习习惯。
审美育人	1.感受图表的简洁美和形象直观美。 2.感受数学的理性美
健康育人	了解统计的产生和发展,主动参与统计过程,从统计中体验发现的乐趣,提高学习兴趣。

续表

<table>
<tr><td>劳动育人</td><td>1. 在统计过程中培养学生读图、识图能力和解题能力，增强预测判断能力。
2. 在农田收入测算的综合实践活动中，培养劳动意识，提高运用所学数学知识解决实际问题的能力。</td></tr>
<tr><td colspan="2">五、总复习</td></tr>
<tr><td>学科认知</td><td>1. 进一步掌握有关整数、小数、分数、百分数、负数、比和比例、方程等数与代数的基础知识和基本技能，提高学生的运算能力。
2. 进一步掌握长方形、正方形、平行四边形、三角形、梯形、角、圆、长方体、正方体、圆柱、圆锥的图形与位置、图形的运动等图形与几何的基础知识和基本技能，发展学生的空间观念。
3. 进一步掌握统计与概率的基础知识和基本技能，体会统计方法的意义，培养学生数据分析观念，感受随机现象。
4. 进一步经历用数、字母或图表描述信息、做出推断、解决现实生活中简单问题的过程，培养学生的数感和符号意识，初步形成几何直观，发展学生的形象思维、抽象思维和推理能力，感悟数学思想。
5. 经历发现和提出问题、分析和解决问题的过程，积极参与综合与实践活动，培养综合应用数学知识解决简单实际问题的能力，积累数学活动经验，增强学生的数学应用意识、创新意识和实践能力。
6. 把握小学数学有关知识之间的联系，在头脑中形成结构更加完善的知识网络，促进学生数学认知结构的发展，进一步培养概括能力。
7. 经历对数学知识进行整理与复习的过程，提高学生自主整理知识的能力，促进学生认知能力的发展。
8. 让学生进一步体会数学内容与现实生活的联系，了解数学的价值，获得积极的情感体验，增强学习数学的兴趣，形成良好的数学学习习惯。</td></tr>
<tr><td>德性育人</td><td>1. 对数的意义、读写、组成、改写、求近似数进行系统整理，培养合作交流意识和善于思考的学习品质。
2. 在沟通除法、分数和比以及倍数和因数之间的联系，培养探究精神和辩证思维。
3. 在理解概念、解比例、解方程、解决问题等过程中培养认真仔细、独立思考的学习品质；培养合作探究精神，树立联系的观点和形成合理消费的意识。
5. 在整理平面图形的过程中，培养合作意识，渗透联系、发展、变化的观点，学会辩证思维。
6. 在整理统计和可能性的过程中，培养合作意识和细致、严谨的学习品质。
7. 在王老师买新房的实践活动中，培养严谨、求实的思维品质和认真、细心的学习习惯。</td></tr>
<tr><td>审美育人</td><td>1. 感受数学的理性美、抽象美和简洁美。
2. 感受图形的运动变化美、理性美和抽象美。
3. 感受数形结合美和理性美。
4. 感受数学的理性美。</td></tr>
<tr><td>健康育人</td><td>1. 在整理复习过程中引导学生乐于整理和交流，获得幸福的自我认知。
2. 在学习过程中引导学生树立健康意识，培养健康的行为习惯。</td></tr>
<tr><td>劳动育人</td><td>1. 主动参与整理复习过程，提高知识整理能力。
2. 在解决与图形相关的问题中，发展动手操作能力、猜想验证能力和解决问题的能力。
3. 主动参与综合实践，在实践中大胆创新。</td></tr>
</table>

第三章

小学数学学科全息育人教学设计

在全息育人理念下进行的小学数学教学设计,不仅要对整个数学教学活动进行系统策划,还要把全息育人、五育融合的要求体现在具体的教学实践之中。因此,教学设计时要以立德树人为根本任务,遵循数学学科本质特点及小学生数学学习的内在规律,关注学生的情感体验,体现学生数学学习的自主性和创造性。还要广泛挖掘和运用各种教学资源,注重数学学科的育人功能,站在学习者的立场进行数学教学目标的确定、教学策略的选择、教学媒体的应用和教学过程的描述,帮助学生更好地进行小学数学学习,提升学科素养,促进学生德、智、体、美、劳的全面发展。

开展小学数学学科全息育人教学设计,首先要落实以学科性质为本、学科育人为主、学科整体设计和“备教学评一致”为核心的设计理念,坚持整体性、科学性、关联性、生本性和全息性的设计原则,遵循“单元整体分析—育人目标确定—教学活动设计—教学资源选择—学习评价设计”的设计思路或方法。同时,本章还在数与代数、图形与几何、统计与概率、综合与实践各领域安排了多个教学案例供学习借鉴。

第一节　小学数学学科全息育人教学设计的理念

教学设计(Instructional Design,简称ID),亦称教学系统设计,是面向教学系统、解决教学问题的一种特殊的设计活动,是运用现代学习与教学心理学、传播学、教学媒体论等相关理论与技术,分析教学中的问题和需要,设计解决方法,试行解决方法,评价试行结果并在评价基础上改进设计的一个系统过程。①

教学设计是一个复杂的过程,包含分析教学内容、确定教学目标、了解学生特征、了解教师自身特征、认识教学资源、确定教学组织形式、选择适宜的教学媒体、确定教学的操作步骤等。②基于全息育人理念下的小学数学教学设计,不仅要对整个数学教学活动进行系统策划,将基本的、一般的或先进的教学理论体现到具体的教学实践中,还要以立德树人为根本出发点,在教学的各环节中渗透德、智、体、美、劳教育,实现由知识技能教学转向核心素养教学,学科教学转向学科育人,智育第一转向"五育并举"的重大转变。

一、学科性质为本

小学数学学习具有促进学生发展的潜在功能,它为学生的发展提供了必要条件,以培养学生的数学思维为目标,以提升学生的学科素养为根本,以立德树人,培养德、智、体、美、劳全面发展的社会主义建设者和接班人作为根本任务。开展小学数学学科全息育人教学设计时必须迎合时代和数学的发展需要,满足学科素养及未来人才的发展需求,以培养"全面发展的人"为目标,突出数学学科的本质特点,回归数学的本质属性,遵循学生的认知规律,着力于学生数学精神的培养,立足于数学知识发生发展的过程,从知识本源上启发思考,把数学学科核心素养的培育落实到数学课堂教学中。基于全息育人理念下的小学数学教学设计,需要设计者准确把握数学学科本质,它为我们把小学数学学习内容潜在的育人功能变成学生的实际发展水平提供活动载体和实施途径。③

① 马云鹏.小学数学教学论(第四版)[M].北京:人民教育出版社,2013:156.
② 马云鹏.小学数学教学论(第四版)[M].北京:人民教育出版社,2013:157.
③ 李光树.小学数学学习论[M].北京:人民教育出版社,2014:17.

(一)数学家对数学本质的认识

人们对数学的认识随着科学的发展而不断深入,一种被普遍关注的观点认为,数学源于对现实世界的抽象。马云鹏教授在《小学数学教学论》一书中提到:数学通过揭示各种隐藏着的模式来帮助我们理解周围的世界,数与代数、图形与几何、统计与概率、综合与实践,都是人们对客观世界某些侧面的数学把握的反映。人们从实际中提炼数学问题,抽象为数学模型,再回到现实中进行检验,从这个意义上来理解,我们可以把数学看作一种技术或一种模型。数学也是关于客观世界的数学化的过程,数学家们发现,在数学研究过程中,一个基本的数学过程的循环,它反复出现,形成了最基本的模式,这就是抽象、符号和应用。因此,数学具有抽象性、严谨性和应用性等特征。

抽象性:数学是研究数量关系和空间形式的科学,它抽去了具体内容,作为一个独立的客体而存在,它用形式化、符号化和精确化的语言来表现一种“抽象的抽象”或“概括性的抽象”,是一种不具有任何物质的和能量的抽象。

严谨性:数学中每个定理、定律都要经过严格的证明才能得以成立,数学的语言和思考过程都要求严谨、合乎逻辑。①严谨性是数学学科的基本特点,它要求数学结论的叙述必须精练、准确,对结论的推理论证和系统安排都要严格而周密,即使一些最基本、最常用,甚至不能通过逻辑方法加以定义的原始概念,数学学科也不满足于直观描述,而要求用公理来加以确定。思维的严谨性是学习数学最基本的要求,在学生的思维品质培养中占有不可替代的地位和作用。

应用性:数学与人类发展和社会进步息息相关,随着现代信息技术的飞速发展,数学更加广泛应用于社会生产和日常生活的各个方面。数学作为对于客观现象抽象概括而逐渐形成的科学语言与工具,不仅是自然科学和技术科学的基础,还在人文科学与社会科学中发挥着越来越大的作用。特别是20世纪中叶以来,数学与计算机技术的结合在许多方面直接为社会创造价值,推动着社会生产力的发展。②

(二)《课标(2002年版)》对数学课程性质的阐述

《义务教育数学课程标准(2022年版)》指出:数学是研究数量关系和空间形式的科学。数学源于对现实世界的抽象,通过对数量和数量关系、图形和图形关系的抽象,得到数学的研究对象及其关系;基于抽象结构,通过对研究对象的符号运算、形式推理、模型构建等,形成数学的结论和方法,帮助人们认识、理解和表达现实世界的本质、关

① 马云鹏.小学数学教学论(第四版)[M].北京:人民教育出版社,2013:4.

② 中华人民共和国教育部.义务教育数学课程标准(2022年版)[M].北京:北京师范大学出版社,2022:1.

系和规律。数学教育承载着落实立德树人根本任务、实施素质教育的功能。义务教育数学课程具有基础性、普及性和发展性。学生通过数学课程的学习，掌握适应现代生活及进一步学习必备的基础知识和基本技能、基本思想和基本活动经验；激发学习数学的兴趣，养成独立思考的习惯和合作交流的意愿；发展实践能力和创新精神，形成和发展核心素养，增强社会责任感，树立正确的世界观、人生观、价值观。

（三）核心素养的育人导向

《中国学生发展核心素养》明确指出：学生发展核心素养，主要指学生应具备的、能够适应终身发展和社会需要的必备品格和关键能力。研究学生发展核心素养是落实立德树人根本任务的一项重要举措，也是适应世界教育改革发展的趋势、提升我国教育国际竞争力的迫切需要。

小学数学核心素养是在理解数学核心概念、掌握和运用数学规律和关系的基础上形成的，具有可持续学习数学和交流、表达、解决现实世界实际问题的能力。王永春认为，我们可以从数学认知、数学思想、个人发展三个维度构建小学数学核心素养。数学认知是不断构建数学认知结构的心理活动，包括数学概念、数学规律、数学关系三个方面。数学思想是核心素养的核心，包括数学抽象、运算推理、数学模型、直观想象、数据分析等，数学思想的外显表现就是形成数学关键能力。个人发展主要包括思考自学、合作交流、创新实践等，小学数学核心素养的构建应顾全大局，着眼于学生自主发展，形成可持续发展的能力。①

王永春还强调：数学认知、数学思想、个人发展三个维度并不是并列和独立的关系，是融为一体的，数学认知既是数学思想和个人发展的基础和载体，又是一个形成和运用数学思想、个人发展的心理活动。形成数学思想的终极目标是实现个人发展，用数学思想面对现实世界。总之，数学认知是基础，告诉我们核心素养从哪里来；数学思想是核心，告诉我们核心素养是什么，个人发展是关键，告诉我们核心素养去哪里，怎么去。②

二、学科育人为主

进行小学数学学科全息育人教学设计时，我们要贯彻党和国家的根本要求，体现数学学科的育人价值，在已有研究成果的基础上，结合教学内容，围绕育人框架和育人

① 王永春.学生发展核心素养视域下的小学数学核心素养[J].小学数学教育.2016(12):4.

② 王永春.学生发展核心素养视域下的小学数学核心素养[J].小学数学教育.2016(12):5.

点，有机地向学生渗透德、智、体、美、劳教育，达到全息育人的效果。

（一）学科育人是时代发展的必然需求

党的十八大明确提出：教育的根本任务在于立德树人，立德树人是指导未来教育改革的重要思想和根本任务。在2018年全国教育大会上，习近平总书记强调，坚持把立德树人作为根本任务，培养一批又一批德、智、体、美、劳全面发展的社会主义建设者和接班人，培养一代又一代拥护中国共产党领导和我国社会主义制度、立志为中国特色社会主义奋斗终生的有用人才。习近平总书记还特别强调，教师要围绕立德树人的目标来教，学生要围绕这个目标来学，凡是不利于实现这个目标的做法都要坚决改过来。在过去一个相当长的时期，学科教学的目标只关注“双基”，教学过程变成知识授受的过程；学科育人的任务被成绩、分数、升学所遮蔽、所排斥。这种状况必须改变，改变的方向就是要从“学科教学”转向“学科育人”。学习党的十九大精神，深化基础教育改革，关键在于提升学科的育人价值。所谓学科育人，就是以学科知识为载体，以育人为目标，挖掘学科的德育内涵和人格养成价值，培养学生的学科核心素养。学科育人是一个系统，要围绕立德树人建立学科体系、教材体系和教学体系，促进三者的整合，实现学科育人各环节的统一。

（二）学科育人是学科教学的根本使命

学科教学不仅承载着传递学科知识、培养学科能力的重任，还承载着更为重要的育人功能。小学数学学科作为基础教育阶段的重要学科，具有区别于其他学科独特的育人价值，如抽象、严密、逻辑的数学语言有助于学生逻辑思维、概括能力、准确严谨的表达能力的形成等。概括地讲，小学数学学习的根本任务是培养学生的数学素养，而学生数学素养的形成和发展总是建立在掌握数学知识、发展数学思维、提升学习能力等基础之上的。同时，学习数学还能促进学生良好思想品德和个性心理品质的养成，如激发学生的学习兴趣、好奇心和求知欲，锻炼克服困难的意志，建立自信，促进学生养成良好的学习习惯，形成实事求是的科学态度，形成健全人格，激发爱国热情，获得辩证唯物主义观点启蒙教育等。①

总之，小学数学学科对学生的终身可持续发展有着重大影响，它具有为学生终身、全面、和谐发展打基础的育人使命，为学生的未来发展打下知识、智慧基础，提供强有力的动力保证。

---

① 李光树.小学数学学习论[M].北京：人民教育出版社，2014：18-25.

(三)小学数学学科的育人点

小学数学学科具有强大的育人功能。根据立德树人根本任务及学科育人基本要求,结合小学数学学科特点,重庆市北碚区教师进修学院探索并形成了以学科认识、德性育人、审美育人、健康育人、劳动育人为核心的小学数学学科全息育人框架,构建了以基本知识与技能、数学思想与方法、思维品质、探索求真、道德习惯、文化之美、健康之美、数学之美、身心健康、健全人格、劳动实践意识、劳动实践活动等为关键词的评价维度,构建了以基础知识、数学抽象、辩证思维等为关键词的评价指标。同时,重庆市北碚区教师进修学院小学数学全息育人研究团队还在长期的理论研修及教学实践中形成了小学数学学科全息育人点。

文化内涵育人:数学知识由一个个知识点构成,每个知识点,都承载着相应的文化内涵。如符号的产生、概念的定义、关系的归纳、定律的使用等都是人类几千年来智慧和心血的结晶。知识的背后,无不蕴含着人类不断探索、不断创造的态度和精神。透过显性知识的学习,提升情感,感悟精神也是学习数学的重要目标之一。如学习圆周率,就要了解刘徽、祖冲之、鲁道夫等一代又一代数学家为计算圆周率所做出的伟大贡献,学习他们坚持不懈、反复探究的精神;学习计算等差数列,就要向聪明的高斯学习,学习他肯动脑筋、大胆尝试、敢于创造的精神;学习比和比例的知识,数学之父泰勒斯的金字塔算法让我们钦羡不已,我们要学习他善于运用、灵活求变的精神……隐藏在知识背后的文化内涵恰是丰富的“五育”素材,我们应该充分挖掘这些素材并以恰当的形式在课堂中得以展现,有机地向学生进行热爱学习、热爱祖国、尊重历史、勇于创新、顽强拼搏等教育。

审美特性育人:数学知识形象丰富、相互关联,既有科学性也有审美性,学习数学知识,理解数学之美是小学数学课堂教学的重要目标。数学知识不仅具有外在显性之美,还具有内在逻辑之美,如数学符号简洁概括,运算规范统一,图形运动变换,方法多样开放,结构清晰严密等。知识之间前后联系,构建了一个美而和谐的知识体系,具有非常强大的审美功能。学习数学知识,也就是在发现美、欣赏美、感悟美。所以,我们在学习数学知识的同时,可以结合知识特点,有机地向学生进行审美教育,提高学生的审美能力,达到润物细无声的效果。

学习材料育人:数学知识需要一定的载体如教材来呈现,无论文字还是图画,无论例题还是习题,都含有丰富的“五育”素材。如果只看到教材表面的知识和技能,摒弃了这些育人素材,数学课堂教学就显得肤浅。例如教材创设的情境,有参加体育锻炼的、手工创造的、环境保护的、关爱动物的、勤俭节约的、尊老爱幼的等,内容丰富,涉及面广，我们只需恰当运用，“五育”便能水到渠成。

学习方式育人：数学是一门既重结果又重过程的学科，学习的过程本身就是数学课程的重要目标。学生在观察、比较、分析、猜测、推理、操作等丰富的学习活动中，在生动活泼、形象有趣、富有挑战的学习过程中获得全面发展。学习数学常用的方式有独立探究、合作交流、操作实践等。在独立探究中，学生的探究意识及探究能力获得了培养和提升，克服困难、自信乐观、勇于探索的意志品质也得到了锻炼和彰显。在合作交流中，学生的合作精神、合作能力得到了培养提高，主动交流、乐于分享、积极快乐的态度也是心理健康的体现。在操作实践中，学生的动手操作、实践创新的意识和能力得到了强化发展，“劳育”也得到了有机渗透。总之，在整个学习过程中，无论采取什么学习方式，学生除了能获得知识、提升能力、形成素养，还能有效地发展“五育”。

学习特点育人：数学因其自身特点，学习它无法一帆风顺，前进之路会遇到许多坎坷障碍，学习数学的过程，也就是不断克服困难、战胜挑战的过程。例如计算能力的培养，除了充分理解掌握算理算法，还必须进行一定的强化训练，这一训练过程可以培养学生的意志品质。又如，面对一道道具有挑战的习题，学生总会经历不断尝试、不断演算、反复推敲、反复验证等过程，成功了会获得愉悦，失败了也不放弃，寻找帮助直到解决为止。所以，学习数学的过程，就是克服困难、战胜挑战的过程，也是发展“五育”的过程。

学习环境育人：学习环境包括两种，物质环境和非物质环境。物质环境由空间环境、班级设施环境和自然环境构成，学生在宁静、整洁、美观的物质环境中开展学习活动本身就是一种美与舒适的感受。同时，教师还应该在课堂中创建一个民主、开放、和谐的非物质环境，让学生敢说、敢做、敢想、敢创造，促进学生全面发展。

实践活动育人：开展好数学综合实践活动，能很好地沟通数学与生活的联系，体会知识的运用价值，还能有效地落实“五育”，促进学生全面发展。西南师大版小学数学教材编排的综合实践活动很有特色，在“环保小卫士”活动中，学生走出教室，获得了环境保护、热爱劳动、团结协作等教育；在“赶场”活动中，学生了解了集市，热爱家乡的情感得到了提升；在“做一个家族年历”活动中，学生的审美、动手、创造等能力得到了培养；在“学当小记者”活动中，学生合作交流、收集整理能力得到了提高……数学综合实践活动集“五育”于一体，我们应该充分认识并发挥其育人功能。

落实全息育人理念依然要遵循数学学科的本质特点和学生的认知规律，不能把数学课设计成政治思想课、艺术课、体育课或劳动技能课等。全息育人、“五育并举”不是面面俱到、事事体现，一节课的设计一定要根据教学内容及学情有所侧重，否则就会蜻蜓点水，无法落实。落实“五育”以“渗透”为主，不能脱离数学课的学科要求，“润物细无声”指的就是这个道理。

三、学科整体设计

根据教材编排体系及知识呈现特征，我们应在充分理解知识结构体系的基础上，立足知识单元整体，开展整体性的教学设计，整体实现学科育人目标。目前，重庆市北碚区已经有多个研究团队正在开展以单元整体教学设计的研究，其目的是打破传统教学设计模式，创新教学设计，以单元设计为基础，用整体的思路和眼光充分挖掘每一个单元的“育人点”，把育人目标整体统筹在单元教学的各个课时中，以“分析教材—寻找育人点—划分课时—具体设计”等基本步骤开展教学设计，体现教学设计的整体性、灵活性、适用性及规范性。

（一）整体实现育人目标

《义务教育数学课程标准（2022年版）》确定了数学课程的总目标，通过义务教育阶段的学习，学生逐步会用数学的眼光观察现实世界，会用数学的思维思考现实世界，会用数学的语言表达现实世界（简称“三会”）。总目标的三个方面不是相互独立和割裂的，而是一个密切联系、相互交融的有机整体。课程目标的整体实现，是学生受到良好数学教育的标志，对学生的全面、持续、和谐发展有着重要意义。同时，总目标与学科认知、德性育人、审美育人、健康育人、劳动育人彼此关联、融会贯通，构成了一个密不可分的目标整体。教学设计中，教师要努力挖掘教学内容中可能蕴涵的、与上述目标有关的教育价值，通过长期的教学过程，逐渐实现学科的整体目标。

（二）整体呈现知识内容

目前各版小学数学教材都从知识单元、概念体系和认知理解三个层次的整体上注重了知识间的相互关联。

知识单元整体：小学数学教材按单元进行编排，各个单元有相对独立且完整的知识内容。如在三年级教材中分别编排了认识分数和小数的知识单元，学生结合具体情境初步认识分数和小数，能读、写分数和小数，这是一个知识单元整体。

概念体系整体：小学数学知识的呈现具有螺旋上升的特点，初步认识分数和小数后，教材在四、五年级分别编排了两个单元，引导学生在具体情境中理解分数和小数的意义，形成概念，建立体系。前后两个年级的知识内容属于一个概念体系整体。

认知理解整体:分数和小数是两个不同的概念体系整体,但从本质上看,学生认识它们的方法和途径是相似的,均经历了情境体验、初步感知、理解意义、形成概念、建立体系等认知过程,并且这个认识过程还能运用到其他概念的学习中,它们同属一个认知理解整体。

开展全息育人整体性的教学设计时,根据科学性和简便性原则,设计者可在充分把握概念体系整体性和认知理解整体性的基础上开展知识单元整体设计。单元设计标志着教学专业的起点不是知识,而是学生的学习;不是内容而是课程,是我们的逻辑起点。单元代表了课程的最小单位,把时间、目标、内容、情境、任务、活动、评价等要素结构化,是落实学科核心素养,实现学科育人的基本单位。

(三)整体性的教学设计

一是确定名称与划分课时,将知识结构化,知识点单元化,有助于问题聚集,让学生和老师看到题目就知道这个单元要解决的问题。单元一定要有时间规定,课程与时间是密不可分的,所有课程都是有时间限制的。二是制定整体性的教学目标,目标是单元的灵魂,确定单元目标时一定是对准学科核心素养和学科育人目标。核心素养目标是关键,如果无法落实学科核心素养,那么学科育人就是一句空话。三是设计评价任务,没有评价就没有课程,评价是整体性单元设计的关键。四是学习过程,要设计学生何以学会的过程,即学生从不知到知、少知到多知需要经历怎样的学与习的过程。五是作业与检测,这是学习过程的一个要素,整体设计校本化的巩固性作业、检测性作业以及提高和拓展类作业。六是反思,设计者一定要清楚,学习的责任在学生,老师不能代替学习,也不能剥夺学习。教师的任务是引起、维持和促进学生学习,要把反思支架和反思路径设计出来,以便学生自己去感悟、去思考已学的知识。

四、备教学评一致

教学设计是上好课的前提,教学设计的质量决定着课堂教学的质量。基于“备教学评一致”理念下的小学数学学科全息育人教学设计,指教师在备课前,将学科育人目标具体化为每一个单元、每一节课的教学目标,并根据教学目标确定教学内容、教学方法、教学活动及评价内容和方法,让教学目标、教学活动、教学评价等与育人目标及课程标准相一致,帮助每一个学生达到预期学习结果的备课思路或备课方式。

(一)明确育人目标,引领教学设计

“备教学评一致”的核心是育人目标,这是确保教学活动顺利开展的前提,如果育人目标不明确,就无法成功落实完整的“备教学评一致”理念,所有的教学活动和课堂评价需要围绕育人目标来展开。因此,教师在设计育人目标时,一定要充分掌握课程标准、教材及学情,确保育人目标的科学性和合理性。

(二)以评促备,优化教学设计

基于“备教学评一致”的教学设计,教师设计的每一个教学活动,既是学习活动,也是评价活动,教师教什么,学生学什么,评价就应该评什么。因此,教师在备课时,一定深入思考如何保持育人目标、教学活动与学习评价的一致性,以评促备、以评促教、以评促学。

(三)设计科学有效的评价任务

没有评价,就没有课程,评价任务是教学设计的关键。首先,有目标必须要有评价,如果目标没有评价,就等于没有目标。其次,目标写好后马上写评价任务,可以检验目标写得是不是准确、恰当,如果不写评价任务,目标很容易写成“假大空”。再次,评价任务设计后,后续教学过程的设计就可以整合教学与评价了,即把已经设计好的评价嵌入教学过程中去,使得课堂教学体现“备教学评一致”。

第二节 小学数学学科全息育人教学设计的原则

“学科全息育人”是指学科的、课程的、一堂课的全部信息,以学科课堂教学到育人功能的转变,贯穿全学段、全学科、全过程、全方位的育人方法、路径、策略。小学数学学科全息育人从“学科认知、德性育人、审美育人、健康育人、劳动育人”五个维度出发,全方位构建育人框架体系,强化“五育融合”的价值引领。

数学教学设计是数学教育工作者根据自己的理解和数学教学需要,综合参照现代数学教育基本理论,认真研究学生和数学学科特点,对某个具体数学教学内容预先制

定教学过程的一种显性化设想。[①]

日本数学教育家米山国藏说过的这段话为众多数学家的共识:学生在进入社会以后如果没有什么机会应用数学,那么作为知识的数学,通常在出校门后不到一两年就会忘掉,然而不管他们从事什么业务工作,那种铭刻在人脑中的数学精神和数学思想方法,会长期地在他们的生活和工作中发挥重要作用。[②]因此,数学的育人功能影响深远,小学数学在整个数学大厦中处于根基部位,是一切后续数学的基础,所以,进行有针对性的小学数学学科全息育人教学设计是重中之重。

在全息育人理念的引领下,教学设计应遵循以下原则。

一、整体性原则

教学设计的整体性原则主要表现在以下三个方面:

(一)学段的整体性

小学生思维的特点是以具体的形象思维为主、逐步过渡到抽象的逻辑思维,而这种抽象的逻辑思维很大程度上还依赖于形象思维。小学生是小学数学教学过程中的主体,这个阶段的儿童习惯于感受生动具体的事物,他们在学习过程中对于感性材料具有更多的依赖性,往往难以理解抽象概括的知识内容。但由于数学知识具有高度的抽象性和严密的逻辑性,小学生对于数学知识尚不具备直接的理解力。因此,在小学数学教学过程中,教师首先应加强直观教学,借助于充分的感知和丰富的表象来支撑学生的思维。其次,在教学过程中,还要求教师按照儿童认知发展的顺序和数学知识的逻辑顺序组织教学,注意形象思维与逻辑思维、合情推理与论证推理的有机结合。[③]比如,解决数学问题时,既要借助线段图、实物图等直观教学的手段使学生认识其中的数量关系,又要用分析与综合的方法去寻求解题的途径,借助这样的教学设计过程培养学生的问题解决能力。又如,刚刚入学的小学生,在计算“10以内的加减法”时,喜欢借助手指或者其他形象化的学具(如水果卡片、小棒等)来帮助自己思考,一旦脱离了对这些具体物品的操作,学生就会出现思考困难或者出现错误。三年级的时候,学生已经在操作中获取了大量的表象积累,所以他们逐渐地可以不再依赖亲自动手来思考,而是通过具体实物表象就可以完成复杂的运算,开始进入了真正的运算阶段——具体运算时期。这时期表象的积累已经使学生具备了初步的思考能力,为进入下一个

① 叶立军.数学课程与教学论[M].杭州:浙江大学出版社,2011:108.

② 米山国藏.数学的精神、思想和方法[M].毛正中,吴素华,译.成都:四川教育出版社,1986:25.

③ 金成梁.小学数学课程与教学论[M].南京:南京大学出版社.2005:107-110.

阶段做充分的准备。小学4—6年级,这时是从具体运算阶段向命题运算阶段转化的重要时期,学生的具体形象思维高度发展,同时抽象思维也迅速萌芽和发展起来。①因此,在教学设计过程中结合学生的年段,从培养学生的具体形象思维为主过渡到抽象思维为主。

(二)教材的整体性

数学学科知识结构严谨、体系严密,同一知识不同层次的内容是根据知识之间的内在联系、学生的认知特点和学习心理,按照由浅入深、螺旋上升的顺序编排的。教师教学时应关注不同年级知识之间的关联,清晰地把握知识的编排线索,体会知识之间的内在联系与本质提升,即弄清所学内容与先前内容及后续内容的关系,把握本节课内容的独特地位和作用,做到“瞻前顾后”和“以旧引新”,实现教材内部间的有效对接。比如“初步认识轴对称图形”(西南师大版小学数学三下第73页)通过观察蝴蝶、风筝、脸谱等丰富的生活素材,及开展“剪一剪”活动,让学生有充足的体验来感受轴对称这一现象。“轴对称图形”(西南师大版小学数学五上第33页)进一步加强对轴对称图形的性质的认识,通过“找对称点”来让学生明白由于对折后两边能完全重合,所以轴对称图形上有无数组对称点。在活动的过程中指导学生用数学的语言描述,如“到对称轴都是5格”应提升为“距离相等”,重视学生的说理。又比如,西南师大版小学数学教材中乘法计算内容要从二年级教学到六年级,乘法的初步认识和表内乘法安排在二年级上册,多位数乘两位数、三位数安排在三年级上册,两位数乘两位数安排在三年级下册,三位数乘两位数安排在四年级上册,小数乘法安排在五年级上册,而分数乘法则要在六年级上册才会讲到。

(三)教学单元的整体性

教学单元的整体性主要表现在三个方面:第一,知识内容的整体性。起始课的教学设计需要将本单元零散的数学知识、思想方法加以整合,从整体上加以把握,让学生初步感知整个单元的知识结构。第二,学生认知的整体性。起始课的教学应当结合学生的心理特点和认知规律形成整体思维,既让学生知道本单元学什么,又让其明白为什么学和怎么学,从而统领单元教学。第三,教学安排的整体性。在单元整体思维的统领下,起始课既是单元教学的第一步,又是统揽全局的重要一步,教学中的每一步和每一个环节都应置于单元教学的整个系统之中考虑。

---

① 李晓梅,孔繁成.小学数学教学活动设计与案例分析[M].北京:科学出版社.2015:19.

二、科学性原则

任何一门学科的教学都是以促进学生知识、能力、情感、态度的全面发展为主要任务的。小学数学教学过程要求学生掌握数学知识，发展计算能力、思维能力、空间观念和创新意识，培养运用数学知识解决问题的能力，形成良好的思想品德和个性心理品质，以促进学生素质的全面发展。因此，我们从数学学科的特点和小学数学课程内容所具有的育人功能出发，要求小学数学教学过程成为一个以发展小学生思维能力为核心，以促进小学生素质全面发展为目标的育人过程。比如，在教学内容的选择上，要让学生通过学习具有现实性、趣味性和挑战性的学习材料，使学生懂得数学的价值，增强应用数学解决实际问题的意识。在教学方式上，鼓励学生运用多样化、个性化的学习方式获取数学知识。①

三、关联性原则

小学数学教学要按照一定的顺序持续、连贯、有系统地进行，使教学的顺序体现知识的逻辑顺序和学生的认知规律。《义务教育数学课程标准(2022年版)》把小学数学知识分为数与代数、图形与几何、统计与概率、综合与实践几部分，分年级、分单元编排，单元教学内容构成了数学知识的微型系统，从低年级到高年级，力求做到由易到难、由浅入深、循序渐进、螺旋上升。在教学中，教师要严格遵循数学知识的逻辑顺序进行教学，在循序渐进地组织教学过程的同时，还需要对数学知识做系统整理，使学生形成系统化的知识结构，并揭示相似数学内容之间的差异性，避免不同数学知识之间的干扰。随着教学过程的不断深入和学生数学知识的不断积累，在中、高年级教学中，还应当引导学生对所学数学知识进行适度的概括和提炼，使之形成更加结构化的知识系统。比如，学习了整数、小数加减法以后，可以将运算法则概括如下：相同数位对齐；从低位算起；哪一位相加满十，就向前一位进一，哪一位不够减，就向前一位退一作十。这样使得学生对于多位数加减法与小数加减法计算法则的掌握更加系统化和概括化。

四、生本性原则

小学数学教育的最终目标就是发展人，发展人在快速变迁的社会中获得高质量生活所需要的基本素养、能力和情感。②《义务教育数学课程标准(2022年版)》中指出，

① 金成梁.小学数学课程与教学论[M].南京:南京大学出版社.2005:108.

② 杨庆余.小学数学课程与教学[M].北京:高等教育出版社,2004:11.

“数学素养是现代社会每一个公民应该具备的基本素养”，通过义务教育阶段的数学学习，学生能获得适应社会生活和进一步发展所必需的数学的基础知识、基本技能、基本思想、基本活动经验；体会数学知识之间、数学与其他学科之间、数学与生活之间的联系，运用数学的思维方式进行思考，增强发现和提出问题的能力、分析和解决问题的能力；了解数学的价值，提高学习数学的兴趣，增强学好数学的信心，养成良好的学习习惯，具有初步的创新意识和实事求是的科学态度。①可见，义务教育阶段数学课程的总目标强调更多的是学生终身发展所需的必备品格和关键能力，即“数学核心素养”。

学生是学习数学的主体，是在积极参与的学习活动中不断得到提升。作为教师首先应不断更新教学观念，努力构建以学生主动参与、师生双向互动、探究创新为主的课堂教学模式。其次，教学活动中，教师应尽可能调动一切因素，激发学生学习数学的兴趣。如创设轻松愉悦的课堂氛围，让学生愿意说、敢于问，真正让课堂活跃起来，满足不同学生的学习需求，引导学生质疑、调查、探究，促使学生积极主动、富有个性地学习，充分感受数学学科高度的抽象性、严密的逻辑性和广泛的应用性，实现数学学科育人的目的。

基于数学学科全息育人的教学活动应是学生学与教师教的统一，在学习学科知识的同时，潜移默化地渗透学科认知、德性育人、劳动育人、审美育人、健康育人，体现全息育人的理念，促进学生核心素养发展。

学生是学习发展的主体，教师要充分调动学生学习的主动性，让学生学会学习，在知、情、意、行各方面的素质获得全面提高。全息育人理念下的教学设计要体现学生数学学习的自主性，要关注学生的情感体验，要让学生有多种机会应用所学知识，注重育人功能。要吸引全班同学积极参加，对学生的回答，教师要认真倾听，及时评讲，并注意发展学生的数学语言。创设民主氛围，可以教师问、学生答，也可学生问、教师答，还可以学生问、学生答，以营造生动活泼、轻松愉快的课堂气氛。

五、全息性原则

（一）掌握知识技能，渗透思想方法

小学数学学科认知分为基础知识、基本技能、数学思想与活动经验四个方面。数学思想是铭记在人们头脑中起永恒作用的数学的观点和文化，是数学的精神和态度，是数学的本质与灵魂，数学知识大厦的建构依靠的是数学思想的内在支撑，离开了数

① 中华人民共和国教育部.义务教育数学课程标准（2022 年版）[M].北京：北京师范大学出版社.2022：1.

学思想的数学无异于行尸走肉。数学教学中，知识是基础、方法是中介、思想才是本源。因此，数学课堂教学应该是有数学思想的教学，有了数学思想才有数学课堂的生命。《义务教育数学课程标准（2022 年版）》指出："课程内容不仅包括数学的结论，也应包括数学结论的形成过程和数学思想方法。"①

数学的研究对象大致可以分为两类：一类是研究数量关系的，一类是研究空间形式的。整个数学，不论是初等数学还是高等数学，都是以数和形作为研究对象。数和形是数学的两个基本概念，全部数学大体上就是围绕这两个概念的生成、演变、发展而逐步展开。②数形结合思想就是通过数和形之间的对应关系和相互转化来解决问题的思想方法。这一思想在小学阶段被广泛地应用，比如，甲对乙说：我像你现在这么大的时候，你才1岁；乙对甲说：我像你这么大的时候，你都16岁了。问：甲、乙现在各几岁？初次见到这道题时，不少人想到的是使用二元一次方程组来解决。其实我们将两人的年龄画在线段图上，就会发现1岁到16岁之间跨越了3个年龄差，年龄差求出来，两人的年龄就解决了。（如图3-1）

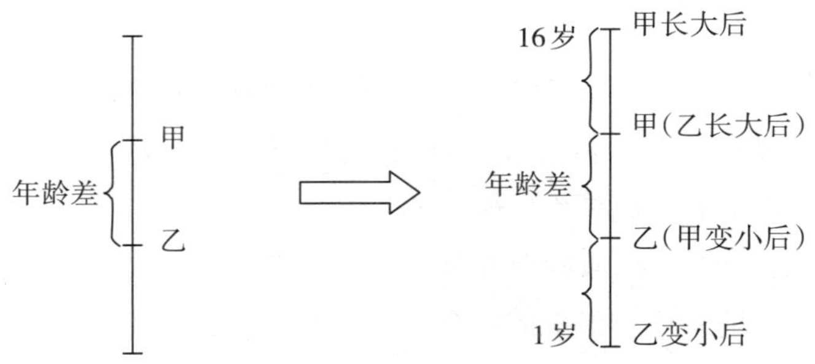

图3-1　年龄差示意图

（二）弘扬科学精神，培养道德情操

教师的根本职能在于教书育人，"五育"存在着不可分割的关系。尤其是在立德树人的教育要求之下，只有不断助推教育改革以及加快德育的发展步伐，才能够满足新时代的人才培养要求，助推国家和社会的发展。学生在数学学习中需要具备的关键能力与必备品格，本身就蕴藏着丰富的德育内容，所以只有把德育摆在重要位置，并在教学中进行渗透和体现，才能够满足当前的教育要求。比如，教学综合与实践"节约1粒米"（西南师大版小学数学四上第95页），我国大约有13亿人，如果每人每天节约1粒大米，全国每天能节约多少大米？在学生解决完问题之后，教师需要在这一过程中渗透节约粮食、尊重劳动果实的德育思想，让学生能够在这些真实的生活体验中获得深刻感受。

① 中华人民共和国教育部．义务教育数学课程标准（2022 年）[M]．北京：北京师范大学出版社，2022：3.

② 顾泠沅．数学思想方法[M]．北京：中央广播电视大学出版社．2004：155.

(三)丰富审美情趣,发展审美能力

数学是一种具有美学维度的精神空间,哲学家、数学家罗素说:“数学,如果正确地看它,不但拥有真理,而且有至高的美。”①数学的美不同于自然美、艺术美那么鲜明亮丽,它是一种理智的美,数学的美内在而深邃。因此在数学教学设计时,应尽可能挖掘数学内容中美的素材,并且进一步进行“美化处理”,从而提高教学的启发性、趣味性,使材料好学、好记、好用,以数学学科本身特有的魅力去吸引学生。小学数学教科书里随处可见生活中的对称美、建筑和人体中的黄金分割美、诗词中的数字美、数学公式的简洁美,让学生感受美、欣赏美,同时产生创作数学美的愿望,在数学美的愉快体验中惊叹于数学的神奇。

如苏轼的《百鸟归巢图》画中没配诗,乃美中不足。相传清代某公收藏到此图,为弥补有画无诗的缺憾,特请当时的大诗人伦文叙(乾隆年间状元,广东南海县人,有才且又诙谐,有“鬼才”之称)为《百鸟归巢图》题诗。伦文叙审视良久,挥笔写出:归来一只又一只,三四五六七八只。凤凰何少鸟何多,啄尽人间千石食。巧妙地用1,1,3,4,5,6,7,8这几个数字就“写”出100只鸟:$1+1+3\times4+5\times6+7\times8=100$,这是多么妙的素材。

(四)树立健康意识,拥有健全人格

小学数学教师应努力把数学的人文精神体现出来。数学家克莱因有一段描述数学的经典名言被广为称颂:“音乐能激发或抚慰情怀,绘画使人赏心悦目,诗歌能动人心弦,哲学使人获得智慧,科技可以改变物质生活,但数学却能提供以上的一切”。②如在教学面积复习课上,可以借用俄国大文豪托尔斯泰的短篇小说《一个人需要很多土地吗?》来创设巧妙的情境(如图3–2):有一个叫巴河姆的人到草原上去买地,卖主卖地的方法很特别。任何一个来买地的人,只要交1000卢布,他可以在一天之内,从太阳升起开始,由草原上任一点出发,在草原上走到太阳落山,如果在日落之前,他回到了出发点,那么,他这一天所走的路线所围住的土地,就算他买到的土地;如果他在日落之前没有回到出发点,那么他就一寸土地也得不到,白白丢掉1000卢布。巴河姆认为这样的规定真是有利可图,便爽快地交了1000卢布。第二天太阳刚刚升起,巴河姆就在草原上迈开了大步。他先沿一条直线一口气走了10 km,然后向左拐弯又沿直线走了很远很远,才又向左拐弯90°,继续前进了2 km。这时他发现天色已经不早,他已经足

① 吴振奎,吴旻.数学中的美[M].上海:上海教育出版社.2004:1.

② 克莱因.西方文化中的数学[M].张祖贵,译.上海:复旦大学出版社.2005:417.

足走了27 km的路程。于是他不得不改变前进方向，直向出发点跑去。巴河姆终于在日落之前又跑了17 km赶回了出发点。但是，当他停下来时，脚跟尚未站稳，便两腿一软，扑倒在地，口吐鲜血，一命呜呼了。这个情境对小学生有极大的吸引力，激发了强烈的好奇心："小说中为什么出现那些准确的数学描述和精确的数字呢？"

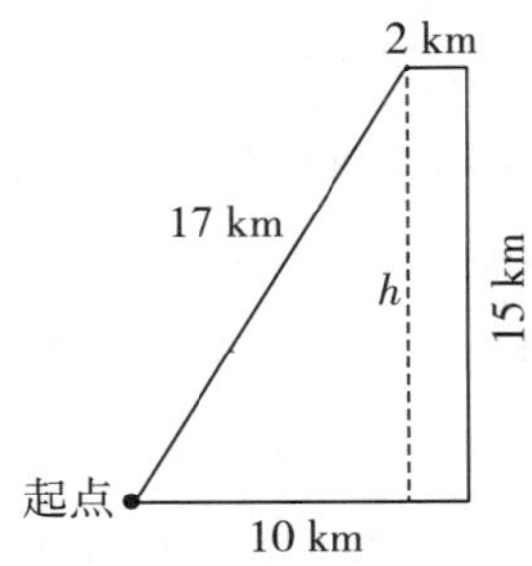

图3-2　行走线路示意图

原来这里还有数学玄机。由题中数据很容易算出巴河姆用生命代价换来的土地大小——直角梯形的面积，但是人死不能复生，再多的土地又有什么用呢？这对那些爱财如命的人是一个绝妙的讽刺。然而这篇作品的讽刺意义还不止此，喜爱数学的托尔斯泰在作品中还赋予更深刻的寓意：贪婪者往往最愚蠢。如果巴河姆知道"面积相等的图形中，圆的周长最小"的数学道理，就不至于累死，贪婪和无知葬送了他的性命。这节课不仅让学生兴致勃勃地验证多种平面图形的周长与面积，还完成了既定的知识与技能教学目标，发现了数学规律，潜移默化受到深刻的思想教育。

（五）增强劳动意识，提升劳动能力

2018年9月召开的全国教育大会上，习近平总书记发表了重要讲话，提出社会主义教育要培养德、智、体、美、劳全面发展的社会主义建设者和接班人，并对我国教育方针做了全面阐述。习近平总书记在教育方针中重提劳动教育，丰富了教育方针的内涵，使教育方针育人的目标更加全面。他指出："要在学生中弘扬劳动精神，教育引导学生崇尚劳动、尊重劳动，懂得劳动最光荣、劳动最崇高、劳动最伟大、劳动最美丽的道理，长大后能够辛勤劳动、诚实劳动、创造性劳动"。这对学生的全面发展具有重大意义。①

数学是人类劳动实践的智慧结晶。从"结绳计数"开始，数学与人类的劳动就结下了不解之缘。在小学数学教学中融入劳动教育，能有效地提升学生的学习能力，发展学生的数学核心素养。比如，教学"圆柱的表面积"（西南师大版小学数学六下），既要

① 顾明远.高度重视学校劳动教育的育人功能和组织[N].中国教育报.2019-05-04.

让学生进行逻辑推理、演绎，还要引导学生“动手做”，将圆柱体的侧面积、表面积的学习与劳动手工制作相结合。学生在将长方形纸卷成圆柱侧面的过程中，自然地认识了圆柱体侧面与长方形纸的长、宽之间的关联。“做圆柱”激发了学生的数学深度思考：先做圆柱的侧面，再做圆柱的底面方便；还是先做圆柱的底面，再做圆柱的侧面方便。劳动技术让学生的数学学习有了方向，操作中学生还发现，同样的一张纸，可以卷成两种不同规格的圆柱，一种是“高瘦瘦”，另一种是“矮胖胖”。通过将数学与劳动技术结合起来，让学生感受、体验到了数学学习的独特性。

第三节　小学数学学科全息育人教学设计的方法

基于小学数学学科全息育人教学设计的方法研究关键是梳理和挖掘教材中显性和隐性的育人素材，构建育人路径，因势利导润物于无痕，真正让学科全息育人目标落地生根。本节主要探讨小学数学学科全息育人教学设计的过程和方法。主要内容有：单元整体分析、育人目标确定、教学活动设计、教学资源选择、学习评价设计。

一、单元整体分析

基于单元整体分析，教师首先应该引起重视，对于每个教学单元，应从整体上明晰该单元有哪些知识块，这些知识块在整个小学知识体系中的位置和作用，前后桥接的知识点是什么、学生应掌握到什么程度，以及知识块中都蕴藏了哪些育人素材，如何将素材中的育人点落实等。比如，在设计西南师大版小学数学五下“方程”单元时，可以先对单元进行整体分析。方程单元是在学生充分认识了整数、分数、小数以及熟练整数、分数、小数四则运算的基础上来学习的，是学生从算术思维到代数思维的一次飞跃，学生以分析现实生活中数量关系为载体，了解等量关系、认识等式、理解方程的意义和等式的性质、掌握解方程的方法等，当然方程的意义不在于概念本身，而在于方程的本质特征——用已知量的观点处理未知量，用等式表示数量关系。为此，要让学生理解方程的意义，应让学生充分经历从生活情境到方程模型构建的过程，深入挖掘方程的本质特征，注重数学思想方法的渗透，从而更加深刻、准确地把握方程这一概念的内涵。细研深挖本单元的教学素材，发现本单元蕴含的育人点有：第一，德性育人点：培养学生的探索精神、合作意识、渗透交通安全教育以及独立思考的良好品质等。第二，审美育人点：让学生感受数学的简洁美、概括美、理性美和严谨美等。第三，健康育人点：让学生体会探究学习的快乐、学习数学的乐趣、获得成功的体验以及提升学习数学的信心。第四，实践育人点：渗透热爱劳动、尊重劳动和劳动创造价值的教育。

二、育人目标确定

习近平总书记明确指出：学校教育应努力培养担当民族复兴大任的时代新人，培养德、智、体、美、劳全面发展的社会主义建设者和接班人，坚持显性教育和隐性教育相统一，挖掘课程和教学方式中蕴含的思想政治教育资源，实现全员、全程、全方位育人。基于小学数学学科全息育人目标的确定就是为了使每个学生都受到良好的数学教育，在德、智、体、美、劳五个方面有机融合，整体实现育人目标。

小学数学学科育人目标的整体实现，是通过教学过程展开的。教学过程中应突出重点，重视学生对数学的认识过程。课时育人目标的确定都是对单元整体育人目标的落实，对每一节课的教学素材进行细研深挖，循序渐进地达成单元育人目标，也是达成数学学科育人总体目标的一部分。精心设计每一节课，认真上好每一节课，是实现数学学科育人目标的基础，数学学科育人目标是数学课堂教学的核心和灵魂，是课堂教学的出发点和归宿，有效的教学开始于明确的育人目标，只有在各个教学活动中实现具体的育人目标，才能落实总体的育人目标。数学学科育人目标的整体实现，需要教师在日常的教学活动中努力挖掘教学内容中蕴涵的学科认知、德性育人、健康育人、实践育人、审美育人的教育价值，逐渐实现学科育人整体目标。比如，在设计西南师大版小学数学四下“小数的性质”一课时，先明确本节课的核心知识：小数的末尾添上“0”或去掉“0”，小数的大小不变。然后再确定本节课的育人目标：通过不完全归纳法，帮助学生经历从具象到抽象，再到数学本质的探索，总结归纳出小数的性质（学科认知、实践育人）。在教学过程中实现对学生探究精神和协作精神的培养（德性育人），感受到数学的抽象美、简洁美、理性美和严谨美（审美育人），从而实现学生数学抽象素养的提升和逻辑推理素养的培养（学科认知）。

三、教学活动设计

教学活动是师生积极参与、交往互动、共同发展的过程。基于学科全息育人的数学教学活动设计，应以学科教材为基础，充分考虑各个年龄段学生数学学习的特点、认知规律和心理特征，萃取教材中的育人素材，激发学生的学习兴趣，引发学生数学思考，体现数学学科特点的同时彰显学科育人功能，全面提升学生在德、智、体、美、劳五个方面的综合素养。

(一)精准萃取——找准育人素材

在西南师大版小学数学教材里呈现了丰富的情境、符号、图表、习题、数学文化、综合与实践等素材，这些素材既充分体现了数学学科特点，又蕴含了丰富的育人功能。精研细读后发现有的育人素材可以直接在课堂上呈现达到育人的效果，这种素材统称“显性素材”；还有的育人素材需要老师整合教学资源进行深度挖掘之后才能达到育人效果，这种素材统称“隐性素材”。

1.读懂显性育人素材

教材在编写时依据小学生的学习特点、认知规律和心理特征，秉承由浅入深、由具体到抽象的原则，编写了许许多多的显性育人素材，在教学活动设计时需要用心读、灵活用。如西南师大版小学数学二上“表内乘法(二)”这个单元，“九九乘法口诀表”中就蕴含了“规律之美”；“数学文化”中承载了我国悠久的乘法口诀历史，学生在细细品读中就能感受到文化价值，提升文化自信。

2.深挖隐性育人素材

隐性育人素材的萃取更考验老师专业的厚度、视野的宽度和素养的高度。因为隐性育人素材往往蕴藏在数学知识、数学方法、数学思想以及情境中，需要老师深挖细掘。如在设计西南师大版小学数学二上“6、7的乘法口诀”第1课时，巧妙地融合了当下最为关注的“节约粮食”主题，以好朋友“大米宝宝”为主线贯穿整节课始终，让“节约粮食，从我做起”的育德教育润物于无声之中。

(二)精心设计——彰显学科育人

教学活动设计不仅要让学生掌握学科知识，更要通过学科知识发挥育人功能。设计的过程中应根据教材的特点巧妙地呈现教学活动，真正让学科教学转向学科育人。

1.问题驱动，启发思维，彰显学科认知

亚里士多德曾说：人的思想是从疑问开始的。同样，在教学中也应充分利用问题驱动学生的思考与探究，能激活学习内驱力，提高课堂参与度，培养数学思维。

如西南师大版小学数学五上“梯形的面积”，设计了如下问题串：

(1)平行四边形的面积公式是怎样研究出来的呢?(剪拼转化成长方形)

(2)三角形呢?(剪拼转化成平行四边形)

整个回顾过程，用问题唤醒学生的已有经验，让学生明白研究过程就是经历从“问题”到“工具”的过程，同时也启发学生用另外的视角来研究梯形面积。

本节课以学生已有知识经验为学习基础，采用“问题驱动，启发思维”，让学生在分析问题、解决问题中获取新知，发展思维能力，从而达成“学科认知育人目标”，同时感受面积公式的统一与简洁，让学生触及数学学科的本质。

2. 精心设计，顺势而为，培育德性基因

《义务教育数学课程标准(2011年版)》指出：数学教学活动必须建立在学生的认知发展水平和已有的知识经验基础之上。基于这一理念，我们必须走到学生当中，了解他们的认知基础，精心设计教学活动，让学生拾级而上，让德性滋养心灵。如西南师大版小学数学五下“等式”第一课时，设计了如下环节：

师：同学们写出了(17=55−38、38=55−17、55=17+38)三个不同的式子，真不错！那下面老师把题目的信息改一下(将中巴车准载客数改为a人，大巴车准载客数改为b人，其余信息不变)，你还能写出式子吗？

生：全班同学脱口而出$a+b=55$。

师：真好！这里的a，b可以表示多少人呢？(15人、20人、30人、50人……)

生：有的学生很快就意识到了问题，立马喊道：不行，这里的人数是有限定的。

师：你怎么知道的？

生：中巴车准载客25人，大巴车准载客45人。

师：观察得真仔细，中巴车载客不能超过25人，大巴车载客不能超过45人。否则就存在不安全因素，我们时刻要有交通安全意识，把生命安全放在第一位。

这样的育人素材可以培养学生的道德习惯、安全意识以及社会责任等。只要我们精心设计、深入挖掘就一定能达到培育学生良好德性基因的目标。

3. 文化融合，由史而思，涵养人文情怀

数学史是数学概念、方法、思想的起源与发展的历史，也是数学家筚路蓝缕、执着追求的真理，更是数学家用热情和生命谱写的壮丽诗篇。

如西南师大版小学数学六上“圆的周长”第1课时，融入了如下数学文化：数学家刘徽利用割圆术在圆中画了一个最大的正3072边形，并由此而求得了圆周率为3.1415和3.1416这两个近似数值。继刘徽之后，数学家祖冲之对圆周率进行了更精密的演算。他在一个直径3.33 m的圆中，画了一个正12288边形，每边的长度为0.852 mm，推算出圆周率为3.14159251，祖冲之认为，从理论上说，把圆这样分割下去是无穷无尽的，但真正计算起来，却是繁难复杂的。最后，祖冲之将圆分割到了正24576边形，得到圆周率为3.1415926与3.1415927之间，成为世界上最早将圆周率推算到小数点后七位的数学家。

从刘徽的割圆术到祖冲之对圆周率的精密演算，使学生充分感受到数学家对数学的热情和锲而不舍的探索精神。因此，在教学设计中，教师应适时、适量、适度地融入数学史，由史而思、由思而创、用文化涵养人文情怀。

4.操作实践，拓展延伸，唤醒劳动创造

劳动育人价值，主要指培养学生在学习过程中的劳动实践意识，尊重珍惜劳动成果，鼓励学生主动参与，在实践中进行验证、创新。如“图形的平移”“图形的旋转”“设计图案”“统计图的制作”等，让学生充分经历动手操作、实践创造、解决问题的过程，从而培养学生操作实践的劳动意识。

教学设计中的这些操作实践和拓展延伸有利于帮助学生巩固和应用知识，培养学生主动参与实践的意识。

学生是学习数学的主体，在积极参与学习活动中得到提升和发展。作为教师首先应不断更新教学观念，努力构建以学生主动参与、师生双向互动、探究创新为主的课堂教学模式。其次，教学设计中，教师应尽可能调动一切因素，激发学生学习数学的兴趣。如创设轻松愉悦的课堂氛围，让学生愿意说、敢于问，真正让课堂活跃起来，满足不同学生的学习需求，引导学生质疑、调查、探究，促使学生积极主动、富有个性的学习，充分感受数学学科高度的抽象性、严密的逻辑性和广泛的运用性，真正实现学科全息育人。

四、教学资源选择

教学资源是运用于教与学活动中的各种资源，主要包括文本资源，如教科书、教师用书、教与学的辅助用书等；信息技术资源，如网络学习平台、数学软件、多媒体光盘等；社会教育资源，如教育与学科专家、图书馆、少年宫、博物馆、书籍、电视广播等；环境与工具，如日常生活环境中的数学信息、用于操作的学具或教具、数学实验室等；生成性资源，如教学中提出的问题、学生的作品、学生学习过程中出现的问题、课堂实录等①。

数学教学设计中恰当地选择数学课程资源，将在很大程度上提高学科育人目标的

① 中华人民共和国教育部.义务教育数学课程标准（2011年版）[M].北京：北京师范大学出版社，2012：67.

落实。因此,在教学设计中应有意识、有目的地开发和利用各种课程资源。例如在设计西南师大版小学数学五下“分数的基本性质”时,利用电脑制作了一个“猴哥分西瓜”的动画视频。猴哥先把一个大西瓜平均分成4份,让八戒拿1份,但八戒不要,他觉得拿1份太少了;猴哥就把这个大西瓜平均分成了8份,让八戒拿其中的2份,八戒还是不要;最后,猴哥把这个大西瓜平均分成12份,这一次八戒高兴地拿了3份。接着问:八戒现在为什么这样高兴?和之前的西瓜比较有变化吗?……像这样播放一段精彩的动画视频引入新授,不仅活跃了课堂的氛围,还激发了学生学习数学的兴趣,让学生在感受变与不变中体会辩证的思维,体会事物之间的普遍联系。

五、学习评价设计

基于小学数学学科全息育人的学习评价主要是指教师在教学活动设计之前,根据学科育人目标合理地选择评价方法,组织评价内容。在教学实施的过程中,有针对性地对学生的学习过程和学习结果进行检测,及时反馈评价信息,进而更好地落实数学学科全息育人目标,促进学生的全面发展。

要设计有效的课堂学习评价,首先,教师应具备一定的评价意识,了解课堂学习评价的方法,能够依据育人目标和课堂教学的需要合理地设计学习评价,将学习评价有效地运用于课堂教学中。

(一)课堂学习评价的设计方法

课堂学习评价设计会牵涉很多不同的方法。根据不同的参照体系,可以从不同的角度对学习设计方法进行分类和描述。例如,“根据测量的性质,评价方法可分为对最佳表现的测量和对典型表现的测量;根据评价试题的类型可分为客观测验评价和复杂表现性评价;根据评价的用途可分为诊断性评价、形成性评价和总结性评价等。”因此,课堂学习评价设计过程中,教师需要明确学习评价的目的,有针对性地选择课堂学习评价的方法①。

常规性的检测或考试评价适合于一些简单的、与课程内容直接相关的问题,由于评价试题类型和呈现形式的限制,这种评价方式一般很难评价复杂程度较高的育人目标。这种评价方式的主要特点表现为:(1)适合评价事实性信息、概念及各种孤立的技能。(2)评价试题的类型一般包括选择、匹配、填空等客观题目。(3)可以利用标准答案评定分数,评定工作比较容易。(4)评价结果可靠性高、安全性强。

---

① 李峰.基于标准的教学设计:理论、实践与案例[M].上海:华东师范大学出版社,2013:120-123.

与检测和考试相比，开放性提问不仅能对学生记忆性的事实知识进行评价，也能对学生知识应用能力进行评价。实施过程中要求学生利用所学的知识对一些现象、事实进行解释、分析和判断，是对学生深层次理解能力的评价，一定程度上评价的是学生的真实表现。其主要特征表现为：(1)评价的问题开放性强，这些问题并没有唯一的、最好的答案。(2)问题的回答依靠分析、综合和评价等多种手段。(3)教师需要一定的原则和行为标准对学生的回答结果进行评判，评定工作比较费力。(4)教师的主观认识影响着学生的学习评价。

实践性评价既包括短期任务的评价，也包括长期、多时段任务的评价。评价内容一般是学生外在的学习"产品"或操作行为，评价结果真实，可见，它比较直接地反映了学生学习结果的程度，是一种真实性的表现性评价。其特征主要表现为：(1)评价方式是在一定具体情境中进行的，其中蕴含了相应的评价问题。(2)学生在实践过程中会面对各种机遇，可以充满个性地完成任务。(3)评价准则及学习期望所表达到的结果已为学生所知，评价准则可以时时指导着学生的学习行为。(4)教师根据评价准则对学生的学习作品进行评价，但也会受到主观认识的影响。

(二)课堂学习评价的设计策略

不同的育人目标需要采用不同的学习评价方法。在进行课堂学习评价设计时，教师首先就需要明确具体的学科育人目标，根据学科育人目标确定评价的核心要点，选择与之相匹配的评价方法，合理地安排评价活动。

1.正确理解数学学科育人目标

不同的学习内容达成的是不同的学科育人目标，有的学习内容体现的是以学科认识为主，有的学习内容不仅体现了学科认识，还能渗透德性育人、审美育人甚至健康育人和实践育人。例如在设计西南师大版小学数学五下"方程"单元，用字母表示运算律和公式，其核心育人点就是体现字母表示数的简洁美、抽象美和概括美；再如等式的例题，可以通过观察中巴车、大巴车的准载客数，渗透交通安全实现德性育人。诸如此类素材，教材中还有很多，我们在课堂学习评价设计时应仔细分析学科育人目标中蕴含的核心要点，有针对性地组织评价内容、选择学习评价方法。

2.确定学习评价标准

基于数学学科全息育人理念的学习评价标准，应充分体现"五育融合"的育人新理念，着眼于教育可持续发展的育人新实践和新挑战，努力实现"五育"之间的有机联结、渗透和融通，促进学生可持续的全面发展、调动学生学习的主动性与积极性，展现学生的自身潜质。学习评价标准的制定不仅要关注学生的学习结果，更要关注学生在学习过程中的发展和变化，提倡评价的多元性和发展性。

3.选择合适的评价方式

《义务教育数学课程标准(2011年版)》指出，学习评价应体现评价主体的多元化和评价方式的多样化。所谓评价主体的多元化就是指教师、家长、同学及学生本人都可以作为评价者，可以综合运用教师评价、学生自我评价、学生相互评价、家长评价等方式，对学生的学习情况进行全面考查。评价方式多样化体现在多种评价方法的运用，包括书面测验、口头测验、开放式问题、活动报告、课堂观察、课后访谈、课内外作业、成长记录等[①]。具体选择的评价方式时，最重要的一条原则就是看它是否能够直接评价学科育人目标中反映的育人效果。例如，评价学习效果是一些事实性的知识(比如计算能力)，那么就选择客观性的题目类型(例如口算、笔算，脱式等)就比较适合；如果评价的学习结果是操作技能(比如作图能力)，那么就选择实践性评价比较合适；如果评价的学习结果是学生解决实际问题的能力(例如，怎样租船、购票最省钱?)，那么选择表现性任务评价就会更合适。此外，评价方式的选择还需要根据学生的学习状况和课堂教学的实际情况进行安排。

4.设计具体的评价任务

学科育人目标直接影响着评价任务中内容的选择，不同的学科育人目标所采用的评价任务也是不一样的，评价任务中的内容安排要与学科育人目标保持一致，保证评价任务具有一定的代表性。评价方式在一定程度上也影响着评价任务的安排，例如，选择客观检测题目和表现性评价任务在形式和内容上就会有很大的差别。这样，在设计学习评价任务时，教师还需要分析与之相匹配的评价方式，合理地组织评价任务。

当然，不同的学习评价类型其设计的方法和策略也会有所不同。因此，在具体的学习评价设计过程中，教师需要根据学生的实际情况、评价内容的特征、评价类型的特点等因素有针对性地进行评价设计，才能更好地落实数学学科育人目标。

① 中华人民共和国教育部.义务教育数学课程标准(2011年版)[M].北京:北京师范大学出版社,2012:56-57.

第四节　小学数学学科全息育人教学设计案例

一、数与代数教学设计

数与代数是义务教育阶段学生数学学习的重要领域，在小学阶段包括“数与运算”和“数量关系”两个主题。学段之间的内容相互关联，由浅入深，层层递进，螺旋上升，构成相对系统的知识结构①。其内容的数量在几个领域中所占比例最大，更重要的是这部分内容是学习其他内容的重要基础，与整个数学学习有密切联系。

数是对数量的抽象，认识和理解数是从数的概念开始，要理解从具体数量中抽象出数，学生将逐渐加强对数的理解与运用。随着数的形成与发展，数的运算不断丰富，从整数、小数到分数四则运算，体现了表示方法和运算的逐步抽象，其重点在于理解算理、掌握算法。

教学中，教师除了要注重数与代数内容的学科性质，还应重视其育人价值，认识到数和符号是刻画数量关系的重要语言。在数系的扩充及其运算中，学生逐步建立数感，提高数学抽象与数学推理能力。在探索数量关系及其变化规律的过程中，学生逐步提高提出问题和发现问题以及分析问题和解决问题的能力，逐渐形成数学模型意识、函数思想。在数与代数的内容中，有大量对立与统一的素材同生共存，如加法与减法、乘法与除法、精确与近似等，它们都有助于培养辩证思维以及科学的世界观。在数与代数的研究过程中，探究算理、推导数学公式等，都能促进学生养成质疑批判、求真求实和敢于创新的良好品质……教师在教学设计中，要秉承学科性质为本、学科育人为主的全息育人教学设计理念，充分挖掘教学内容所蕴含的育人点，整体设计并展开教学及评价，以达成最佳育人效果。

① 中华人民共和国教育部.义务教育数学课程标准(2022年版)[M].北京:北京师范大学出版社,2022:17.

【案例1】三位数除以一位数的口算[①]

<table>
<tr><td colspan="4">第1课时　三位数除以一位数的口算</td></tr>
<tr><td>学习内容</td><td colspan="3">西南师大版小学数学三下第三单元第49页。</td></tr>
<tr><td>育人目标</td><td colspan="3">1.理解整百数和几百几十数除以一位数的算理。
2.掌握整百数和几百几十数除以一位数的算法，能熟练地进行口算。
3.体验算法的多样化，在数学活动中感知迁移、类推等数学思想，激发学习数学的兴趣和积极的情感体验。</td></tr>
<tr><td>学习重难点</td><td colspan="3">重点：掌握整百数和几百几十数除以一位数的计算方法。
难点：理解整百数和几百几十数除以一位数的算理。</td></tr>
<tr><td>学习评价设计</td><td colspan="3">过程评价：学生通过迁移、类推理解算理，感受算法的多样化。
教学评价：运用整百数和几百几十数除以一位数的算理进行口算。</td></tr>
<tr><td colspan="4">教学过程</td></tr>
<tr><td>环节</td><td>教师活动</td><td>学生活动</td><td>五育融合育人点提示</td></tr>
<tr><td>一、复习旧知，唤醒经验</td><td>（一）口答
孩子们，听说你们前面学习的知识掌握得很好，能让老师见识一下吗？你会填吗？
（课件出示口答题目）
1.60是（ ）个十，130是（ ）个十。
2.200是（ ）个百，也可以说成是（ ）个十。
（二）抢答
接下来是抢答环节，看谁的反应最快？
（课件出示抢答题目）
$40\div2$　$90\div3$　$50\div5$
$54\div6$　$25\div5$　$80\div4$
（三）口算$80\div4$时，你是怎么想的？
小结：看来以前的知识孩子们掌握得确实不错，不仅会算，还会说。这节课也希望大家在学习新知识的时候能边说边想边算。</td><td>学生进行口答。

学生进行抢答。

学生进行回答，回顾两位数除以一位数的算理。</td><td>复习旧知，唤醒算法，沟通联系，充分调动了学生的主动性和积极性，培养学生参与意识及乐学善学的好习惯。</td></tr>
<tr><td>二、自主探究，理清算理</td><td>（一）创设情境，理解题意
1.情境激趣
为了美化校园，各校在积极开展植树活动，孩子们踊跃地投入其中。
（课件出示校园图：这600棵树苗平均分给2所学校。）
（1）仔细观察，从图中你获得了哪些数学信息？
（2）根据这两个信息，你能提出什么数学问题？
2.理解题意
（1）这个问题怎么解决呢？你会列式吗？
（2）$600\div2$跟刚才的口算题有什么不同呢？</td><td>观察情境图，获取数学信息。

根据情境图提出数学问题。

预设：每所学校分多少棵树苗？</td><td>感受校园多姿生活，培养学生的劳动实践能力，感知数学的应用价值，激发起良好的学习情绪。</td></tr>
</table>

① 案例来源：重庆市北碚区两江名居第一小学，冉雪梅。

续表

<table>
<tr>
<td rowspan="6">二、自主探究，理清算理</td>
<td>3.揭示课题
小结：对，这就是今天我们要学习的三位数除以一位数的口算。（板书课题：三位数除以一位数的口算）</td>
<td>学生齐读课题：三位数除以一位数的口算。</td>
<td></td>
</tr>
<tr>
<td>（二）自主探究，交流算理
600 ÷ 2等于多少呢？（或600 ÷ 2为什么等于300呢？）你是怎么想的呢？
1.先自己静静地想一想，轻轻地说一说，再把你的想法跟旁边的小伙伴交流一下。
2.组织全班学生进行交流。</td>
<td>学生独立思考并说说，再与同桌进行交流。
全班交流反馈。</td>
<td>培养探索创造精神及合作交流的意识，同时培养学生迁移、类推的能力。</td>
</tr>
<tr>
<td>（三）及时练习，提炼算法
孩子们想到了这么多的口算方法真善于思考！考考大家！
1.师生对口令
对口令，看谁算得既正确、回答又快！
800 ÷ 2　300 ÷ 3　900 ÷ 3
2.生生对口令
（1）难不倒你们了，你们能出几道像这样的题考考大家吗？
（2）为什么会算得这么快？
小结算法：遮住后面的0，利用乘法口诀求商，再添上0。对，只要找准了方法，就可以做到既正确又快速。</td>
<td>学生齐对口令回答。
学生之间对口令回答。
独立思考：为什么会算得这么快？组织好语言后回答。</td>
<td>培养学生独立学习能力和创造意识。</td>
</tr>
<tr>
<td>（四）递进建构，加深理解
找到了办法，你能帮老师解决新问题吗？
（课件出示树苗图：把120棵树苗平均分给6个班，每个班分多少棵树苗？）
1.解答在作业本上，并说说你是怎么想的。
2.收集学生作品并组织全班交流讨论。</td>
<td>学生进行解答，并独立说说想法。
全班辩论交流不同学生的作品。</td>
<td>培养乐学善学和勇于探索的精神。采用课堂辩论的方式，培养学生严谨、求实的思维品质和质疑批判的能力。</td>
</tr>
<tr>
<td>（五）巩固练习，运用算法
都明白了？考考你们。
1.完成题单第1题。
150 ÷ 3　240 ÷ 4　540 ÷ 6
810 ÷ 9　350 ÷ 7　200 ÷ 5
（1）怎么口算350 ÷ 7的？
（2）那200 ÷ 5呢？为什么不把200看作2个百呢（遮住2个0呢）？
小结：最高位不够商1时，就要把它看作几个十来计算。真是一群肯动脑筋思考问题的孩子。</td>
<td>学生独立完成题单。
思考：为什么不把200看作2个百。</td>
<td>在练习中，提高学生思辨能力，体验成功的快乐。
通过多种反思活动，提升归纳概括能力，培养反思和自我完善的能力。</td>
</tr>
<tr>
<td>（六）观察比较，优化算法
1.观察黑板上的2个算式，你发现了什么？
2.我们是怎么计算的呢？
3.总结算法
小结：对，以后看见这样的口算题只需要遮住0，算出结果后再添上0。</td>
<td>学生仔细观察、比较、思考2个算式有什么相同点。
全班讨论交流计算方法。</td>
<td></td>
</tr>
</table>

续表

三、层级练习，内化算法	(一)基础练习，学以致用 孩子们，你们学会了吗？口说无凭，敢接受挑战吗？ 老师准备了几组星级题，你属于什么水平呢。 初级水平：一星题 600 ÷ 3　320 ÷ 8　800 ÷ 4　490 ÷ 7 250 ÷ 5　900 ÷ 9　160 ÷ 2　400 ÷ 8 1. 初级水平的一星题，完成在题单上。 2. 开火车汇报。 3. 全对的孩子请举手。奖励自己一颗星。 4. 口算的时候你主要是怎样想的？ (二)对比练习，沟通本质 中级水平：二星题 4 / 40 / 400 ÷ 2= □ / □ / □　80 / 160 / 320 ÷ 4= □ / □ / □ 1. 全对的孩子奖励自己两颗星。 2. 观察这些算式，你发现了什么？ (三)提升练习，举一反三 高级水平：三星题 360 ÷ 4　800 ÷ 2　80 ÷ 2　420 ÷ 7 咦，有这么多宝箱，你想打开哪一个？ 1. 里面藏着什么宝物呢？ 2. 老师还有一个大宝箱，想看吗？(课件出示8000 ÷ 4) (1)这道题没有学过，你们也会做？你是怎么想的？ 小结：孩子们，不仅会口算三位数除以一位数，还利用学到的知识举一反三，真会学习！ (2)如果在后面再添一个0(出示：80000 ÷ 4)，你还会算吗？ 小结：看，学数学其实很简单，只要在新知识和旧知识之间架起桥梁，你就会想到办法。 (四)拓展练习，发散思维 超级水平：四星题 ( ) ÷ ( )=30 1. 老师这里还有一道四星的超级水平题，敢挑战吗？ 2. 哪些算式的结果等于30？你发现了什么？	学生拿出题单做好准备。 学生独立完成。 开火车汇报。全对的学生在题单上画出一颗星，奖励自己。并说说口算的想法。 学生独立完成，全对的学生在题单上画出两颗星，并观察比较，汇报交流发现。 学生进行口答， 回答正确就打开一个宝箱，里面出现学生画像。 学生独立思考，全班汇报交流想法。 学生独立思考，并与同桌分享想法。 学生把算式写在作业本上。 全班汇报交流，观察算式、交流思辨。	利用小学生争强好胜的心理，充分调动起孩子学习的积极性，鼓励学生积极参与，增强学习自信。 培养学生勤于反思，沟通新旧知识之间的联系，掌握其本质，提高口算能力。 培养学生迁移、类推的能力，感受数学的简洁之美，产生积极的情感态度。 培养勇于求新、实践验证的精神，提升归纳概括的能力。
四、回顾历程，归纳总结	回过头来看看本节课，你学得开心吗？都有些什么收获或疑问呢？	回顾、梳理本节课的知识内容和思想方法等，并提出自己的疑惑。	培养勤于反思的习惯，获得积极的情感体验。

续表

板书设计	三位数除以一位数的口算 600 ÷ 2=300(棵)　　120 ÷ 6=20(棵) 6个百 ÷ 2=3个百　600 ÷ 2=300　　12个十 ÷ 6=2个十　12 ÷ 6=2 600 ÷ 2=300　　120 ÷ 6=20 答:每所学校分300棵树苗。　　答:每个班分20棵树苗。
案例评析	学生的学习过程是一个由旧知识不断构建新知识的过程,本课教学主要运用迁移、类推等数学思想,架起新旧知识之间的桥梁,引导学生在自主探究中明算理、知算法、促思维,激发起对数学学习的积极情感体验。 1. 经验迁移,厘清算理 学生在学习之前已经积累了大量的数学活动经验,课前充分的复习,经验的唤醒,放手让学生自主探究,再通过同桌交流、全班分享、反思辩论等多种方式探讨算法的多样性。难点的处理上,主要帮助学生找准原有知识与新知识之间的内在联系,引导学生主动探索新知,理解算理,同时培养学生迁移、类推的能力和严谨求实的思维品质。 2. 层级练习,建构算法 练习部分采用的是星级题竞赛的形式,有层次的练习设计,拓展了学生的思维,题型变得更为开放,让学生经历挑战的过程,满足不同学生的发展需要,正是体现了课标中所说的"不同的人在数学上得到不同的发展"。学生在知识的不断迁移、类推中主动建构算法,激发了学习动力,获得了丰富的学习体验。 3. 整体架构,发展思维 课尾,像放电影一样把本节课每个环节一帧一帧展示出来,让孩子在回顾中反思自己的学习历程,不仅能把所学知识牢牢记住,还能使学生深入地理解知识内在之间的联系,从整体上架构此类口算题的解答方向,提炼出方法,从中感悟在探索数学世界中蕴藏着的变与不变的道理,不但培养了学生勤于反思的习惯,而且促进了学生思维的多元发展。

【案例2】加减法的关系(吴静)①

加减法的关系	
学习内容	西南师大版小学数学四上第28页例1、课堂活动、练习六第2题。
育人目标	1. 从具体情境中理解减法是加法的逆运算,发展抽象思维、体会代数思想;在合作学习中探索加法和减法内部各部分之间的关系,培养合作学习、勤学善思的精神。 2. 在练习题中注重说数学,发展学生语言表达能力。 3. 在学习过程中,体会数学的严谨求实精神和理性美、简洁美。
学习重难点	重点:从具体情境中理解减法是加法的逆运算;掌握加减法内部各部分之间的关系。 难点:自主发现并概括出加减法的关系;会用精简、规范的语言来说数学。
学习评价设计	1. 评价学生能否用精炼的数学语言表达思考的过程。 2. 在练习中评价学生的知识掌握程度。 3. 在每个环节中评价学生的参与程度和认真程度。

① 案例来源:西南大学附属小学,吴静。

续表

教学过程			
环节	教师活动	学生活动	五育融合育人点提示
视频引入，激发兴趣	1.播放视频 我们这节课先带大家来回顾一部大片。(播放功夫熊猫视频，出示熊猫的照片)你们认识他吗？不过他今天可不是来卖萌的，他是来和我们一起学习的，掌声欢迎他。 2.出示例题1 在风景如画的熊猫村，成年熊猫有17只，熊猫宝宝有18只，一共有熊猫35只。根据信息你可以写出哪些算式？	观看视频。 根据情境图找出数学信息，独立列出所有的算式。	动画电影激发学习兴趣，营造乐学的氛围，找信息列算式培养学生信息意识。
新课教学	1.理解加法和减法的意义 (1)汇总学生算式 17+18=35(只) 18+17=35(只) 35−17=18(只) 35−18=17(只) (2)引导学生将算式分为两类，并解读出加法算式和减法算式的情境意义。两个加法算式算的是两种熊猫加起来的熊猫总只数。两个减法算式算的是总的熊猫只数减去成年熊猫等于熊猫宝宝的只数，或者总的熊猫只数减去熊猫宝宝等于成年熊猫的只数。 (3)引导学生总结加法和减法的抽象意义。根据两类四个算式的情境意义，得到其实加法就是用部分加部分得到整体；减法就是用整体减去部分得到另一个部分。 (4)生动教学，用动作体会加法、减法的意义。弄清楚了加法和减法的含义，邀请同学们站起来，用动作来感受一下加法和减法。我们用两只手代表两个部分，那加法就是用部分加部分得到整体。减法就是用整体减去部分得到另一个部分。 2.理解减法是加法的逆运算 师生交流：我们感受了加法和减法的含义，那加法和减法之间有什么关系呢？ 预设1：减法就是把加法反过来。加法就是把减法反过来。 预设2：加法是把部分和部分合成总数(整体)，而减法是从总数(整体)中减去部分，得到另一部分。 预设3：加法中的和变成了减法中的被减数，加法中的两个加数变成了减法中的减数和差。	汇报算式。 将算式分为加法和减法两类，回答算式的情境意义。 总结出加法和减法的抽象意义。 全身投入，边说边做动作，体会加法和减法的抽象意义。 深入思考，推理出加法与减法之间的关系。重点理解“逆”。	深入理解加法和减法的意义，培养善于思考、寻根究底的探索精神。 全身参与，促进学生深入学习。

续表

新课教学	预设4:减法是加法的逆运算。 总结:减法是加法的逆运算。这句话哪个字最重要?是什么意思呢?这就是加法和减法的关系。 3.小组学习,探索加减法内部各部分间的关系 (1)刚刚你们发现了加法和减法之间的关系。其实,加法和减法的内部还有一些关系,你们能找到吗?一起探究吧! (2)板书"关系式"。 加数=和-另一个加数,被减数=减数+差,减数=被减数-差,并从算式、减法是加法的逆运算、整体和部分的角度阐明原理。 4.总结概括 加法减法之间的关系:减法是加法的逆运算。加法和减法内部还有一些关系,用"关系式"表达出来。	找出加减法内部各部分之间的关系,汇报,并说明背后的道理。 总结梳理。	培养学生逻辑推理能力、抽象思维、概括能力。 合作学习,感受集体学习的快乐。 活学活用前面的旧知来推出新知,提高知识应用能力。
趣味练习	接下来,我们和阿宝一起来玩一个大闯关游戏。 1.基础练习——我会说 (　)+23=58,(　)-56=120, 330-(　)=150 重点强调说数学。按照话语模式精简表达:例如第1题,求的是加数,加数=和-另一个加数,所以用58-23=35。 2.独立练习——我会做(教材P29练习六第2题) (　)+420=600　178-(　)=46 (　)-105=95　120-(　)=80 (　)+500=900　(　)-200=600 3.提高练习——我会闯 功夫熊猫还带来了两个小伙伴,一个是x,一个是y。x说:120减去我,得到56,y说:483加上我,得到792,请你猜一猜x和y分别是多少呢?	用精炼的数学语言表达思考过程。 独立完成练习。 思考解题过程。	基础练习培养语言表达能力;提高练习渗透代数思想。
课堂小结	1.通过今天的学习,你有什么收获?还有什么疑问? 2.师总结:大家今天表现得特别好,非常热情,也思考得很深入,希望你们始终保持好奇的心和热情的态度去对待每一门课的学习,你肯定会收获更多。	回顾总结本节课的重点知识,并提出自己的疑惑。	培养善于反思和不懂就问的良好品质。激励学生保持好奇心和持续学习之心。

续表

<table>
<tr><td>板书设计</td><td>加减法的关系
减法是加法的逆运算
17 + 18 = 35(只)　　35 − 17 = 18(只)
部分+部分=整体　　35 − 18 = 17(只)
加数+加数=和　　被减数−减数= 差
加数 =和−另一个加数　　被减数=减数＋差
减数=被减数−差</td></tr>
<tr><td>案例评析</td><td>1.趣味情境,贯穿始终。创设学生熟悉的功夫熊猫情境,整节课的导入、新课、闯关练习都用熊猫来串联,充满趣味性和连贯性,激发学生学习的热情和兴趣,也让整个课堂更加生动有效。
2.从具体到抽象,层层深入。本节课是一节纯概念教学课,必须让学生经历概念产生的过程,真正理解为什么“减法是加法的逆运算”以及加减法内部的关系。从算式的情境意义到加减法的抽象意义,再到加减法之间的关系,最后到加减法内部各部分之间的关系,学生的学习和思考从简单到复杂,从具体到抽象,层层深入,全身心参与,顺应了学生的认知规律。学生真正理解了加减法之间的关系,而非死记硬背了一句话。
3.练习设计层次明显,强调说数学。本节课的练习目的明确,强调说数学,将学生上课前的难点进行突破;给出独立练习时间,进行知识的巩固和强化;最后进行拓展练习,渗透代数思想,为后续的方程学习打下基础。</td></tr>
</table>

二、图形与几何教学设计

图形与几何是帮助人们更好地认识和描述现实世界并进行有效交流的重要工具,其主要内容包括:图形的认识与测量、图形的位置与运动。小学阶段的学习,将作为必备基础和重要前提,对学生今后进一步学习其他数学内容起着至关重要的作用,对学生终生的数学发展以及日常生活,也有非常重要的促进作用。在小学数学学科全息育人理念的指引下,教师除了要帮助学生掌握必要的图形与几何学科知识,形成空间观念、几何直观和形象思维,还要善于抓住教学内容中的育人点,引领学生健康成长、和谐发展。

在日常生活中,学生已经积累了大量的图形认识经验。教学中,学生将通过观察、操作、想象、比较、归纳、概括、推理等方法,经历从具体物体中抽象出简单的平面和立体图形的过程,系统性地认识简单几何体和常见平面图形,探索它们的特征与性质,逐渐学会用数学眼光审视丰富的图形世界,感受图形之美;建立统一的度量单位,探索规则图形的周长、面积和体积公式并灵活应用的过程中,培养理性思维,获得数学活动经验,感悟转化思想、极限思想,感受数学的理性美、抽象美,培养乐学善学、坚韧不拔、合同协作的优良品质;在图形的运动以及相互转换过程中发展空间观念,用运动的观点认识图形,欣赏和设计图案,体会图形在现实生活中的广泛应用,培养正确的审美标准;在运用不同的方法确定物体位置的过程中,发展空间观念和推理能力,感受数学的简洁美……

【案例1】角的初步认识①

第1课时 角的初步认识			
学习内容	西南师大版小学数学二上第26~28页。		
育人目标	1.结合生活情境认识角和直角，知道角各部分名称，感知角有大小，会用三角板判断一个角是不是直角。 2.经历观察操作等探索活动，培养观察能力、动手操作能力和抽象思维能力，进一步发展空间观念。 3.欣赏角的几何美，了解角在生活中的应用，激发自主探索的意识和勇于创新的精神。		
学习重难点	重点：形成角的表象，会辨认角。 难点：从实物中抽象出角的几何图形，形成角的表象。		
学习评价设计	过程评价：积极参与“找、指、折、玩”等操作活动，归纳出角的特征，清楚表达判断一个图形是不是角的理由。 练习评价：会判断角，正确运用工具判断一个角是不是直角。		
教学过程			
环节	教师活动	学生活动	五育融合育人点提示
一、唤醒认知，引入角	1.畅谈角 （板书“角”） 认识这个字吗？看到“角”，你想到了什么？ 2.找生活中的角 （出示主题图）瞧，在这美丽的校园里，你看到哪里有角？ 3.揭示课题 这些都是生活中的角。今天这节课，我们一起去认识数学中的角。	1.畅谈联想到的角。 2.观察情境图，并找一找图中的角。 3.齐读课题。	打开思维的闸门，唤醒已有的生活经验，感受数学与生活密切联系，激发学习兴趣。
二、丰富感知，构建角	1.认识角的特征 （1）指角 （课件出示）我们先来研究这些物体中的角。 你能找到三角板中的角吗？ （示范指角） 拿出你们的三角尺，指一个角给同桌看一看。 你能用刚才指角的方法指一指其他的角吗？ （2）抽象出角 （课件演示从实物中抽象出角，师示范将3个角画在黑板上） （3）认识角各部分名称 这些图形都是角，仔细观察，它们都有什么相同的地方？ 介绍角各部分名称。 你能找到剩下两个角的顶点和边吗？ （4）小结 角有几个顶点？几条边？适时板书。	1.（1）观察指角的过程，并指角给同桌看。 上台指其余两个物体中的角。 （2）观察抽象出角的过程并用手比画角。 （3）观察发现角的特征并交流，认识角各部分名称。 （4）观察思考发现：角有1个顶点，两条边。	多种感官促进记忆角的特征，培养抽象思维能力，发展空间观念。

① 案例来源：重庆市北碚区两江名居第二小学，王倩。

续表

二、丰富感知，构建角	(5)儿歌记忆 出示：小小角，真简单。一个顶点，两条边。 引导学生齐读、动手比画、闭眼想象。 2.对比辨析 下面的图形哪些是角？在角下面的序号上画“√”。 ① ② ③ ④ ⑤ ⑥ (1)辨角 组织交流汇报。 (课件演示旋转1号角)它还是角吗？ 小结：只是它的位置和方向变了，它还是有1个顶点和两条边，所以它还是角。 (2)数平面图形中的角。 数学书第30页第2题。 3.动手操作 (1)创造角 你能用圆形纸片折出角吗？折好后和同桌指一指说一说你折的角。 组织交流思考：扇形中有几个角？ (2)感知角 ①自主玩活动角 拿出你们的活动角，先变一变。 ②听口令变角 让你的角变大、再变大；让你的角变小、再变小。 你是怎么让角变大的？怎么让角变小的？ ③小结 角有大有小。角两条边张开得越大，这个角就越大，两边张开得越小，角就越小。 4.认识直角 (1)认识直角的特征 ①(出示图片)你们也要像图中的小朋友一样积极参加体育锻炼，身体才会棒棒的哟！ (课件演示抽象出直角)这些都是直角，看看它哪里特殊？ ②介绍直角符号。 ③三角板中最大的角是直角。你能找到吗？指给同桌看看。 三角板中有几个直角？ 小结：三角板中有1个角是直角。 (2)数平面图形中的直角 (课件出示图片并演示数角) 小结：长方形和正方形的4个角都是直角。 (3)用三角板判断直角 找一找生活中的哪些物体的面上有直角？ 示范用三角板比书封面上的两个角。 (4)标直角 教材第30页第3题。	(5)在口读、手比、闭眼想中记忆角的特征。 2.(1)独立完成后汇报判断的理由。 观察并思考，明白角不会因为方向、位置的变化而变化，明晰角的本质属性。 (2)自主完成后集体订正。 3.(1)折角后与同桌指、说折的角，全班交流扇形中的角，进一步巩固角的特征。 在操作中感知角的大小与两边的张口有关。 4.(1)观察抽象出直角的过程，用语言描述直角的特征。 认识直角符号。 知道三角板中有1个直角。 (2)数长方形和正方形中的直角。 (3)找生活中的直角。 观察、学习三角板判断直角的方法。 (4)独立完成后展示交流。	感受儿歌的韵律美。 在观察、比较、操作中构建角的概念，培养积极参与、独立思考，认真分析的理性思维能力。 培养动手实践能力。 渗透锻炼身体的健康意识，提高参与体育运动的热情。 培养自主观察，交流概括的能力。

续表

三、思维拓展，巩固角	1.教材第28页课堂活动第2题 我们和角交上了朋友，这2个角也成为朋友，现在有几个角呢？	独立数角后集体订正答案，交流数角的方法。	培养思维严谨的良好习惯。
四、回归生活，应用角	播放微课“角的奥秘” 小结：角创造出了生活中的美，勤劳的人们利用简单的角丰富了我们的实际生活。	观看微课。欣赏角的几何美，了解角在生活中的应用。	欣赏角的几何美，培养对劳动人民智慧和创新精神的崇敬之情。
五、回顾反思，内化角	1.总结收获 今天这节课你有哪些收获？ 2.辨析数学中的角与生活中的角 今天我们学习的数学角和课前你们提到的角一样吗？	梳理收获。 辨析数学中的角与生活中的角。	培养善思、善言、善辩的能力。
板书设计	**角的初步认识** 顶点 边 边 角有1个顶点，2条边。		
案例评析	本节课从学生经验出发，营造宽松和谐的氛围，让学生经历探索数学知识的乐趣和意义；从学生终身学习出发，在欣赏“美”中逐步产生积极的情感和态度，培养全面发展的人。 1.关注认知起点，激发主动参与 数学教学活动应该建立在学生的认知发展水平和已有的经验基础之上。生活中学生已经积累了对角的感性认识，本节课通过畅谈想到的角、找校园中的角，唤醒学生的认知基础，激发学生的学习热情，引导学生积极主动地投入学习活动中。 2.注重动手操作，积累活动经验 教师引导学生找角、指角，从实物中逐渐抽象出角的几何图形，建立角的概念，形成角的表象。学生通过辨角、折角、玩活动角等操作活动，在体验、经历、思考中，挖掘概念本质，感受数学思想方法，积累数学活动经验，培养乐学、善学、勤于反思的良好品质。 3.重视实践应用，培养积极情感 “数学源于生活，服务于生活。”在微课中欣赏角的几何美，了解角在生活中的应用。把数学知识融入生活中，引导用数学的眼光来看世界意识和习惯，感叹前人的智慧与创新精神，培养勇于探索的科学精神。		

【案例2】三角形的面积[①]

第1课时 三角形的面积			
学习内容	西南师大版小学数学五上第82页。		
育人目标	1.在具体情境中通过剪、拼等活动，理解并掌握三角形面积计算公式，能运用公式正确计算三角形的面积。 2.经历猜想、操作、验证、归纳等过程，培养观察、分析、创新、概括等能力，发展空间观念，感悟转化和辩证思想。 3.通过情境串培养探究、合作、批判、创新精神，感受数学文化的魅力，提高学习数学的兴趣。		
学习重难点	重点：通过转化理解并掌握三角形的面积计算公式。 难点：通过转化推导三角形的面积计算公式。		
学习评价设计	过程评价：积极参与小组内剪、拼等操作活动，思考转化前后的变化与联系，清晰表达三角形面积公式的推导过程。 练习评价：运用三角形面积公式解决生活的实际问题。		
教学过程			
环节	教师活动	学生活动	五育融合育人点提示
一、情境引入，揭示课题	1.情境激趣 今天，罗老师带大家穿越时空，来一场说走就走的数学之旅。第一站：中国古代秦国。（课件出示秦国街道收税告示） 2.揭示课题 （课件出示三人思考图）他们都特别着急想算自家土地面积。谁来帮他们算算？只列算式。 到底谁才是对的呢？今天，我们就一起来研究三角形的面积。 3.唤醒经验	观察情境图，获取数学信息。 根据情境图分别列出算长方形、平行四边形、三角形土地面积的算式，并简单说说自己的想法。 回顾平行四边形面积公式的推导。	培养乐学善思、勇于猜想的良好学习习惯。
二、合作探究，推导公式	1.独立思考，寻找策略 能不能借助平行四边形的面积公式及其推导方法来推导三角形的面积公式呢？ 请利用这些学习工具和材料展开研究。你可以选择其中的1个或者2个三角形来研究。你准备选择什么？怎么研究？ 2.合作探究，验证猜想 （课件出示探究目的与合作提示） 请4人小组合作探究。 3.汇报交流，得到公式 （1）针对倍拼法质疑：分明是研究三角形的面积公式，为什么要用两个完全一样的三角形来拼成和它等底等高的平行四边形呢？	思考所需学具和研究方法。 阅读合作要求，小组合作探究三角形的面积计算公式。	激发勇于求证的兴趣，培养独立思考能力。 培养探索创造、劳动实践、合作协同能力。

① 案例来源：重庆两江新区华师中旭学校，罗小丽。

续表

二、合作探究，推导公式	小结：数学真有意思，当我们不能直接得到三角形的面积公式时，可借用平行四边形面积公式来推导。实践证明三角形的面积真的和平行四边形的面积有关系。 (2)针对剪拼法小结：就像平行四边形面积公式的推导方法一样，从图形的内部入手，将其转化成与它面积相等的平行四边形，从而推导出三角形的面积公式。实践证明：真的可以利用平行四边形面积公式的推导方法来研究三角形的面积公式。 (3)小结：像这样用两个完全一样的三角形来拼的方法称作倍拼法，把一个三角形先剪后拼的方法称为剪拼法。 4.古今对比，感悟思想 (1)简介《九章算术》中的三角形面积计算。 (2)播放视频“出入相补原理” (3)古今对比。 刘徽的割补术也是剪拼法的一种，看完之后，你有什么想说的？ 同样是剪拼法，两种推导过程有什么相同和不同之处？ 刘徽可是大名鼎鼎的数学家呀！他那么聪明，为什么不像我们一样转化为平行四边形，反而用如此复杂的方法，转化为长方形呢？ 5.多重对比，优化公式 这3个公式，都有除以2，表示的意义一样吗？ 小结：为了方便交流，我们把三角形的面积公式统一为“底×高÷2”。这也体现了数学的统一美。	汇报倍拼法并得出公式：三角形的面积=底×高÷2 汇报剪拼法并得到公式：三角形的面积=底×(高÷2) 认识倍拼法和剪拼法。 阅读图文，了解《九章算术》中的三角形面积计算。 观看视频，得到三角形的面积计算公式：三角形的面积=(底÷2)×高。 交流观后感。 感悟转化思想和面积度量的本质。 优化三角形的面积计算公式。	培养理性思维和质疑批判能力，以及团结互助精神。 叩问面积本质，感悟转化思想，感受古人的智慧和一丝不苟、孜孜不倦的优良品质，坚定文化自信，厚植爱国主义情怀。 提升归纳概括能力，感受数学的简洁美、统一美。
三、巩固练习，深化认知	1.基础练习，呼应开课 再来看看老刘家那块田，刚才谁算对啦？ 针对12×20追问：没有除以2，算的是什么？ 针对12×21追问：问题出在哪儿？ 2.强化练习，回归生活 (1)三角形交通警示牌：底8 dm，高7 dm。 (2)三角手摇旗：底15 cm，高20 cm，斜边25 cm。 追问：8×7算的是什么？为什么要用15×20？而不用25×20？ 小结：由此可见，用面积公式计算三角形的面积时需要用一组对应的底和高。 3.提升练习，深化理解 (1)简介古埃及几何的诞生。 来到第三站：数学发源地之一的古埃及。了解几何的诞生。 (2)挑战历史名题 课件出示题目：三角形的底是4海特，“边”是10海特，求面积。(原书记载的算法是取底的一半，即2海特，乘10海特，等于20塞泰特。)	结合三角形的面积公式及其推导过程，理性反馈。 独立完成，汇报交流。 了解古埃及尼罗河定期泛滥，以及几何的诞生。	反馈开课的遗留问题，培养勤于反思的良好品质。 知其然并知其所以然，培养理性思维。

续表

<table>
<tr><td>三、巩固练习，深化认知</td><td>你的做法和原书的记载一模一样。有不同想法的吗？
只有当它是一个什么三角形时才可以这样算呢？
小结：历史也不一定完全正确，需要我们去不断发现问题，并进行改进和创新。
如果它不是直角三角形，要算面积，你还需要知道什么？
你认为高可能是多少？你是怎么想的？
给出高（9.7海特）
针对第（2）种算法追问：你是怎么想的？
小结：虽然公式是统一的，但意义却是丰富的，解决实际问题时，我们可以灵活运用。</td><td>独立思考，并口答：$4\times10\div2=20$（塞泰特）。
交流思辨（直角三角形）
合理猜测高的可能值。
再次独立计算，并汇报交流。
（1）$4\times9.7\div2$
（2）$4\div2\times9.7$</td><td>感受数学的文化之美，培养质疑批判、实事求是的优良品质，提高辩证思维意识与能力。</td></tr>
<tr><td>四、反思总结，课后延伸</td><td>1.通过今天的学习，你有什么收获？还有什么疑问？
2.今天，我们知道了三角形的面积=底×高÷2，为什么要用底乘对应的高呢？除了这种方法，还有没有其他方法呢？</td><td>回顾总结本节课的知识内容和思想方法等，并提出自己的疑惑。</td><td>培养善于反思和不懂就问的良好品质。</td></tr>
<tr><td>板书设计</td><td colspan="3">三角形的面积
倍拼法：（图略）（图略）（图略）→ 底×高÷2
剪拼法：（图略）底×（高÷2）；（图略）（底÷2）×高
12×20
$12\times20\div2$</td></tr>
<tr><td>案例评析</td><td colspan="3">早在19世纪，德国生物学家海克尔就提出：一个个体的发育史会重蹈其种族的发展史。这表现在数学学习中，就是学生学习数学的认知过程与数学史的发展过程相似。本课教学正是基于这种理念，围绕两条线索展开，即三角形面积计算公式的探索明线，和三角形面积计算数学史的探寻暗线，在数学公式的理性与数学文化的感性碰撞中，落实核心素养，达成学科全息育人目标。
1.创设情境，激活学习需求。创设穿越时空的情境，带领学生重走中国古代秦国、魏晋时期和数学发源地之一的古埃及这三段三角形面积计算的重要历程，经历公式推导的全过程，培养乐学善学、实事求是、探索创造等良好品质。
2.层层递进，引发深度学习。从独立思考到合作探究，从直接经验到间接经验，既丰富了学生对三角形面积计算公式内涵的理解；又让其感悟到面积计算的本质实际上是用单位面积来度量，促进了深度学习；还让学生感悟到中国古代数学家孜孜不倦的科学探究精神，感叹中华文化的博大精深，增强文化自信、民族自信，厚植爱国主义情怀。
3.思辨名题，培养科学精神。精选莱茵德纸草书上的历史名题作为提升练习，并留足时间思考：这一题用4（底）×10（边）÷2对吗？历史一定是正确的吗？让学生不断地在试错纠错中批判质疑，在合理猜测中积极探究，在灵活运用中理性思考，一步步深化认知，提升思维能力，培养辩证思维和科学精神。</td></tr>
</table>

三、统计与概率教学设计

统计与概率主要研究现实生活中的数据和客观世界中的随机现象，它通过对数据收集、整理、描述和分析以及对事件发生可能性的刻画，来帮助人们做出合理的决策。在以信息为主要特征的当代社会中，数据日益成为一种重要信息，学会如何收集数据、整理数据、分析数据已成为每个公民的基本素质[①]。因此，统计与概率的内容在新课程改革中得到较大重视，成为和数与代数、图形与几何、综合与实践并列的四部分内容之一。小学阶段主要包括："数据分类""数据的收集、整理与表达"和"随机现象发生的可能性"三个主题。其中，统计更是这一部分的重点内容，正如史宁中教授所说："数据是信息的载体，这个载体包括数，也包括言语、信号、图像，凡是能够承载事物信息的东西都构成数据，而统计学就是通过这些载体来提取信息进行分析的科学和艺术。"[②]

教学这一部分内容，教师引导学生经历简单的收集、整理、描述和分析数据的过程，掌握一些简单的数据处理技能，体验随机事件和事件发生的可能性固然重要，但在小学数学学科全息育人理念的指引下，既要关注学科认识，还要关注全面、和谐、可持续发展。因此，教师要抓住契机，依据整体性、科学性、全息性等学科全息育人教学设计原则，精心设计教学。如在简单的统计活动中，关注时事，培养环保意识、劳动意识、社会责任感等，厚植爱国主义情怀；在绘制简单的统计图的过程中，感受数学的简洁美、规范美；在收集、整理、描述、分析数据的过程中，发展数据观念、建模思想、应用意识，培养辩证思维等。

【案例1】平均数[③]

第1课时 平均数	
学习内容	西南师大版小学数学四下第87页。
育人目标	1.在具体情境中经历平均数产生的过程，从统计的角度认识平均数，体会平均数的作用，理解其意义，能用自己的语言解释其实际意义，掌握平均数的计算方法。 2.经历思辨、探究、交流、归纳等过程，在解决问题中培养分析、推理和说理能力。 3.渗透统计的初步思想，培养数据分析观念，体会数学的应用价值。
学习重难点	重点：理解平均数的意义。 难点：理解平均数的意义。

① 马云鹏.小学数学教学论[M].北京：人民教育出版社，2013：360.

② 史宁中.数学思想概论——数量与数量关系的抽象[M].长春：东北师范大学出版社，2008：147.

③ 案例来源：重庆市北碚区锦林小学，邵腾明。

续表

<table>
<tr><td>学习评价设计</td><td colspan="3">过程评价：在乙组加入一人后，学生思考平均分会发生怎样的变化时，利用已有平均分的直线位置，想象加入不同的分数后直线的位置变化并说出理由，可以比较清楚地判断学生的逻辑推理能力和语言表达能力，比单纯通过计算来回答问题要更有价值，也更好地利用了几何直观这一有效的学习方法。
练习评价：通过设计的练习题进行效果评价。</td></tr>
<tr><td colspan="4">教学过程</td></tr>
<tr><td>环节</td><td>教师活动</td><td>学生活动</td><td>五育融合育人点提示</td></tr>
<tr><td>一、谈话激思，导入课题</td><td>1.谈话导入
同学们，关于“平均数”，你知道哪些知识？游戏中也有平均数的知识。
2.揭示课题
今天这节课我们通过研究“掷圈”游戏的问题，来进一步认识平均数。</td><td>自由发言。</td><td>唤醒已有认知基础，培养善思乐学的品质。</td></tr>
<tr><td>二、合作探究，理解平均数的意义</td><td>1.认真阅读，厘清信息
玩过“掷圈”的游戏吗？你们看！甲组和乙组的同学开展了“掷圈”的游戏，谁来说说游戏规则？根据规则，一个人最多能得几分？最少呢？
2.观察数据，解决问题
现在甲组有7人参加掷圈，乙组只有6人参加，这是他们的成绩记录单。(课件出示下面的两个成绩统计表)
<table><tr><td colspan="4">甲组成绩</td></tr><tr><td>8分</td><td>7分</td><td>9分</td><td>6分</td></tr><tr><td>8分</td><td>6分</td><td>5分</td><td></td></tr></table><table><tr><td colspan="4">乙组成绩</td></tr><tr><td>9分</td><td>8分</td><td>7分</td><td></td></tr><tr><td>6分</td><td>9分</td><td>9分</td><td></td></tr></table>(1)仔细观察这两个组的成绩，你认为哪组的成绩更好？为什么？
(2)把你的想法记录下来，准备和同学们进行交流。
(3)指名板演，解释算法。
两组总分不一样，谁的成绩好？为什么？
通过交流我们发现：当两个组的人数不同时，比总成绩就不公平，没法看出哪组成绩更好。
3.理解平均数的意义
(1)观察算式
①总成绩49是怎样算出来的呢？
强调：对！是把每一个同学的成绩相加，每个数据都参与了计算！每个数都有自己的作用，如果你的数据大，就会拉高平均数，如果数据太小，就会拉低平均数。(在计算总数时可以强调计算方法，2个2个地加……数据太多，避免出错)
②7分表示什么？平均分。
算出的这个平均分其实就是甲组成绩的平均数。这种方法就是求和均分。</td><td>阅读信息，回答问题。
观察数据，独立思考。
在练习本上尝试解决。
汇报算法并进行解释。
预设一：比总分，甲组比乙组好。
甲组：8+8+7+9+5+6+6=49（分）；乙组：9+8+9+7+9+6=48(分)。
预设二：比平均分，乙组比甲组好。
(1)甲组的平均分
甲组：8+8+7+9+5+6+6=49（分）
49÷7=7(分)。</td><td>经历思辨的过程，培养探索创造、合作协同能力。</td></tr>
</table>

续表

<table>
<tr>
<td>二、合作探究，理解平均数的意义</td>
<td>(2)理解平均数
①请将甲组成绩的平均数“7”和甲组的个人成绩比一比，你有什么发现？
引导归纳：有同学的成绩高于平均成绩，有同学的成绩等于平均成绩，还有同学的成绩小于平均成绩；7实际上就是这组数据“减高扯矮”或是“移多补少”以后得到的平均数；不代表某一个同学的真实成绩。平均数比最大的数小，比最小的数大，在它们之间。
②48 ÷ 6=8(分)中的8分代表的是乙组这位同学的得分吗？(指表格中个人成绩8分)那它代表的是什么？
③看来算出的平均数7和8，代表的是并不是某个同学的个人成绩，它们分别代表着甲乙两组整组成绩的一般水平。
(3)现在我们前面所关注的“哪一组成绩更好”的问题解决了吗？
4.深化平均数的认识
(1)加入一个数影响平均数
小芳加入乙组，还是乙组的成绩好吗？可以怎样进行比较？
如果用一条线的高度表示原来平均数8的位置(课件演示)，加入的数是5，想一想：平均数的位置会移动到哪里？
可以通过移多补少来实现。
(2)有哪些具体情况？
教师板书三种情况。</td>
<td>(2)乙组的平均分
乙组：9+8+9+7+9+6=48(分)
48 ÷ 6=8(分)
8>7，甲组比乙组成绩好。
结合板演，解释算法。
学生先思考，后讨论。(总分、平均分)
先猜测，后汇报，说出自己的理由。
(一)小芳一个都没有圈上，乙组成绩要差；
(二)小芳只圈了1分，两组成绩一样；
(三)小芳圈的分数大于1分，乙组成绩好。</td>
<td>培养理性思维和质疑批判能力，以及团结互助精神。
通过思考判断平均数的位置，将数与形有机结合，培养学生的推理能力和说理能力。</td>
</tr>
<tr>
<td>三、巩固练习，深化认知</td>
<td>同学们，认识了平均数，我们用平均数的知识来挑战以下各题，有信心吗？
1.下面是勤奋学习小组的一次单元测查成绩，你觉得哪些说法是正确的？
<table><tr><td>1</td><td>2</td><td>3</td><td>4</td><td>5</td><td>6</td></tr><tr><td>85</td><td>96</td><td>88</td><td>92</td><td>92</td><td>87</td></tr></table>李宏：这一小组的平均分是84分；
张阳：这一小组的平均分是96分；
郭伟：这一小组的平均分是90分；
刘芬：这一组的平均分不可能是92分。
2.议一议
小明每分跳绳成绩记录为：30下、22下、26下、28下、26下、28下。你认为用什么数据代表小明每分跳绳数比较合适？
3.教材练习二十四第1、2题。</td>
<td>独立思考，全班交流想法并说出理由，生生互动质疑。
独立完成，集体评议，说一说题目的错因。
独立尝试解决问题。
反馈交流。</td>
<td>学以致用，提高应用意识和思维能力。
素材的选择体现了健康育人，培养学生的数据分析观念。</td>
</tr>
<tr>
<td>四、反思总结</td>
<td>同学们，刚才我们两次计算了平均数，请回忆一下，我们是怎样求一组数据的平均数的呢？平均数究竟是一个怎样的数？</td>
<td>回顾总结本节课的知识内容和思想方法。</td>
<td>培养反思意识和能力。</td>
</tr>
</table>

续表

<table>
<tr><td>五、课堂延伸</td><td>1.平均数的出现，经历了一个不断发展的过程，想知道吗？播放微课。
2.平均数是一个统计量，关于统计方面的知识，我们以后会学习更多。</td><td>学生观看微课，在观看中思考和学习。</td><td>感受数学的文化之美，培养国际视野。</td></tr>
<tr><td>板书设计</td><td colspan="3">平均数
代表一组数据的一般水平，在最大数和最小数之间
求和均分　　　　　　　　移多补少
甲组：8+8+7+9+5+6+6=49（分）
49 ÷ 7=7（分）
乙组：9+8+9+7+9+6=48（分）
48 ÷ 6=8（分）
8>7，乙组成绩比甲组好。</td></tr>
<tr><td>案例评析</td><td colspan="3">平均数作为一个统计量，在日常生活中应用较多，是统计中的一个重要概念，代表一组数据的整体水平。它分为算术平均数、几何平均数、调和平均数和指数平均数，在小学阶段主要是指算术平均数，计算方法就是用一组数据的和除以这组数据的个数所得的商。学生对于如何计算平均数已经有了基础，因此本节课的设计重在理解平均数的意义和价值。
1.在矛盾冲突中激发学习需要。面对每组人数不一样，要比较哪一组的比赛成绩好这一个问题，过去已有的知识基础是比总数，很显然不能解决这一个问题，由此产生了平均数，利用这一代表数来解决比较好。由于平均数的每一个数据都参加了运算，每一个数据都能影响整体水平，因此具有代表性；平均数是计算出来的，因此有虚拟性。
2.在思考想象中培养推理能力。数学学习要发展学生的思维能力，更重要的是培养学生的抽象思维和推理能力。教学中设计了“新加入一个数会怎样影响平均数？代表平均水平的直线高低位置在哪里？”这样的问题，“逼着”学生去思考和想象，然后表达出来，最后利用现代信息技术手段，直观显示代表平均水平的直线具体的位置，用几何直观的方法印证同学们的思考。这样的设计，让学生脱离了机械重复的计算，转向逻辑推理，促进数学素养的提升。
3.在拓展延伸中培养数学素养。数学是人类文明的重要组成部分，数学素养是现代人的重要品格和能力。播放微课“平均数”，介绍平均数的发展历史，增加了数学文化的味道。
这样的设计，基于学生学情和实际需要，围绕知识的本质展开研究，对培养学生理性精神、反思意识、推理能力等方面都有一定的作用。</td></tr>
</table>

【案例2】扇形统计图①

<table>
<tr><td colspan="2">第1课时</td></tr>
<tr><td>学习内容</td><td>西南师大版小学数学六下第55页“扇形统计图”。</td></tr>
<tr><td>育人目标</td><td>1.学生能联系生活情境了解扇形统计图的特点，会用扇形统计图表示数据并能利用扇形统计图的特征获取信息。
2.学生经历观察、操作、分析和概括的过程，探索扇形统计图的特征。
3.引导学生体会扇形统计图在生活中的决策作用，进一步发展学生数据分析能力、批判性思维能力和健康意识。</td></tr>
<tr><td>学习重难点</td><td>重点：了解扇形统计图的特点，并能利用扇形统计图的特征获取信息。
难点：理解扇形统计图中整体与各部分之间的百分比关系。</td></tr>
<tr><td>学习评价设计</td><td>1.结合具体情境，在观察、分析、思辨等活动中能归纳出扇形统计图的特点。
2.能利用数据结果作出简单的判断与决策。
3.清楚三种统计图的特点，并结合实际情境做出选择。</td></tr>
</table>

① 案例来源：重庆市北碚区朝阳小学，郭勇。

续表

<table>
<tr><th colspan="4">教学过程</th></tr>
<tr><th>环节</th><th>教师活动</th><th>学生活动</th><th>五育融合育人点提示</th></tr>
<tr><td>回顾旧知
设疑激趣</td><td>1.我们已经学习了哪些统计图？它们各有什么特点？
2.生活中哪些地方运用了这些统计图？
3.今天我们一起来学习第三种统计图——扇形统计图。
4关于扇形统计图，你想知道些什么？</td><td>1.学生回忆学过的统计图及特点。
2.联系生活实际，说一说哪些情境下会用到条形统计图或折线统计图。
3.围绕扇形统计图，学生进行提问：比如什么是扇形统计图？它的特点是什么？有什么作用？</td><td>引导学生通过课题进行思考，带着问题进入课堂，培养学生探究意识。</td></tr>
<tr><td>完善统计表、分析数据</td><td>分析数据、处理信息
1.六(1)班同学开展了“我最喜欢的颜色”调查，每人限选一种，下面是他们统计的结果。<table><tr><td>颜色</td><td>红色</td><td>黄色</td><td>蓝色</td><td>其他</td><td>合计</td></tr><tr><td>人数(人)</td><td>10</td><td>2</td><td>20</td><td>8</td><td></td></tr><tr><td>占全班人数的百分比</td><td></td><td></td><td></td><td></td><td></td></tr></table>2.你能从这个统计表中获取什么信息？
3.还可以求出什么？25%表示什么？50%呢？
4.小结：根据统计表，我们清楚地知道六(1)班喜欢不同颜色的人数分别是多少，还可以通过已有的数据计算出喜欢不同颜色的人数占全班人数的百分比。</td><td>1.学生交流统计表中的信息。
2.选择其中的几个百分数，说一说它们表示的意思。</td><td>在感知部分与整体的占比关系中，培养学生的数据意识，发展学生的数据分析观念。</td></tr>
<tr><td>探索新知</td><td>选择统计图，感知特点
1.如果用一张你喜欢的统计图来呈现上面统计的数据关系，你会选择哪种统计图，为什么？
2.引导学生交流辨析：用条形统计图、折线统计图、画小长方格等方式表示数据关系的合理性。
3.为什么选择用扇形统计图来表示喜欢各种颜色的人数占全班人数的百分比？
4.扇形统计图有什么特点？
5.小结。
(1)扇形统计图用一个圆来表示整体。
(2)各扇形的大小和项目所占总人数的百分比有关。
(3)可以清楚地表示出个部分与整体之间的关系。</td><td>1.思考选择用怎样的统计图表示统计表的数据关系。
2.讨论、辨析选择哪类统计图更合理。
3.小组交流扇形统计图的特点。
4.归纳小结扇形统计图的特征。</td><td>通过观察、分析、交流等活动，引导学生归纳扇形统计图的特点，培养学生数据分析能力和实事求是的科学态度。</td></tr>
</table>

续表

应用新知	1. 完成教材P56"试一试"。 **六(3)班同学参加课外活动情况统计图** 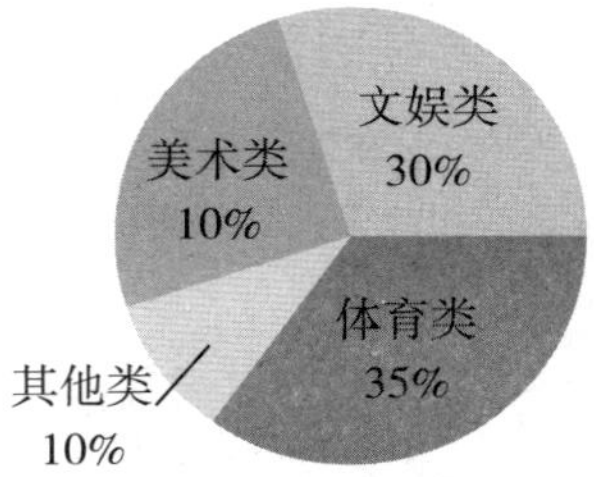 文娱类 30% 美术类 10% 体育类 35% 其他类 10% 总人数:40人 参加文娱类活动的有(　　)人, 参加体育类活动的有(　　)人。 你还能提出并解决哪些数学问题? 2. 教材P57练习十五第1题。 学生独立完成,个别指导,组织汇报。 3. 某超市某日蔬菜销售情况如图,观察下列的扇形统计图,回答相关问题。 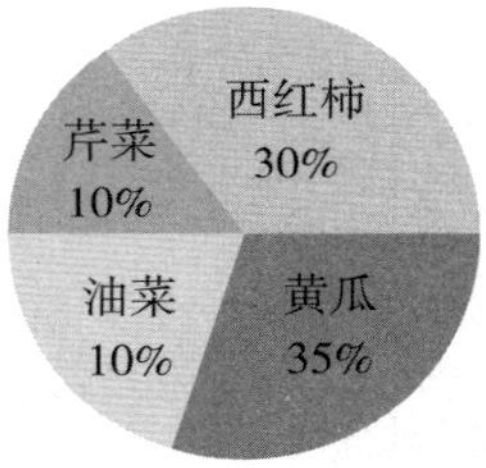 西红柿 30% 芹菜 10% 油菜 10% 黄瓜 35% (1)根据扇形统计图,你能提出哪些数学问题? (2)如果你是该超市的老板,你会如何进货?说明理由。	1. 分析信息、独立完成。 2. 根据信息提出数学问题并解决。 3. 结合生活实际,运用数据,做出决策。	应用新知解决问题,发散学生思维,让学生根据数据结果做出简单的判断与决策,加深对知识的理解。培养学生的应用意识。
拓展延伸	李雷一天的作息时间。 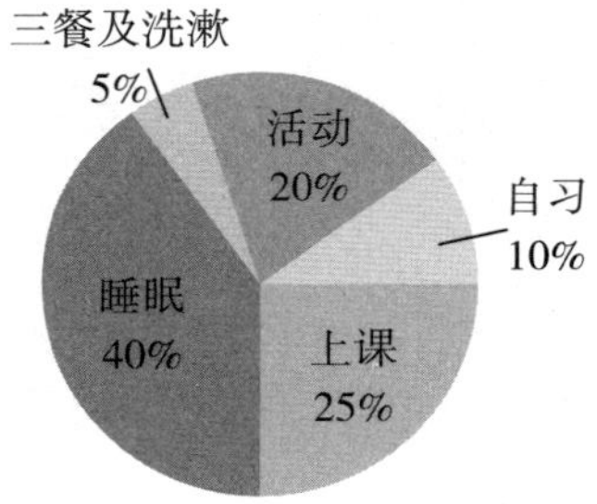 三餐及洗漱 5% 活动 20% 自习 10% 睡眠 40% 上课 25% (1)引导学生自主看图,说一说李雷一天的作息时间安排是否合理。 (2)把自己一天的作息时间安排与李雷进行对比,说一说如何安排时间才合理,做到劳逸结合。	学生结合生活经验进行判断,并提出合理建议。	提升数据分析的观念和反思能力,同时渗透合理规划,确保身体健康的意识。

续表

回顾特征 对比沟通	1.欣赏生活中各种类型的扇形统计图。 2.对比。扇形统计图有哪些特点？它与我们学过的条形统计图、折线统计图有哪些不同？ 3.灵活选择。 统计2020年北碚区4月份的每周降雨量的数据 统计2015年—2020年缙云山风景区年票的价格变动情况 统计本月你的家里各项支出与家庭总支出的情况(如水、电、煤气费等的支出) (1)出示信息，学生独立思考。 (2)汇报，并说一说选择理由。	对比三种统计图的特点，并结合实际情境做出选择。	引导学生对比各种统计图的特点，加深对各种统计图的认识和理解，有助于帮助学生建立完整的统计知识结构。
板书设计	扇形统计图 1.一个圆表示一个整体，用圆内扇形面积的大小表示各部分占整体的百分比 2.特点：可以清楚地表示出各部分与整体之间的关系。 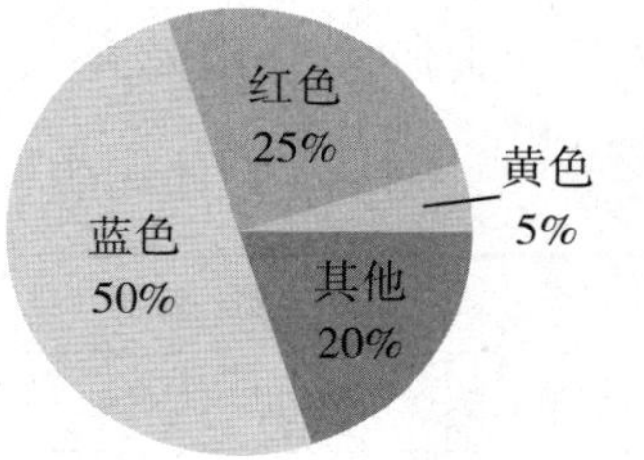 红色 25% 黄色 5% 蓝色 50% 其他 20%		
案例评析	1.真问题，激发学生学习热情。有问题才有解决问题的需求，当学生遭遇现实问题后，才能寻找与这些问题相关的数据，才能发现其中往往蕴含着想要的信息，并能够帮助他们作出判断和决策。课堂中的学习就来自于真实情境，在切入问题后，提供给学生一些数据和材料，让学生自己去进行简单的分类整理，让学生有更多的机会发现一些借助数据回答的问题，进而使学生产生解决问题的需求，促使学生兴趣盎然地投入数据的收集和整理活动过程中，把要我做变成我要做。 2.真讨论，丰富解决问题策略。在课堂交流的过程中，学生你一言我一语地辨析既巩固了对知识的理解，又丰富了解决问题的策略。例如在巩固练习环节，看到各种饮料的销售比，你是该超市的老板，你会如何进货？学生通过比较扇形面积，直观进行分析，此时的思维方式就是用数据说话，知道用数据说话可以干什么，数据可以说什么样的话，怎样才能让数据说得更合理，树立数据分析观念。 3.真辨析，培养批判性思维能力。学生能够用批判性的视角去看待，基于数据而反映出的信息。培养学生辨别信息中具有潜在的误导指向的数据的能力，如对作息时间的合理性进行深入分析，可以培养学生的批判性思维能力，进一步发展数据分析的素养。		

四、综合与实践教学设计

综合与实践是小学数学学习的重要领域。学生将在实际情境和真实问题中，运用数学和其他学科的知识与方法，经历发现问题、提出问题、分析问题、解决问题的过程，感悟数学知识之间、数学与其他学科知识之间、数学与科学技术和社会生活之间的联系，积累活动经验、感悟思想方法，形成和发展模型意识、创新意识，提高解决实际问题的能力，形成和发展核心素养①。教学中，如果教师以全息育人理念作支撑，巧妙整合教学资源，进行跨学科、大单元整体设计，扎实有效地开展综合实践活动，对全面培养学生的应用意识、创新意识、模型意识、逻辑推理、组织规划、辩证思维、合作协同、责任担当、劳动意识及能力、自我反思等都能起到很好的促进作用。

如通过“环保小卫士”“一天用的纸”“惊人的危害”“一年‘吃掉’多少森林”等综合实践活动，培养环保意识、节俭美德等；通过“图形拼组”“美化我们的小天地”“花边设计比赛”等综合实践活动，培养创新意识，提高审美情趣等；通过“走进田园”“参观南村养鸡场”“走进课外活动基地”“发豆芽”等综合实践活动，培养劳动意识、市场意识，提高劳动能力等；通过“每天锻炼1时”“称体重”“防灾小常识”等综合实践活动，培养健康意识、防灾意识等；通过“制定乡村旅游计划”“关注‘惠农’政策”等综合实践活动，引导学生关注国家政策，培养社会责任感，厚植爱国主义情怀等。

【案例1】环保小卫士②

<table>
<tr><td colspan="4">第一课时</td></tr>
<tr><td>学习内容</td><td colspan="3">西南师大版小学数学一上第100~101页。</td></tr>
<tr><td>育人目标</td><td colspan="3">1.运用分类、20以内数的知识，解决生活中的实际问题。
2.让学生在实践活动中，感受到生活中处处有数学。
3.培养学生的环保意识，养成环保习惯。</td></tr>
<tr><td>学习重难点</td><td colspan="3">重点：巩固分类、20以内数的加减法计算，培养学生环保意识。
难点：在情境中能提出数学问题并解决问题。</td></tr>
<tr><td>学习评价设计</td><td colspan="3">过程评价：教学中，通过教师的鼓励、引导，让学生知道环境保护的重要性，让他们知道怎么保护环境、节约资源，培养他们的社会责任感。
练习评价：能看懂图，能运用分类、20以内的加减法的知识，提出并解决数学问题。</td></tr>
<tr><td colspan="4">教学过程</td></tr>
<tr><td>环节</td><td>教师活动</td><td>学生活动</td><td>五育融合育人点提示</td></tr>
<tr><td>一、情境导入</td><td>1.出示教材第100页主题图，看图，知道小朋友在做什么呢？
2.他们为什么要做这些事呢？
3.怎么保护环境呢？我们环保小卫士开始行动了，看他们分成几个小队，分小队活动，我们一起去看看吧！</td><td>他们在捡垃圾，给花浇水，种树等。
学生说做这些事的目的：这样草地更干净、漂亮，他们保护了环境等。</td><td>让学生对保护环境有一个初步感知。</td></tr>
</table>

① 中华人民共和国教育部.义务教育数学课程标准(2022年版)[M].北京:北京师范大学出版社,2022:42.

② 案例来源:重庆市北碚区澄江镇小学校,郭艳红。

续表

二、想一想，算一算	1. 看第一小队，他们在干什么呢？（出示想一想，算一算情境图） 2. 对，他们干得多起劲呀！他们在捡拾垃圾的过程中遇到了什么数学问题呢？ 3. 你能解决这个问题吗？ 4. 为什么用加法计算呢？怎么算的呢？ 5. 你还能提出什么数学问题呢？又怎么解答呢？	他们在捡拾垃圾，装在袋子里、车里然后运走。 学生提出数学问题，如：我们一共拾了多少个塑料瓶？ 学生列式解答 9+6=15（个）。 要求一共拾了多少个塑料瓶，就要把拾到的塑料瓶合起来，所以用加法计算。可以用凑十法、接着数等方法计算。 请学生提问题，并列式计算。	学生既接受环保教育又巩固了基础知识，还培养了学生提出问题、解决问题的能力。
三、分一分	1. 帮助第一小队解决了问题，再来看看第二小队在干什么呢？出示："分一分"的情境图，图中都有什么呢？ 2. 你认为这些垃圾随意扔在地上好吗？有什么坏处呢？ 3. 那我们应该怎么办？ 4. 小朋友们说得真不错，我们可以对垃圾进行分类装好，有的废物还能再利用，让它们更好地为我们人类服务。 5. 那你准备怎样分呢？ 6. 小结：分得真不错，我们生活中时常见到垃圾桶上标有：可回收垃圾，不可回收垃圾。或者是：可回收垃圾，有害垃圾、厨房垃圾、其他垃圾等。那垃圾是怎么分类的呢？我们一起来看看吧！课件播放垃圾分类的知识。 7. 孩子们把草地上的垃圾分类装到相应的垃圾桶里。集体订正：课件演示。 8. 现在草地上没有垃圾了，你们感觉怎么样呢？那当你发现地上有垃圾时应该怎么做呢？ 9. 对了，我们有了美丽的环境，对我们的身心健康很有好处！让我们一起爱护我们生活的环境吧！ 10. 孩子们，工厂里回收的可回收垃圾还有很大作用呢？我们一起去看看吧！播放视频，学生观看！	请学生回答：垃圾桶，废电池，水果皮，矿泉水瓶等。 请学生回答：容易生蚊虫，长细菌，有害身体，破坏环境，不美观等。 请学生回答：捡起来丢在垃圾桶里，再运到垃圾处理厂，有的可以废物利用。 请学生起来说说自己的分法。第一种分法按种类分，果皮分一类，废电池分一类，塑料分一类。第二种分法按是否可回收分，可回收一类，不可回收一类。 学生听、学垃圾分类的知识。 学生用连线的方式完成。 草地变干净了、漂亮了！主动捡拾垃圾，并放到相应的垃圾桶里。 学生观看视频，看后谈谈感受。	复习分类的知识，让学生感受数学在生活中被需要，让学生爱上数学、乐学善思。 通过把垃圾都捡拾干净并分类装好，让学生养成主动参加劳动，养成爱劳动好习惯。也让学生感受到我们环境变干净了、变美好了，我们的身体会更健康，生活才会更加美好！

续表

四、算一算	1. 为了让我们的家园变得更美丽，第三小队又在干什么呢？课件出示算一算的情境图片。 2. 你们知道植树节是每年的几月几日吗？(3月12日)你们知道为什么要植树吗？ 3. 多种树的好处可真多呀！请孩子们观察图，从图中你获得哪些数学信息？能提出哪些数学问题？ 4. 孩子们植树辛苦吗？那我们应该怎么做呢？ 5. 多植树、多造林，绿水青山就是金山银山，孩子们回家也可以种一棵小树苗，让它伴你们一起成长，大家都争做环保小卫士。	他们在植树。 请学生回答：多种树我们环境更漂亮。树产生氧气，能阻挡风沙，能防止一些自然灾害、水土流失等。 学生提出问题，并请学生起来解答。 请学生回答：辛苦，我们要保护树木，不砍伐树木，不在树上乱刻乱画等。	让学生养成独立思考的习惯，提升学生提出问题、解决问题的能力。 保护树木，让学生养成尊重和珍惜劳动成果，回家种小树苗让学生能主动参与劳动实践，做一个环保小卫士。
五、课堂小结	1. 在我们的生活中，除了像捡垃圾和植树等外，我们还有哪些环保行为？ 2. 美丽的家园人人喜欢，为了让我们的家园更美丽，应该从我做起，从小就养成爱惜资源、节约用水、保护环境的良好习惯。你们能做到吗？ 3. 让我们一起努力，保护好环境，让我们的生活更美好！	请学生回答：少用一次性筷子，减少对树木的砍伐。少使用次性塑料袋，多用环保袋。不要随意乱扔垃圾。垃圾我们要分类放到垃圾桶里等。 学生自由发言。	向学生渗透保护环境、节约资源的理念，培养社会责任感。
板书设计	环保小卫士 保护环境我们还能做些什么？ 节约用水、不乱丢垃圾、少用一次性物品……		
案例评析	本节综合实践活动课以做“环保小卫士”作为活动的主线，对本册教材中的分类、20以内的加减法等相关知识进行了简单的小结。在教学设计中，老师恰如其分地把数学知识放到环保情境中，让学生既接受环保教育又巩固了基础知识，还培养了学生提出问题解决问题的能力。 在对垃圾进行分类的教学过程中，学生看到到处都是垃圾的时候，积极地想办法解决处理这个问题，可以看出这样的情境设计，给学生一个很好的环境保护的启示，让他们认识到垃圾分类的重要性。而后面利用课件给学生介绍垃圾分类和可回收垃圾的再次利用的知识，就进一步地让学生积累生活常识，让他们感受到数学知识在生活中的运用，让学生爱上数学、乐学善思。 在植树情境中，通过师生的互动，让学生了解到植树节是哪一天，也受到了绿色环保教育，多植树，会让空气质量变好，还能防止自然灾害，防止水土流失等，让我们的数学课也多了一点科学课的味道。 在统计塑料袋环节，让学生会用数学的眼光来分析问题、解决问题。通过追问为什么用加法计算呢、怎么算的呢，很好地复习了加法的意义及计算方法，并提高学生对20以内加减法计算的熟练程度。 本节课的教学设计，把环境教育和数学知识很好地融合在一起，在教学中巩固了数学知识，也向学生传达了保护环境、节约资源的理念，培养了学生的社会责任感。		

【案例2】包装的学问①

设计长方体的包装方案			
学习内容	西南师大版小学数学五下第58页综合实践“设计长方体的包装方案”。		
育人目标	1.体会多个相同长方体进行叠放时,摆法不同表面积不同,探索其表面积最小的最优策略。 2.通过摆一摆、算一算、猜想、验证等学习活动,训练有序思考的思维方式,培养空间观念。 3.通过制定化繁为简的活动方案,培养学生的探究精神和能力,渗透节约、健康的意识,感悟数学与生活的联系。		
学习重难点	重点:利用表面积等有关知识,探究多个相同长方体最节省包装纸的叠放方法。 难点:让学生体验到在体积相等的情况下,要使表面积较小,长、宽、高应越接近的道理,从而科学合理地设计包装方案。		
学习评价设计	1.能确定研究思路,会利用学具摆出不同长方体,画出简易图,多种方法计算摆成图形的表面积,并能清晰地表达活动过程。 2.能在对比、交流等活动中归纳出最优策略。 3.能把策略与生活有效对接,解决实际问题,并能从节约、审美、情感等方面分析问题。		
教学过程			
环节	教师活动	学生活动	五育融合育人点提示
情境引入,揭示课题	1.播放调查场景。 课前,大家对物品的包装进行了调查,让我们一起来看看吧。(课件播放学生调查物品包装的场景)。 2.如果你是一名优秀的包装设计师,你觉得包装物品要考虑哪些问题?(美观、轻便、运输、节约等) 3.看来一个小小的包装,里面也有不少的学问,这节课我们就先来研究节约包装纸的问题。(板书课题:包装的学问之节约)	1.观察学生调查物品包装的场景,感受到生活中经常需要对物品进行包装。 2.结合生活实际,说一说包装物品需要考虑的因素。	通过对包装问题的深入思考,增强学生分析问题的能力,培养学生乐学善学的好习惯。
确立研究思路	1.出示问题。 餐巾纸是我们在生活中常看到也用到的物品,它就需要包装,大家请看信息:某工厂生产出6000包纸巾,准备包装后再进行销售。请你们设计一种节约包装纸的方案。(出示纸巾规格:长11 cm、宽5 cm、厚2.5 cm) 2.研究思路。 (1)要设计出节约包装纸的方案,你准备怎么办?还有其他想法吗? (2)摆是一个好方法,用6000包纸巾来摆吗? 为什么呀?你准备用几包来摆? (3)能想到把复杂的问题从简单的数据开始去摆一摆,算一算,再找出节约包装纸的方案,真是一个好策略,还可以用更少的包数来摆吗?	1.了解信息,弄清要求。 2.思考要设计出节约包装纸的方案,有哪些方法?选择几包进行研究?	通过情境问题设置,激发学生求实、探索欲望。运用摆、算等方法找出节约包装纸的策略,有效渗透化繁为简的数学推理思想,进一步培养学生分析问题、解决问题的能力。

① 案例来源:重庆市北碚区朝阳小学,郭勇;西南大学附属小学,吴静。

续表

回顾已有的研究经验	1.请大家结合以前的知识想一想，2包纸巾、3包纸巾怎么包装才最节约包装纸？ 2.小结：只要重合的面积最大，就最节约包装纸。	结合以往的操作活动，回顾对长方体进行拼合时，如何做才能使表面积最小的经验。	
多包纸巾探索最节约包装纸方案	1.引发认知冲突。 现在我们能不能这样猜想：包装4包、6包、8包甚至6000包纸巾，也像这样把最大的面依次重叠在一起拼摆，就最节省包装纸？ 2.研究任务。 那到底怎样包装才最节省包装纸？这里面有什么规律？下面就带着这些问题，分小组进行研究。 3.研究要求。 4人小组分工合作，用桌上的纸巾，动手摆一摆、看一看、算一算。建议一人摆，二人计算器计算并核对，一人填记录单。	1.猜想多包纸巾拼摆时，是否把最大的面依次重叠在一起，就最节省包装纸。 2.学生读一读研究要求。 3.分组活动、自主选择包数合作探究。	学生经历唤醒经验，猜测方案，到确定研究任务、合作验证的过程，培养其严谨的思维品质、合作协同能力和探索创造的科学精神。
交流中获得节约包装纸的优化方案	1.汇报4包纸巾的包装。 (1)同学们，下面来交流我们的研究情况，哪些组研究4包纸巾的？ (2)其他同学可要认真听，并思考他们的研究结果是否正确。 (3)引导其他组同学对研究过程和结果做出补充或质疑。 (4)梳理和板书学生研究的结论：重叠的面积越大，表面积越小，就越节省包装纸。 2.汇报6包纸巾的包装。 (1)组织学生汇报6包纸巾的包装情况。 (2)梳理、板书研究结果：通过拼摆、计算，也发现了拼成的长方体长、宽、高越接近，表面积越小；重叠的面积越多表面积就越小。	1.汇报4包纸巾包装方法及对应的面积变化情况。 方法一：拼成的长方体长是10 cm，宽是11 cm，高是5 cm。表面积一共减少了4个中面和4个大面。 方法二：把4包纸巾全部叠在一起，减少了6个大面。 方法三：拼成的长方体长是22 cm，宽是5 cm，高是5 cm，减少了4个小面和4个大面。 2.汇报6包纸巾包装方法及对应的面积变化情况。 方法一：拼成的长方体长是11 cm，宽是5 cm，高是15 cm，算出来表面积等于590 cm^2。 方法二：拼成的长方体长是22 cm，宽5 cm，高7.5 cm，表面积是625 cm^2。	在汇报交流、质疑互答的过程中，分析、归纳、概括出最节省包装纸的方案，在分析、验证、反思、归纳等活动中积累数学活动经验，感悟列举、优化、建模等数学思想。

续表

交流中获得节约包装纸的优化方案	3. 汇报8包纸巾的包装。 (1)组织学生汇报研究过程及结果。 (2)引导学生观察每种拼法形成的长方体的长、宽、高的差距。 4. 小结最节省包装纸的方案。 (1)通过刚才我们对4包、6包、8包的包装研究,你有什么收获? (2)如果对50包,1000包、6000包进行包装,如何节约包装纸呢? (3)小结:无论多少包,只要重合的面积越大,长、宽、高越接近,表面积就越小,这就是节约包装纸的方案。	方法三:拼成的长方体长是10 cm,宽是11 cm,高是7.5 cm,算出来的表面积是535 cm^2。 3. 学生汇报8包研究情况,并观察三种拼法形成的不同长方体的长、宽、高的差距。 4. 对比发现:长宽高之间的差距小,也就是遮盖的面积就越大,拼成的长方体的表面积就越小。 5. 结合刚才的操作,说一说如何包装才能最节约包装纸。	
联系生活,加深理解	1. 同学们,生活中是不是利用这个规律去包装纸巾的?一起来看看吧。(出示生活中每12包纸巾包装成长条长方形的图片) 2. 厂家先把12包纸巾包装成这样一个长方体形状,这是为什么? 3. 那厂家就只是这样一条一条地运往各地的?你觉得厂家接下来怎么办的? 4. 再把12包看成一个整体,像这样的一条一条地摆放起来,最后摆成一个近似的正方体,再用纸包装成整箱,这就和刚才的研究成果不谋而合。(出示生活中包装成箱的情况)	1. 观看现实生活中超市货架上摆放的纸巾包装情况。 2. 思考厂家为何要把12包纸巾包装成一个长条形?为何与刚才的最节约包装纸方案不一样? 3. 观看一条一条摆放成箱的过程,感受到整箱包装时,依然是长、宽、高尽可能接近时,所用的包装纸最少。	学生通过观察生活中实际包装的典型画面,把数学中的节约包装与生活中的实际包装有机联系起来,达到实践中验证、创新的目的。
基础练习,学以致用	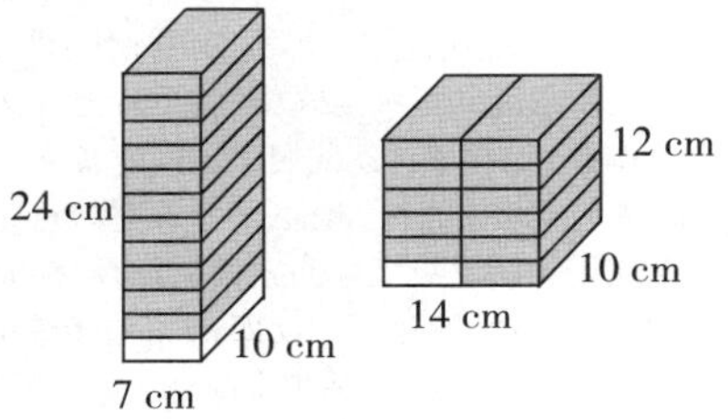 24 cm 10 cm 7 cm 12 cm 10 cm 14 cm 1. 出示题目:12盒磁带包装在一起,下面哪种更省包装纸,为什么?	学生结合探究结论,解释哪一种包装更节约包装纸。	
灵活选择,回归生活	  售价:98元 售价:198元 1. 出示不同价位、不同包装的月饼图片。 2. 厂家设计了两款同质量同数量的月饼包装,请你参谋一下,该选哪一种?	学生结合生活实际,谈自己的选择。如果从美观及人情味的角度,选择包装精美的月饼,如果是自家品尝、节能环保的角度考虑,选择包装简单,物美价廉的月饼。	学生在激烈的争辩中意识到所处角度不同,考虑问题方向就不同,进而培养学生的审美、健康和运用意识。

续表

<table>
<tr><td>反思延伸</td><td>不同的角度选择不同的种类，这正好说明包装的学问确实多，涉及数学、科学、美术等学科知识，你们还可以继续去研究。</td><td>了解包装物品不仅要考虑材料的面积大小，还要考虑美观、容量、是否便捷等因素。</td><td>交流讨论中进一步激发学生的探索创造精神。</td></tr>
<tr><td>板书设计</td><td colspan="3">包装的学问——节约
重叠的面积尽可能大。
长、宽、高尽可能接近。</td></tr>
<tr><td>案例评析</td><td colspan="3">本节课多次创设问题情境，让学生充分经历发现问题、提出问题、分析问题、解决问题的过程，在设疑、列举、猜测、反思、验证、概括等活动中积累数学活动经验，感悟列举、优化、转化等数学思想。
一、创设问题情境，激发探究欲望
课前让学生在生活中进行调查，通过调查知道了物品需要包装。开课之初，让学生想一想："如果你是一名优秀的包装设计师，你觉得包装物品要考虑哪些问题？"这样的设问瞬间激发学生的思维，他们各抒己见，认识到包装不仅要节约、美观，还要便于携带。接着提出"包装里面有不少的学问，今天我们先来研究节约包装纸的问题。"这样从学生已有的生活体验入手，提出现实的、有意义的学习内容，不仅可以激发学生的兴趣，调动学生的积极性，同时让学生感受到数学就在身边，体会数学的价值。课中设置认知冲突："包装4包、6包、8包甚至6000包纸巾，也像这样拼摆，就最节省包装纸？到底怎样包装才最节省包装纸？这里面有什么规律没？"激发学生再次深入思考，增强成功的愿望。拓展延伸阶段，出示两款同质量同数量，不同价位的月饼包装，供学生选择，使其在激烈的争辩中意识到所处角度不同，考虑问题方向就不同，进而培养学生的运用意识。
二、层层递进，提升探究深度
由浅入深，层层递进，综合应用，突出实践，是本节课体现层次性的主要表现。活动一：给6000包纸巾设计节约包装纸的方案。通过情境问题设置，激发学生探究欲望，想到把复杂的问题从简单的数据逐一进行研究，运用摆、算等方法找出节约包装纸的策略，有效渗透化繁为简的数学思想。活动二：2包、3包纸巾节约包装纸的问题。充分调动学生已有的数学活动经验，直观体验，交流互动，得出纸巾重叠面面积越大，包装时所用的包装纸就越少的一般规律，为后续的探究活动奠定认知基础。活动三：多包纸巾节约包装纸的问题。本环节是实践性、综合性、应用性、探究性的特点在本节课的具体体现，也是培养思维的灵活性、感悟数学思想的最佳时机。学生会受到2包、3包相同纸巾包装情况的思维定式影响，只考虑大面重叠就会节约用纸，因此本环节给予学生独立思考，合作探究的时间，让他们通过操作实践、对比观察、计算验证，发现多包纸巾组合包装时，重叠面越大或摆成的长方体长、宽、高越接近，其表面积越小，所用包装纸越节约的规律。把学生综合应用知识解决实际问题的灵活性、探究问题优选方法的积极性推向高潮，充分体现综合与实践课的教学特色。活动四：生活中包装问题的观察思考。是对数学中的包装问题的拓展延伸，让学生通过观察生活中实际包装的典型画面，把数学中的节约包装与生活中的实际包装有机联系起来，让学生思考生活中包装问题应该关注哪些因素，使学生感受到包装中的学问学无止境。四个活动的教学，也使学生被数学自身的魅力所吸引，参与其中，乐在其中，数学学科素养得到进一步提升。
三、激励性评价，丰富情感体验
综合与实践课的目的就是让学生经历实践和研究的过程，使学生形成对数学的正确态度，发展学生运用数学知识解决实际问题的能力。学生所采用解决问题的策略，都反映出学生对问题的理解。只要解题过程及答案具有合理性，就值得肯定、和赞赏。课中当学生在验证"包装4包、6包、8包纸巾如何节约包装纸"时，我对用计算表面积的方法验证的孩子说："你们通过计算证明了我们前面的猜测是正确的"，对用直接比较重叠面个数大小，进行推理证明的学生说："老师很欣赏你善于思考问题"。使用这样的激励性评价语言，并坚持欣赏每一位学生，学生就能更大胆地发表自己的观点，主动提出问题和解决问题，更好地提高学生深入思考与创新的极大热情，利于培养他们的自信心和创新精神。</td></tr>
</table>

五、数学文化教学设计

数学承载着思想和文化，是人类文明的重要组成部分[①]。数学文化不是显性层面的文化，人们触摸不到，但是它却是一直伴随着人类发展的重要内容，是各民族产生特色文化的基石[②]。因此，自课程改革以来，小学数学所承载的文化价值就引起了广泛关注。西南师大版小学数学教材设置“你知道吗？”主题专栏，分学段系统性地呈现了数学文化，主要包括：数学家的生平简介，符号的演变，人文、科技与艺术常识，传统文化等，是数学知识与技能、情感与态度、思维与思想、精神与素养等的有机结合体。

随着《义务教育数学课程标准（2022年版）》的发布，课程改革已全面进入核心素养和全息育人时代，故而，教师必须转变传统的知识与技能训练的教学观念，全方位、全面、全程关注学生的发展与成长，培养适应未来发展所必需的核心素养。教师在教学中传授数学文化，可以帮助学生拓宽视野，激发学习兴趣，培养乐学善思的良好习惯；可以帮助学生理解知识，进一步加深对数学知识本质的认识，培养理性思维和辩证思维；帮助学生改变数学知识的获取方式，深入了解数学知识的发生发展过程，培养勇于求证、探索创新精神；通过了解数学家、数学史、数学美等蕴含的人文精神帮助学生形成一丝不苟、坚毅品格和审美情趣。

【案例1】定位神器[③]

课题	定位神器
第1课时	
学习内容	“定位神器”是“小学数学文化读本”四年级下册第四课。本课内容紧扣《义务教育数学教科书》内容“确定位置”，深入挖掘数学知识、思想、方法、精神，用图文并茂的连环画形式，为学生介绍了定位神器——北斗卫星导航系统，帮助学生感受数学与生活的密切联系，开拓视野，坚定文化自信，厚植爱国情怀。
育人目标	1.经历从古至今人们从辨别大致方向到精准定位的全过程，了解数学对科技发展所做出的卓越贡献。 2.通过游戏经历在线上、面上、空间中定位的全过程，初步了解数轴、平面直角坐标系和空间直角坐标系，进一步发展空间观念。 3.通过了解我国北斗卫星导航系统，感受数学和生活的密切联系与应用价值，激发爱国热情。
学习重难点	重点：感受数学和生活的密切联系与应用价值。
	难点：通过游戏经历在线上、面上、空间中定位的全过程，进一步发展空间观念。

① 中华人民共和国教育部．义务教育数学课程标准（2022年版）[M]．北京：北京师范大学出版社，2022：1.

② 孙卫红．“数学文化”在小学数学新教材中的编写设计与实验调查研究[D]．重庆：西南师范大学．2004.

③ 案例来源：西南大学附属小学，骆丹。

续表

<table>
<tr><td>学习评价设计</td><td colspan="3">1.学生在游戏中不断产生认知冲突，不断猜想，不断验证，最终构建简易的空间直角坐标系模型，即游戏体验环节评价育人目标2。
2.师生的全课总结环节评价育人目标1和3。</td></tr>
<tr><td colspan="4">教学过程</td></tr>
<tr><td>环节</td><td>教师活动</td><td>学生活动</td><td>设计意图(育人点及育人效果预期)</td></tr>
<tr><td>谈话导入(大致定向)</td><td>1.回顾辨别方向
古时候的人们又是如何定位的呢？
教师根据学生回答贴出北斗七星，并指名介绍指南针。
2.感受精准定位
播放电影《战狼》片段，追问：那你们知道这是靠什么实现精准定位的吗？
3.教师介绍我国自主研发的北斗卫星导航系统，并板书课题。</td><td>学生思考后畅所欲言。(北极星、指南针、司南、罗盘……)
学生根据图片介绍指南针，领略了指南针的发展和演变。
学生观看电影片断后畅所欲言。</td><td>从指南针到北斗卫星导航系统，初步了解从古至今智慧的中华民族为整个人类的科学、社会发展做出了巨大的贡献，激发学生的爱国热情和民族自豪感。</td></tr>
<tr><td>游戏体验(精准定位)</td><td>(一)线上定位
1.课件出示一张石桌，桌面上爬来了一只调皮的小蜘蛛。教师介绍游戏“你来说，我来猜”游戏规则，和学生试玩。
2.当游戏中教师发现学生说不清蜘蛛位置时追问：那该怎么办呢？
3.根据学生的回答顺势用课件演示数轴，并介绍数轴概念。
(二)面上定位
1.游戏继续：蜘蛛从桌边爬到桌面。谁想接着来玩儿？引导学生思考准确找到蜘蛛的位置。
2.根据学生的回答顺势用课件再画一根数轴，和学生一同探究另一根数轴的位置。
3.介绍平面直角坐标系。(贴黑板)
(三)空间定位
1.小蜘蛛出绝招，顺着丝往上爬，你还能锁定它的位置吗？
2.根据学生的回答再出示一根数轴。</td><td>学生了解“你来说，我来猜”游戏规则并试玩。
学生发现猜不出蜘蛛的准确位置时，畅谈自己的解决办法。
齐读概念。
学生继续玩“你来说，我来猜”，发现同学的描述在数3的上面仍然不能准确找到蜘蛛的位置。独立思考后畅谈解决办法。
学生探究另一根数轴的位置。
再玩游戏，快速抢答，感受用平面直角坐标系确定蜘蛛的位置优越性。
同桌交流后汇报再画一条数轴。
学生利用教具搭建简易的空间直角坐标系模型。
利用模型确定蜘蛛是在第5列，第2行，高度大约4的位置。
学生闭眼想象小蜘蛛准备继续往上再爬两格的位置。</td><td>通过游戏激发探究的欲望，培养学生独立思考能力。
“你来说，我来猜”定位游戏，用一只小蜘蛛串联起从一维的线到二维的面，再到三维立体空间的全过程。通过游戏的形式再现了数学家笛卡尔创建直角坐标系的全过程。让学生追随笛卡尔的精神轨迹，在游戏中不断产生认知冲突，不断猜想，不断验证，最终构建简易的空间直角坐标系模型，实现精准空间定位，让学生真正经历了数学化的全过程。引导学生把数学学习变成一次又一次知识的探险，变成一次又一次数学再创造的过程，真正激发学生的探究欲望和求真精神，发展学生的创新精神。</td></tr>
</table>

续表

	3.简单介绍空间直角坐标系，借助坐标系的简易模型一起确定蜘蛛的准确位置。 4.引导学生闭眼想象蜘蛛继续往上爬的位置，再睁眼验证。 5.引导学生回顾数学上定位的全过程并小结。	回顾数学上定位的全过程并小结。	
拓展升华（应用价值）	（一）介绍经纬 1.我们的地球这么大，如何确定地面上任意一个地点的位置呢？ 2.播放小视频，师生共看视频。 （二）自学课本 1.请大家翻开《数学文化》，到第19—20页去寻找答案。 2.你了解到了哪些知识？ 3.简短的交流之后，你对北斗还有什么疑问吗？ （三）总结全课 1.观看“北斗”微视频。 2.通过这节课的学习，你对数学有什么新的认识吗？ 3.总结全课。引导学生继续感受数学文化的无穷魅力。	学生畅所欲言。 预设1生：经纬度。 预设2生：我想应该可以画一些网格线。 观看小视频。 生自学《数学文化》第19—20页。 学生畅所欲言。 学生质疑。 观看“北斗”微视频之后，生畅谈感想。 预设1：数学不仅仅是一些简单的计算。 预设2：数学很有用。 预设3：数学很有魅力，很有力量。	从小空间到大宇宙，从“小”知识到“大”应用，让学生完整经历这一微型的科研过程，不仅提高了学生的数学素养，更有利于促进学生创新精神的发展。 本课创编了三分半的微视频介绍。该视频运用孩子们喜欢的动画形式，生动再现了北斗卫星导航系统的组成部分，定位原理及应用领域。视频中一个又一个鲜活的例子，和教师的实时引导、点拨，帮助学生深刻感受数学力量，坚定文化自信，厚植爱国主义情怀，将数学的至真至善至美浸润到每一个学生骨子里。
板书设计	**定位神器** 北斗七星（图略） 大致 数轴（图略） 平面直角坐标系（图略） 空间直角坐标系（图略） 北斗卫星导航系统（图略） 精准		

续表

案例评析	浙江省著名数学特级教师朱国荣对这堂课赞赏有加。他认为，本课上出了数学文化的味道，在引导学生掌握数学知识和技能的同时，还充分让学生进行了综合实践操作。细细品味之下，有三点值得大家学习： 第一，有“数学”味儿。该课以“怎样才能准确定位呢？”这一问题为主线，通过笛卡儿与蜘蛛的故事为载体，将游戏和直观演示相结合的方式让学生经历从一维的线到二维的面再到三维立体空间如何准确定位的全过程。 第二，有“文化”味儿。该课对数学文化的浸润没有说教而是举例子，从古代的指南针到当代的北斗卫星导航系统这些实实在在的载体，让学生深深感受到无论是古代还是现代中华民族都是非常智慧的，为人类的发展、社会的进步做出了卓越的贡献。 第三，有“探究”味儿。该课创新性地使用教材，把教材的情境做了合理的改造，把笛卡儿的故事讲得精彩丰满，让学生乐于“探究”，更重要的是制作了大量丰富而精美的视频材料，引发了学生的探究欲望，将学生的“探究”引向课外。

【案例2】从测影计时到铜壶滴漏[1]

第1课时 从测影计时到铜壶滴漏			
学习内容	《小学数学文化读本》三年级上册第3课第11—15页。		
育人目标	1. 知道测影计时和铜壶滴漏计时的基本原理，激发对数学历史文化的兴趣，拓展数学视野。 2. 经历计时方法的演变过程和计时单位的运用，渗透一一对应的数学思想，积累数学活动经验，培养时间观念。 3. 体会数学与生活的联系，激发学生进一步探究数学问题的积极情感和对数学作用的价值认同感。		
学习重难点	重点：初步了解三种古代计时工具，知道它们计时的基本原理。 难点：掌握计时单位在生活中的运用，理解一一对应和类推的数学思想，培养时间观念。		
学习评价设计	1. 通过让学生做模拟实验日晷计时，既让学生体验计时原理，又让学生感受数学文化的魅力。 2. 让学生亲自动手制作简易壶漏的活动，让学生理解铜壶滴漏其实是用一定的节奏来反映时间变化的工作原理，进一步积累活动经验。		
教学过程			
环节	教师活动	学生活动	五育融合育人点提示
一、创设情境，引入古代计时工具	1. 谈话引入：现代计时的工具有哪些？钟表的常用时间单位是什么？古代计时工具有哪些？ 2. 激趣思考：想探究古代计时工具哪些方面的知识？	学生交流现代计时工具及常用时间单位，并举例古代计时工具以及想探究的知识。	通过情境展现、问题需求激发学生了解古代计时工具的愿望和兴趣，让学生体会数学与生活的实际联系。

① 案例来源：北碚区两江云顶小学，江义玲。

续表

<table>
<tr>
<td rowspan="3">二、合作探究，操作体验古代计时法</td>
<td>（一）教学圭表计时法
1.播放微视频：立竿测影——圭表
思考：（1）立竿测影确定时间这样测准不准呢？（2）圭表是怎么计时的？（3）师介绍：古人根据太阳照射表的影子长度来估计每天的大致时间。课件展示：春夏秋冬的来历
2.挖掘数学知识
通过了解立竿测影和圭表，你有什么感受？板书：一一对应。</td>
<td>学生交流得出：立竿测影可以知道大致时间。圭表是看影子的长度来知道时间。影子的长度不一样，所以时间就不一样。
学生交流得出：
太阳照射立柱影子的长度与每日的时间是一一对应的。</td>
<td rowspan="3">激发学生了解古计时工具的兴趣和愿望，让学生感受到古人的智慧和善于观察的精神。
通过学生提出问题，培养其强烈的求知欲；通过自主学习、生生对话、师生对话，体现学生的学习主体地位。通过模拟实验，既让学生体验计时原理，又让学生感受数学文化的魅力，体会到数学文化课程的乐趣。
一是让学生观看微视频，把抽象原理具体化，学生理解轻松且有乐趣。二是亲自动手实践，旨在帮助学生理解铜壶滴漏其实是用一定的节奏来反映时间变化的工作原理，进一步积累活动经验。</td>
</tr>
<tr>
<td>（二）教学日晷计时法
1.出示课件：引入日晷
2.自主学习：日晷
3.比较，日晷和现代的钟面，有什么相似之处？（出示课件日晷和钟面图片）
4.思考：十二个时辰与今天钟面上的二十四时是如何一一对应的？
5.模拟实验日晷计时：用一个日晷模型，用手电筒光代替太阳，教师进行示范。</td>
<td>学生交流对日晷的认识。
学生自学并交流：日晷的含义、组成、计时方法。
学生得出：晷面相当于钟表，晷针影子相当于钟面的指针。
学生得出：每个时辰与钟面上的24时是一一对应的关系。
学生模拟实验日晷计时。</td>
</tr>
<tr>
<td>（三）教学铜壶滴漏计时法
1.播放微视频：铜壶滴漏计时法
2.体验计时：制作简易铜壶滴漏
教学具准备：桌上的两个水瓶和一根塑料管。
要求：
（1）组长做好水位高度的标记
（2）1名同学将没有刻度的水瓶竖立起来；
（3）计时1分，观察水位变化的高度；
（4）组长做好水位上升后的标记；
（5）小组代表汇报：1分水位上升的情况？
3.拓展：课件展示“沙漏”“水钟”“火计时”“烛光计时”等。</td>
<td>学生交流：铜壶滴漏的特点及计时方法：百刻制
学生分组实验，交流得出：要统一单位，把1天平均分为了100个刻度，每个刻度约15分，同时增加水壶的个数，保证滴水的速度保持一致，这样计时更加准确。根据观察水位上升所指箭上的刻度来推算对应的时间。</td>
</tr>
<tr>
<td>三、拓展运用，创新计时法</td>
<td>你还能创造什么方法来大致估计出时间呢？</td>
<td>学生交流：
（1）脉搏计时；
（2）打节拍计时；
（3）数数。</td>
<td>不仅培养了学生的时间观念，又激发了学生的应用意识和创新意识。</td>
</tr>
</table>

续表

<table>
<tr><td>四、反思总结，课后延伸</td><td>1.播放视频："神舟十一号"飞船发射时间，谈谈你有什么感受？用的什么计时工具？（原子钟）（板书：毫秒）
2.课堂小结：你有什么收获？
教师小结：从古代的圭表、日晷、铜壶滴漏到现代的钟表、原子钟，他们都是计时工具，但制作的材料、精准度不一样，这些计时工具的演变与发展，体现了人类文明的进步。我相信，只要你们也具有孜孜不倦的态度、严谨的探究精神，勇于探索，开拓创新，你们在不久的将来也一定会发明更加先进的计时工具，将时间计算得更加精准！
板书：……</td><td>生交流感受：
科技发展非常快，计时越来越准确；
人们的智慧很了不起；
……
学生根据板书回顾交流所获知识。</td><td>引导学生要珍惜时间，体会人类文明的进步和发展，鼓励学生要发扬勇于探索，不断创新精神，去发明更多、更先进的计时工具！
让学生亲身经历和感悟工具的变迁，人类的智慧的伟大，不断探究、锲而不舍、精益求精的精神，体现数学文化课程的真正的魅力和价值，为学生的终身发展创造效益。</td></tr>
<tr><td>板书设计</td><td colspan="3">从测影计时到铜壶滴漏
刻度　一一对应
立竿测影　大致时间
圭表　春夏秋冬
日晷　十二时辰　24时
铜壶滴漏　100刻度　约15分
钟表　时分秒　毫秒
精准</td></tr>
<tr><td>案例评析</td><td colspan="3">一、运用微课教学，提高学生学习兴趣
一是唤醒学生的生活经验，找准认知起点。让学生知道树林、房屋的影子在不同时间长短变化有规律，让学生体会到数学与生活的实际联系。二是通过测量竿影长度变化来计时的方法，后来演化成"圭表法"，增强了学生的民族自豪感。三是借助直观手段，帮助学生理解计时工作原理。以学生的生活经验和对古代计时工具的好奇引出教学，自然而富有激趣，利用微视频帮助学生初步了解其简单的工作原理，直观而易懂。
二、实践探究，发展学生数学思维
一是注意通过对比、辨析加深对日晷的认识。虽然大多数学生没有见过日晷，更不知道其计时原理，但日晷与现代钟表非常相似，便于观察、猜测和分析，探索日晷的计时原理，体会计时工具的逐步改良和进步、社会文明的进步。二是日晷计时模拟实验，引导学生亲身实验和经历，用数学眼光观察、发现问题。感受到古代计时工具的合理性和基本原理，体会到每个时辰和现代计时法中一日24时一一对应，让学生充分感受一一对应的数学思想重要性和价值。
三、采用启发式教学，让学生经历计时原理的过程
让学生认识各种计时工具的优缺点，从而体会到铜壶滴漏计时工具产生的必要性。儿童的智慧往往产生在指尖上，"纸上得来终觉浅，绝知此事要躬行"，学生通过有效的操作进行探究，方能更好地理解计时工具的演变及其科学性。从而为全课的学习高潮和情感升华奠定基础。</td></tr>
</table>

第四章

小学数学学科全息育人教学实施

教学实施是实现教育目标的中心阶段，也是促进学生全面发展，培养学生核心素养的关键。小学数学学科教学中科学合理的教学实施为夯实学生的基础知识、提高学生的基本技能、发展学生的基本思想、丰富学生的基本活动经验起到了举足轻重的作用。

小学数学学科全息育人的教学实施致力于贯彻国家教育方针，落实课程标准要求，促进学生核心素养发展的实践探索。本章将围绕全息育人的教学实施理念、教学实施原则、教学实施策略、教学实施案例四个部分，逐步从理论过渡到实践，在为读者给予思想意识引导的同时，也为读者提供了具有可操作性的小学数学实践课例片段，以充分体现全息育人的内涵要义与实施要点。

第一节 小学数学学科全息育人教学实施理念

一、落实全息育人理念

习近平总书记站在实现中华民族伟大复兴以及人类社会和平发展的战略高度，对教育提出了“立德树人”的根本要求，回答了教育应该培养什么人和如何培养人的问题。这既是对马克思主义关于人的全面发展学说的丰富和发展，又将人的发展和社会的进步统一起来，将个人的人生美满和国家的发展强大乃至人类的命运统一起来。《义务教育数学课程标准(2011年版)》提出：“数学课程应致力于实现义务教育阶段的培养目标，要面向全体学生，适应学生个性发展的需要，使得：人人都能获得良好的数学教育，不同的人在数学上得到不同的发展。”[①]《国家中长期教育改革和发展规划纲要(2010-2020年)》提出：“把育人为本作为教育工作的根本要求。”要“关心每个学生，促进每个学生主动地、生动活泼地发展，尊重教育规律和学生身心发展规律，为每个学生提供适合的教育。”

小学数学学科全息育人的理念就是在上述理念基础上提出的，就是在以此为前提的情况下逐渐开展起来的。目的就是促进学生全面发展，使数学教育最终实现“育人”的目的。就是以“立德树人”为根本出发点，在教学的各环节中渗透德、智、体、美、劳教育，实现由知识技能教学转向核心素养教学，学科知识教学转向学科育人教学，智育第一转向“五育并举”的重大转变，从而达到“全息育人、五育并举”的理想高度，最终实现人人都能获得良好的数学教育，不同的人在数学上得到不同的发展。

如何落实全息育人的理念呢？笔者认为：最主要在教师。全息育人的根本目的在于促进学生真正的学习发生，促进学生的全面发展。而这成败的关键在于课堂教学的转型，而课堂教学转型的关键在于教师。教师只有更新教育教学观念，把全息育人理念深根厚植于心中才能真正地改善自己的教学行为，才能实现学科课堂教学转型。学科全息育人注重在教学的实施过程中建构知识体系、丰富的学习资源、多样化的学习方式，以及课堂教学的灵活生成，达到知识的习得与个人全面发展的协调统一。教师要有全息育人的教育教学理念，提升自身专业能力，始终坚持以育人为出发点，进行教学设计和实施，提升促进学生全面发展的意识，才能在课堂教学实践中真正地实现学科全息育人的价值追求。

① 中华人民共和国教育部.义务教育数学课程标准解读(2011年版)[M].北京师范大学出版社，2012:5.

二、聚焦学科核心素养

核心素养是学校教育的聚焦点和着力点。核心素养是其他素养发展的基础，是个人终身发展和可持续发展的基础。

什么是核心素养?《教育部关于全面深化课程改革落实立德树人根本任务的意见》中提到了核心素养，是指学生应具备的、能够适应终身发展和社会发展需要的必备品格和关键能力。那么数学学科核心素养就是：学生在学习数学这门学科之后必须形成和具有的适应个人终身发展和社会发展需要的具有数学特征的必备品格和关键能力。

义务教育阶段数学教育的一个重要价值在于学生数学素养的养成。全息育人的课堂教学不仅要让学生知道一些数学概念，掌握一些数学方法，还应当让学生感悟一些数学的基本思想，积累一些数学思维活动和实践活动的经验。《义务教育数学课程标准(2011年版)》中提出数感、符号意识、空间观念、几何直观、数据分析观念、运算能力、推理能力和模型思想、应用意识和创新意识10个核心概念[①]。这些核心概念涉及学生在数学学习中应该建立和培养的关于数学的感悟、观念、意识、思想、能力等，因此，可以认为，它们是学生在义务教育阶段数学课程中最应培养的数学素养。对于数学核心素养，史宁中教授将其概括为："会用数学的眼光观察现实世界，会用数学的思维思考现实世界，会用数学的语言表达现实世界。而数学的眼光就是抽象，数学的思维就是推理，数学的语言就是模型。"抽象、推理、模型是数学的基本思想，是指向数学学科的关键能力；数学学科的简洁、严谨则是指向人的必备品质。两者的有机结合构成了数学学科的核心素养。具体而言：(1)用数学的眼光观察世界，发展数学抽象、直观想象素养；(2)用数学的思维分析世界，发展逻辑推理、数学运算素养；(3)用数学的语言表达世界，发展数学建模、数据分析素养。需要指出的是，数学核心素养虽然被划分为三个方面、六个关键词，但是实则是一个整体。用数学的眼光观察世界，即人从外界输入信息；用数学的思维分析世界，即人自身处理信息；用数学的语言表达世界，即人向外界输出信息[②]。数学核心素养是可测试和培养的，它应该是在相关数学内容的学习与探究过程中养成的。因此，核心素养的培育离不开数学内容这块土壤。小学数学学科全息育人，就是以数学课堂为主阵地，通过数学学科教学从学科认知、德性育人、审美育人、健康育人、实践育人几个维度实现育人的目的，这就决定了全息育人的实施必须以学科核心素养为理念。

① 中华人民共和国教育部.义务教育数学课程标准解读(2011年版)[M].北京:北京师范大学出版社,2012:78.

② 史宁中.学科核心素养的培养与教学——以数学学科核心素养的培养为例[J].中小学管理.2017:35-37.

三、注重数学学科本质

学科核心素养是各门学科对核心素养的独特贡献，准确把握学科本质和学科特性是构建学科核心素养的前提。

什么是学科本质？“学科本质即一门学科的根本属性，主要从以下几个方面体现出来。一是学科的研究对象和基本问题；二是核心的学科概念与范畴；三是基本的学科方法与思想，其核心是学科思维方式；四是核心的学科价值与精神。据此，我们可以将体现学科本质的教学内容识别为一个包含价值与精神（内层）、方法与思想（中层）、问题与概念（外层）的三重结构”。

那么，数学学科的本质到底是什么？正如北京教育学院刘加霞教授所指出的：“数学学科本质既包括对数学基本概念的理解，包括对数学思想方法的把握，也包括对数学特有思维方式的感悟、对数学美的鉴赏，更有对数学精神的不断追求”①。有了对数学学科本质的深刻理解，才有课堂上教师对学生学习过程的关注，才能实现课堂上的真正“高效”。全息育人的课堂教学充分体现了数学学科的本质，以达到育人的目的。

（一）对数学基本概念的理解

所谓“对数学基本概念的理解”，包括了解学习这一概念的用途，这一概念的现实原型是怎样的，这一概念以什么样的数学符号表示，怎样以这一概念为中心，建立起一个同类概念的网络图。小学阶段所涉及的数学概念都是非常基本、非常重要的，而“越是简单的往往越是本质的”。小学数学的基本概念主要有：十进制 、用字母表示数、四则运算、位置、变换、平面图形、统计等。

（二）对数学思想方法的把握

小学阶段的重要思想方法有：分类思想、转化思想 、数形结合思想、一一对应思想、函数思想、方程思想、集合思想、符号化思想、类比法、不完全归纳法等。例如在“面积与面积单位”的教学中，当学生无法直接比较两个图形面积大小时，适时引进“小方块”，把“小方块”一个一个地铺到被比较的两个图形上，这样两个图形的面积都得到了“量化”，形的问题转化为数的问题；接着，又通过“小方块”大小必须统一的教学过程，使学生深刻认识到：任何量化都必须有一个标准，而且标准要统一。

① 刘加霞.把握数学本质是一切教学法的根[J].小学教学(教学版).2007:48-49.

（三）对数学特有思维方式的感悟

每一学科都有其独特的思维方式和认识世界的角度，数学也不例外，尤其数学又享有“锻炼思维的体操、启迪智慧的钥匙”的美誉。小学阶段的主要思维方式有：比较、类比、抽象、概括、猜想、验证，其中“概括”是数学思维方式的核心。例如，从最简单的情况想起就是最有效的思考方法。在解决复杂问题时，要注意引导学生想想它的简单情形，从而把较复杂的问题转化为简单的问题，这样就可以把解决简单的问题作为跳板，从中寻找方法或受到启发从而解决复杂问题。例如教学分数除法，我们是把分数除法转化为分数乘法来计算，这样就把新知转化为学生已经掌握的知识，降低了学习的难度。

（四）对数学美的鉴赏

能够领悟和欣赏数学美，是一个人数学素养的基本成分，也是进行数学研究和数学学习的重要动力和方法。能够把握数学美的本质也有助于培养学生对待数学以及数学学习的态度，进而影响数学学习的进程和学习成绩。我们的数学教学应该通过数学活动让学生感受数学抽象、严密和简洁的本质特点，感受数学知识的生长性，感受数学思想的魅力，感受数学知识、数学思想、数学文化、数学精神的力量。数学教学中的轴对称、设计图案、圆的认识等内容，都能让学生感受到数学的美。

四、提升数学运用能力

《义务教育数学课程标准（2011年版）》指出：要使学生“初步学会从数学的角度发现问题和提出问题，综合运用数学知识解决简单的实际问题，增强应用意识，提高实践能力”。增强应用意识作为数学课程的重要目标应该引起一线教师的重视，并应通过有效的措施在课堂教学中予以落实[①]。什么是数学的应用意识，上海市特级教师曹培英认为：所谓数学应用意识，简单地说就是应用数学知识、思想方法的自觉心理倾向性。它基于对数学应用广泛性特点和应用价值的认识，表现为主动从数学角度解释现实现象、解决现实问题的尝试愿望，以及试图沟通数学知识与现实联系的主动思考。[②]西北师范大学教育学院罗小旭认为：数学应用意识就是，现实生活中蕴含着大量的数学信息，数学在现实世界中有广泛的应用。面对实际问题时，能主动尝试着运用所学数学知识和方法寻求解决问题的策略；面对新的数学知识时，能主动寻找现实背景，并

① 中华人民共和国教育部.义务教育数学课程标准解读（2011年版）[M].北京：北京师范大学出版社，2012.

② 曹培英.跨越断层，走出误区[M].上海：上海教育出版社.2017.

探索其应用价值。①《义务教育数学课程标准(2011年版)》对数学应用意识作的表述是这样的:一方面,有意识利用数学的概念、原理和方法解释现实世界中的现象,解决现实世界中的问题;另一方面,认识到现实生活中蕴藏着大量与数量和图形有关的问题,这些问题可以抽象出数学问题,用数学的方法予以解决②。全息育人的课堂教学在整个过程中都非常注重培养学生的应用意识,很明显的地方就是以“综合与实践”作为实现这些目标的重要和有效的载体。

“综合与实践”是教师通过问题引领、学生全程参与、实践过程相对完整的学习活动,它大体包括问题引领、探求解法、实践操作、交流评价这样四个教学环节,其根本目标是在这个过程中引发学生的思考,积累学生基本的数学活动经验。综合与实践活动提倡以学生的现实生活和学习实践为基础,以活动为主要形式,强调智慧形成于学生应用知识解决实际问题的各种教育教学实践活动中。它要求学生积极参与到活动中去,在“做”“观察”“实验”“探究”等一系列活动中发现和解决问题,体验和感受生活。它以做数学、用数学、做中学的活动引导学生开展丰富多样的实践性学习和探究,帮助学生学会发现、学会探究、学会实践。经历自主地探究发现、大胆质疑、调查研究、实验论证、合作交流、选择工具、汇报交流等过程,从而提升数学运用能力。

第二节　小学数学学科全息育人教学实施原则

一、目标性原则

目标是对活动预期结果的主观设想,是在头脑中形成的一种主观意识形态,也是活动的预期目的,为活动指明方向,具有维系组织各个方面关系,构成系统组织方向核心的作用。教学是实现教育目的,提高学生素质的最基本的途径。小学数学学科全息育人的根本目标就是深度挖掘教材素材、教材内容及课堂内外一切可利用的教学资源,挖掘出与之相关的学科认知、德性育人、审美育人、健康育人、劳动育人点,通过数学课堂教学五育并举,实现全息育人,培养和发展学生数学核心素养,落实立德树人的根本目标。

① 罗小旭.高中新课程标准中发展学生的数学应用意识解读[J].中学数学教学,2010.4.

② 中华人民共和国教育部.义务教育数学课程标准解读(2011年版)[M].北京:北京师范大学出版社,2012.

二、整合性原则

所谓整合性原则就是将各教育要素和成分进行有机的联系，既发挥各自的影响和作用，又相互协调产生整合功能，形成合理的因素组合体系，对受教育者产生全方位的整体作用。

谈到整合性原则，首先要说一说与之密切相关的“课程资源”。《义务教育数学课程标准(2011年版)》中指出：课程资源是指应用于数学课堂教与学活动中的各种资源。主要类型有：文本资源、信息技术资源、社会教育资源、环境与工具、生成性资源，包括了整个课堂教学过程中的所有资源。①有效使用课程资源是提高数学教学质量的基本条件。对课程与教学资源进行科学整合，是提高小学数学学科全息育人教学有效性的必要前提。

三、生成性原则

关于“生成”一词，《现代汉语词典(第7版)》的解释是：(自然现象)形成；经过化学反应而形成；产生。“生成”是针对传统教育过程的封闭性，知识的静态特征等弊端提出来的，它强调教学是开放的、不确定的、生成性的，强调教学的过程性，突出知识的个性化建构。全息育人的课堂教学是生成的、创生的，是师生共同成长的互动过程。《义务教育数学课程标准(2011年版)》提出：“学生学习应当是一个生动活泼的、主动的和富有个性的过程。认真听讲、积极思考、动手实践、自主探索、合作交流等，都是学习数学的重要方式。学生应当有足够的时间和空间经历观察、实验、猜测、计算、推理、验证等活动过程。”②

全息育人的课堂教学具有显著的生成性特点，它并没有将自身封闭在课堂教学这个时间段中，而是指向了课堂之外更大的学习空间。为此，教师要有意识地留有疑问，用留疑的方式点燃学生课外求知的火焰，将学生探究的欲望延伸到更广阔的天地。

四、发展性原则

所谓发展性原则，是指教师的课堂教学应以促进学生素质的提高为出发点和落脚点，教师应充分发挥课堂教学教育的发展功能，使学生通过课堂学习在德、智、体、美、劳各个方面得到最大限度的发展。素质教育所说的“发展”就是指学生的素质由低到

---

① 中华人民共和国教育部.义务教育数学课程标准解读(2011年版)[M].北京:北京师范大学出版社,2012.

② 中华人民共和国教育部.义务教育数学课程标准解读(2011年版)[M].北京:北京师范大学出版社,2012.

高的变化过程,即通过学生的主体性的发展,使其在基本素质得到全面发展的基础上,达到个性化和社会化尽可能充分和自由的发展①。

学生在课堂中的发展是全方位的,包括知识技能、道德、身心、审美、劳动等各方面;学生在课堂学习的过程中始终处于动态的发展之中。小学数学学科全息育人教学实施必须遵循发展性原则,通过数学课堂教学,将学生的发展与社会的发展统一起来。

第三节 小学数学学科全息育人教学实施策略

一、目标问题化

目标问题化策略是将教学目标与问题建立对应关系,把目标分解成若干个相互联系的问题,通过问题驱动学生主动思考。目标的问题化,有利于教师厘清教学思路,突出教学重难点,让学生有一个明确的思考方向。

1.根据教学目标所使用的行为动词,设置相应层次的问题

例如:“了解”目标的内容,可变为学生调查、自学、交流的问题。“探索”“理解”和“掌握”目标的内容,可设置为学生探索、小组互学的问题,“运用”目标的内容,可设置为与学生生活联系紧密的问题解决和劳动实践问题。

例如“小数的性质”的教学目标有3个,目标1是进一步认识小数的意义,理解并掌握小数的性质,培养数感;目标2是经历探索小数性质的过程,认识数学问题论证的一般方法,感受由具象到抽象的思维过程,培养数学逻辑推理素养;目标3是在动手实践合作交流的过程中,感受集思广益、共同进步的获得感和成就感。目标1可设置一个探究、合作、开放的问题:刚才证明了0.3与0.30相等,那你还想证明哪些小数相等?大家可以在白纸上写出自己的方法,也可以使用学习袋(里面有方格纸、数轴图、数位顺序表、空白纸)里一种或多种工具帮助你证明。目标2可设置探索方法的问题:比较刚才的多种证明方法,有哪些优点和不足?目标3可设置回顾反思学习过程的问题:回想一下刚才是怎么探究出小数的性质呢?你有什么感受?本节课你有哪些收获?还有什么问题?通过问题聚焦教学重难点,有利于目标的达成。

① 刘国华.课堂教学中实施素质教育的原则[J].中等医学教育.2001.

2. 根据教学内容的内在关系，分解成递进关系或并列关系的问题

例如：在“平行四边形面积”的教学中，当把平行四边形转化成长方形后，引导学生观察思考两个递进关系的问题：一是在转化过程中平行四边形的底和高变成了什么？二是怎样用长方形的面积公式推导出平行四边形的面积计算公式？通过递进关系的问题，引导学生思维层层深入，构建起平行四边形的公式模型。

再如：在“小数的性质”的教学中，反思证明方法时，可设置并列关系的系列问题：在刚才的多种证明方法中，用元角分和长度单位这两种方法有什么共同点？这一类方法有什么不足？方格纸和数轴呢，它的优点又是什么？不足呢？有没有比它们更好的方法呢？通过对比引出数位顺序表。借助对并列关系的多个问题的分析，学生全面了解各种证明方法的优缺点，从而对数位顺序表的理解和价值感受更深入。

3. 根据教学重难点，设计针对性问题

对重点内容设计探究空间大、思维含量足、有统领性的“核心问题”，对难点内容设计开放性的“辨析问题”或层次性的“梯度问题”。

例如：“年月日”重点要认识大月、小月和二月的特点，可设计开放性的核心问题“每个月有多少天”，各层次的学生借助年历卡，去发现每月天数的规律，去探索每个月天数的共性和二月的特殊性。为了更好地突破闰年认识的难点，可设计探索性问题：借助万年历，查阅二月的天数有什么规律？在学生发现“四年一闰”规律的基础上，设计辨析问题追问：每四年都有一个闰年吗？引导学生扩大观察范围，发现“百年不闰，四百年又闰”的规律，完善学生的认知结构，提升学生的辩证思维。

二、任务情境化

任务情境化策略是指教师创设有效的数学问题情境，使学生产生积极的情感，并投入数学思考中，借助情境加深对数学的理解，感受数学的价值，完成主要的学习任务。首先，情境化设计要遵循趣味性、数学性、思考性相结合的原则，也就是创设的情境有趣味，能激发学生以乐学的情感参与到学习中。其次，创设的情境要有数学味，紧紧围绕数学学习任务的重难点。最后，所设计的数学问题要有一定的思维空间与思维深度，能激发学生“跳一跳，可以达到最近发展区”的数学思考。

根据学习任务的不同，可以创设五种类型情境：生活展现、故事描述、实物演示、游戏体验、文史再现。

当学习任务与学生已有生活经验联系紧密，可借助学生熟悉的现实素材创设生活展现数学问题情境产生认知冲突，激发学生的好奇心、求知欲。例如：“24时记时法”的

引入:同学们,今年暑假发生了一件遗憾的事。小亮报名参加了一个夏令营,通知7时坐飞机去海南。当天,小亮在晚上7时前赶到机场,却发现老师和同学们所坐的飞机早就飞走了。小亮望着南来北往的飞机,心里很不是滋味,“明明说的是7时,怎么就飞走了呢?”谁能告诉小亮,到底是怎么回事?学生的学习热情高涨,利用生活经验,解释清楚了早上7时与晚上7时的不同,也激发了学生对普通记时法与24时记时法的探究欲望。

把学习任务融于故事描述的情境,既能激发学生乐学的情感,也能借助故事情节加深对数学的理解。例如“长方形面积的复习”开课,通过分享小虎的一篇数学日记引入:放学回到家,我们一家三口围在1平方分米的方桌吃饭。吃着吃着,一不小心,咬到了一粒石子,我那面积约1平方米的大门牙被磕掉了,鲜血直流。我急忙掏出约4平方厘米的手帕,捂住嘴往医院跑去!学生们在笑声中,带着积极的情感进入复习,联系熟悉的现实素材去辨析数量的合理性,加深了面积单位的理解。

当学习任务中的思维过程复杂,数学知识抽象时,可在实物演示的情境中感受化繁为简、化抽象为直观的思想方法,有助于学生对数学的深度理解。例如:在认识钟表时,师生都要准备实物——钟面模型,一起观察钟面有些什么?大格与小格,时针与分针各有什么特点?动手拨拨指针,感受1秒、1分的长短,体验时间单位不同及其关系。学生在实物操作、直观演示的情境中探索数学,在劳动实践中促进身心发展。

游戏体验情境是学生最受欢迎的学习情境,不但能满足小学生好奇、好动、好玩、好胜的天性,还能让学生保持极高的学习热情参与到数学学习中来,快乐地完成学习任务。例如“读写万以上的数”的练习环节,可组织一个“变变变”的组数游戏,用六张卡片,上面分别有数字0,0,0,2,5,6,请学生各持一张卡片,按要求组成六位数:(1)读出两个零;(2)只读一个零;(3)不读出零。学生在游戏中、变化中巩固多位数的读法,在笑声中、快乐中互助学习。

《义务教育数学课程标准(2022年版)》指出“数学承载着思想和文化,是人类文化的重要组成部分”。数学文化作为数学课程的组成部分,应渗透在教材编写、课程实施中。教学可以适时地介绍有关背景知识,包括数学在自然与社会中的应用、数学发展史的有关材料,帮助学生了解数学在人类文明发展中的作用,激发学习数学的兴趣,感受数学家治学的严谨,欣赏数学的优美。如在教学“圆的面积”时,可介绍刘徽的割圆术;学习“找次品”策略时,可介绍华罗庚的三分法。学生在文史再现的情境中,不仅了解数学,热爱数学、还能感受到数学家探索求真的理性精神。

三、内容活动化

内容活动化策略是指根据教学内容的特点创建教学活动，在活动过程中激发学生积极参与，既有外显的感官活动参与，更有内隐的思维活动参与，以活动促发展，达到积累数学活动经验，提升数学素养的目的。活动形式主要有独立思考、主动探索、合作交流。内容活动化要求教师实施过程中正确处理好三个方面的问题①。

1.要把握好教学内容的难易程度

内容活动化，不是为了活动而活动，不能注重了表面形式，而忽略了数学本质。活动是基于教学内容开展的，活动的内容太难，学生探究不了；活动的内容太容易，学生没有活动的欲望。朱乐平曾就开放性数学题的解题策略有过研究，他出示了如下图的一个四边形，让学生找出图中的所有线段。对于这道题，四、五、六年级学生做题的正确比例几乎相同；而对于题目是否有趣的问题，四年级学生认为比较有趣，五、六年级的学生认为题目没意思，觉得题目太容易了，没能激起他们学习的欲望。因此，对于你的学生，怎样的内容需要活动化，怎样的内容能活动化，教师必须做到心中有数。

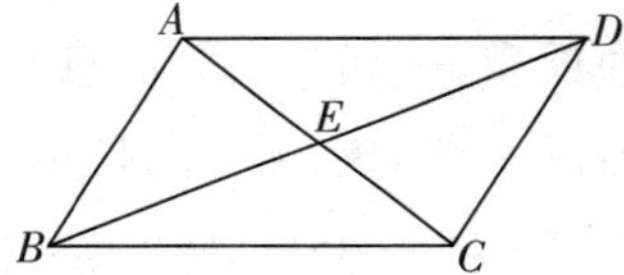

2.要组织好学生的有效参与

内容活动化是基于学生为本的思想，活动过程要让全体成员、全过程、全方面都积极参与到学习中，既要考虑到学生的参与面，更要考虑学生的参与度，即参与热度、参与深度、参与效度。目的是让每个有着不同学习背景、不同个性、不同知识经验和不同智能类型的学生，都能有效地学习，在参与中获取数学活动经验，建构数学知识，形成数学能力，掌握数学思想方法，丰富情感，最终形成新的价值观。

案例片段回顾

二年级“观察物体”，老师设计了一系列的观察活动。

一是单角度观察茶壶。

师：孩子们，桌上有一个茶壶，待会儿我们要观察它，请先听老师的要求。结合茶壶各部分的名称，说说你看到的形状是什么样的？和黑板上哪张图片一样？回答问题前先说说你的座位号。（分别请1、2、3、4号学生回答）

师：刚才我们分别请1、2、3、4号的同学说了自己看到的茶壶形状，你有什么发现？

① 龙宇宙.数学教学活动化需要注意的三个问题[J].广西教育，2011(05)：42+44.

小组讨论一下！

师小结：同一物体，观察角度相同，看到的形状相同，观察角度不同，看到的形状不同。

二是多角度观察茶壶。

师：孩子们，你们想亲自感受从不同角度观察物体吗？有两种转动方式，每小组选择一种，从不同角度观察茶壶。方式一，由组长转动茶壶，其他同学不动。方式二，茶壶不动，让自己动起来！听到口令“转”就开始转动，听到口令“观察”，就边观察边说说你看到的茶壶形状。

师：通过刚才的观察活动，你有什么发现？

小结：要想从不同角度观察物体，既可以让物体动起来，又可以让自己动起来。当物体方便移动时，比如茶壶，我们就转动茶壶；当物体不能移动时，就像重庆的标志性建筑“来福士”，我们可以让自己动起来。

三是全方位观察茶壶。

师：请仔细观察，指出这些茶壶图分别是哪位小朋友看到的，并说说理由！

师：（点击课件去掉茶壶上的花纹）如果茶壶上没有图案，又该怎么认呢？

生：从赵亮的角度看，壶把在左，壶嘴在右。

师总结：孩子们，如果我们要想看清物体完整的、全面的模样，应该怎么办呢？

生：从多个角度观察。

师小结：没错，通过多角度、全方位的观察，我们才能更全面地了解事物真正的模样！

四是抓特征观察女孩画像。

师：小女孩的两个侧面有什么不同的地方？

生：一面戴了花，另一面没有戴花。

小结：能抓住一些明显的特征来看，这是一个很好的方法。

学生充分参与观察、操作、探索及交流等活动，对其空间观念的形成有着重要意义。积累数学活动经验的同时也感受到对于同一物体，观察角度相同，看到的形状相同，观察角度不同，看到的形状不同，以及总结出观察物体的“三大法宝”：多角度、全方位、抓特征，并且要想多角度地观察物体，除了转动物体，还可以让自己动起来，结合不同的情况灵活选择。正是通过这种有目的、有价值的积极参与，深度体验，有效思考，让每个学生感悟到科学地认识物体的思想方法。

3.要充分发挥好小组合作学习的价值

内容活动化的实施，少不了学生的合作探究。学生在合作探究中，经历了讨论、辨析、纠正、整合等一系列的思维碰撞。小组合作学习除了让学生掌握知识技能、培养合作的意识和能力外，还能培养学生探究的能力、健康的心理、良好的情感态度和价值观，同时要帮助小组成员建立一种平等、民主、互助的关系，使之对小组的学习任务建立一种责任感，保证小组合作学习不放任自流或流于形式。教师还要指导学生分析和总结得失，让学生在思维的碰撞中理解和反思，找准症结，修正、补充完善自己的结论，以体现小组合作学习的价值。

案例片段回顾

五年级的“涂色的正方体”。

第一次小组合作：复原涂色正方体教具。

老师拿出三阶(3×3×3)涂色正方体教具，假作无意将大正方体摔碎，学生惊呼，帮忙将小正方体拾起。

师：感谢乐于助人的同学们，现在这个正方体已经支离破碎了，你们能将它复原吗？

师：你们觉得需要多少时间？

生：1分，2分……

师：那咱们计时2分，现在开始！

……

师：同学们，咱们没有在规定时间内复原正方体的原因是什么？

生1：没有分类，不知道有哪种小正方体。

生2：不知道不同的小正方体在大正方体的什么位置。

生3：……

师：解决这个问题该怎么办呢？从而引出探究问题。

第二次小组合作：再次复原涂色正方体教具。

学生通过探索认识到小正方体的位置和数量关系：三面涂色的小正方体有8个，在大正方体的顶点处，两面涂色的有12个，在大正方体的棱中间，一面涂色的有6个，在大正方体的面中间，没有涂色的有1个，在正方体的中心。

学生继续深度研究：为什么小正方体的种类，数量和位置能一一对应呢？

学生借助学具演示，说明了三面涂色的小正方体刚好在大正方体的顶点位置，正方体的顶点是三个面的交点，处在这个位置的小正方体有三个面暴露在外面，因此有三面被涂色，大正方体有8个顶点，所以三面涂色的小正方体有8个。同理，两面涂色的小正方体在大正方体的棱中间，大正方体12条棱，所以两面涂色的小正方体有12个。一面涂色的小正方体在大正方体的面中间，大正方体6个面，所以一面涂色的小正方体有6个，0面涂色的小正方体刚刚我们看到了，只有1个。

师：同学们，你们真厉害，不仅找出了大正方体的数量、位置、种类，而且搞清楚了它们之间的关系，现在你们能在2分之内还原正方体吗？

第二次小组合作，学生自动分工，先分成四类，每人负责一类涂色的小正方体，一层一层复原，互依互存，合作共进，促使在2分后大部分小组成功复原，这样的小组学习才是真正有效的合作学习。加上教师让学生畅所欲言地分享成功感受，极大地激发了学生的数学学习兴趣，同时，因势利导，突出了运用数学的思想方法，化繁为简，真正让学生体验了数学的工具性，感受了蕴藏在数学文化知识成分后的观念成分。

四、评价立体化

《义务教育数学课程标准（2022年版）》指出：评价的主要目的是全面了解学生数学学习的过程和结果，激励学生学习和改进教师教学。应建立目标多元、方法多样的评价体系。评价既要关注学生的学习结果，也要重视学习的过程；既要关注学生数学学习的水平，也要重视学生在数学活动中所表现出来的情感与态度，帮助学生认识自我、建立信心①。

评价立体化策略是对学生的数学学习采用主体多元、内容全面、方法多样的评价，达到以评促学的效果。

1.评价主体多元，多主体良性互动

在数学课堂评价当中，评价主体通常仅仅为教师一人，由教师通过考试成绩对学生的学年成绩进行总评，这也是目前数学课堂评价的主要方法。这种方法一定程度上维护了评价的客观性，但是也在很大程度上遏制了评价主体的功能。须知评价涉及的是双重主体，即评价人和被评价人。评价人在不同时空条件下其内涵也不同。所以单纯地依靠授课教师的评价会导致评价维度的单一化。数学不仅仅需要对书本知识进行很好的消化，教师更需要对学生学习数学的兴趣，自我发展能力等进行鉴别，尤其是数学的学习素养，考虑问题的思维模式等。如果将学生自己纳入评价的过程当中，丰富评价主体群体，就会使评价人和被评价人双方形成良性互动，评价的效果将会更加深入人心②。

---

① 苏明强.关于《义务教育数学课程标准（2011年版）》修订的若干建议[J].小学教学（数学版），2020（10）：8-10.

② 王彬.浅析小学数学课程评价的多元化处理[J].现代阅读（教育版），2013（03）：235.

自我评价是尊重学生人格的一种表现，也是加强学生自我肯定、自我提高的有效做法，更是培养学生主动学习、自我监督、自我调节、相互合作、共同提高的有效途径。因此，在教学时，教师要鼓励学生展开自我评价。例如，在进行课堂总结时，笔者时常会提出这些问题："你这节课有什么收获?""你的表现怎么样?""哪些方面表现很棒，哪些方面还需努力?""对这节课的内容还有哪些疑惑?"等，让学生在自评中反思教学内容、过程和结果，对知识进行总结性记忆，同时认识到自己的成功与不足，从而不断完善自我①。

自我评价还有一种新的形式——数学日记。所谓"数学日记"是让学生以日记的形式记录学生对每节数学课内容的理解、评价，包括自己在学习活动中的真实心态和情感历程。实践证明："数学日记"不仅可以作为教师了解学生心理、思维、情感等个性化差异的工具，而且还能提高学生的数学表达能力、增强数学知识的理解、培养学生学习数学的自信心，更是学生进行自我分析、自我评价的好平台。

在学生自评的基础上，鼓励学生相互评价。教学中可以开展同桌互评、小组互评及全班互评，形成相互欣赏、交流学习、共同进步的学习氛围。例如，每节课进行巩固练习时，教师可请几个学生上黑板做练习，做完之后，又让下面的学生以"小老师"的角色对黑板上学生的做题情况进行评价。学生在评价的过程中，会及时发现别人与自己的方法的异同，从而对别人的思路有了一定的了解和掌握。长此以往，学生不仅知己，而且知彼；不仅知对，而且知错。更重要的是，学生能从对方的评价中得到启发，从而加深对所学知识的理解，汲取智慧。

例如：在疫情期间的线上教学过程中，为了提高学生学习的积极性，增强线上课堂的教学效果，可以采用"学生自评+家长督评+教师促评"多元的评价方式。即每天的数学学习结束之后，对于学生的表现，学生进行从听、说、做三个方面进行自评，家长从学生的学习自觉性、学习效率、学习效果三个方面进行督评。学生和家长的评价都以等级的方式反馈给教师（A为优秀，B为良好，C为合格，D为不合格）。最后，教师根据学生自评和家长督评的结果，并结合学生完成并提交的作业对孩子进行鼓励性评价。教师的促评很关键，以鼓励为主，可进行略微夸张的表扬，再根据孩子的表现提出合理的建议，让学生乐于接受，并产生强烈的成就感，增强学习的积极性。教师的评价以"等级+评语"的方式传递效果最好。评语中加入学生的名字，带上老师的姓，让学生有"见字如面"的亲切感。多元主体的评价，形成良性的互动，促进了学生知识、能力、情感的全面发展。

① 包志明.小学数学课堂教学评价多元化探析[J].甘肃教育，2016(04):81.

2.评价内容全面,过程与结果并重

全息育人的数学课堂评价不仅要评价学生的学习结果,还要重点评价学生的主动学习过程。评价内容既要关注显性的数学双基的达成,也要关注隐性的过程表现及能力、情感态度等。

对学生课堂表现的评价。在数学课上,学生除了学习数学知识,发展智能,还带着自身的情感、动机、需要等投入课堂;除了与教师交往外,还与同伴之间进行相互交往;除了认知、情意方面的发展,还包含群体合作能力、行为习惯及交往意识与能力等多方面的发展。诚然,这一系列目标不是一节课所能完成的,但却必须通过每节课来实现,渗透在课堂教学的全过程中。在每一节数学课上,每个学生都是把整个生命投入课堂的,我们所进行的都应是“完整的人的教育”。①

评价学习的过程,还要关注学生的参与度,合作交流的意识与情感、态度的发展。同时也要重视考查学生的数学思维过程,对参与度的评价,主要从学生能否主动参与数学学习活动等方面进行考查。既要重视学生的学业成绩,也要重视学生的其他潜能与特长的发展,尤其是探究与创新能力、合作能力、实践能力等方面的发展。

对学生学习过程中合作能力的评价。小组合作学习是当下比较常用的学习方法,而评价作为整个小组合作学习过程的有机组成部分,对小组合作学习有着重要的影响,对全面提高教育教学质量起着关键性的作用。有什么样的评价理念,就有什么样的学习过程。数学课中观察、分析、发现、探究贯穿课堂教学的始终,因此,开展好小组学习评价显得尤为重要。在小组合作学习的评价目标上,我们不仅仅关注效果的好坏,更关注每一个小组成员在学习过程中的表现,是否团结协作,是否主动积极,是否能发挥自身的优点,为小组做出一定的贡献等。

3.评价方法多样,定量与定性兼备

(1)笔试和口试、面试相结合

笔试是常用的考评方法,从笔试中可以看出学生对基础知识和基本技能的掌握情况,在一定程度上也可以看出学生数学思考和解决问题方面的素质。但笔试中,学生有些想法、有些创意无法书面表达,学生的动手实践能力得不到体现,教师也无法从试卷中看出学生的思考过程。因此,可以对学生进行口试、面试,说解题思路、说算理、说公式的推导等。例如:认识10以内数时,可要求学生拿出小棒,边分边说各数的组成,9可以分成1和8,1和8组成9等;学习了加法,可布置学生看图说图意和算式的活动,左边有2只大熊猫,右边有6只大熊猫,求一共有几只大熊猫,就是已知两个部分

① 司晓鸽.小学数学学习评价多元化的实践与研究[A].教育部基础教育课程改革研究中心.2017年课堂教学改革专题研讨会论文集[C].教育部基础教育课程改革研究中心:教育部基础教育课程改革研究中心,2017:3.

数，求总数，所以用加法计算，算式为2+6=8；学习了两位数乘一位数的竖式计算，可让学生说说乘法竖式计算的过程，24×3，先用3乘个位上的4得12个一，向十位上进1，个位上写2，再用3乘十位上的2得6个十，加上进位数1，十位上写7，最后积是72。也可以布置一些调查和实验的任务让学生去完成，这既有助于培养学生动手实践能力，增强学生对数学内容的整体把握，加强数学与外部世界的联系；又有助于我们观察学生提出假设、分析和综合数据以及推断能力。例如：认识人民币后，要求学生拿现金到超市参与购物，应用人民币的过程中，体会数学的价值；认识长度单位厘米、分米、米，要求学生在家里寻找长1厘米、1分米、1米的物体，摆在一起，对比着拍照，联系学生的生活经验，培养学生对长度单位的量感。

这样的学习任务还有助于学生发挥情感的主动性、思维的创造性，以及在任务中锻炼坚持不懈的意志、培养攻坚克难的精神，还可以让老师在学习过程中了解到学生各方面的情况，为评价学生的发展提供了依据，以弥补笔试的缺陷。

（2）及时性评价、日常性评价和阶段性评价相结合

学生的情感体验、参与意识、创新意识、思维品质、作业的正确率、学习的能力等，需要教师平时仔细观察记录，才能给学生较为公正的评价。而有些知识和技能需要学生较为系统地学完一部分内容后才能进行考评。因此，教师除了对学生进行各单元知识的考查（卷面测试）外，也可以进行非卷面的形成性测试（包括课堂提问、课堂作业、实践操作等）、观察性测试（如学习态度、课堂表现、作业情况、学习意识等）①。这就要做到及时性评价、日常性评价和阶段性评价相结合，平时分项考查，期末形成综合性评价。

（3）定量评价与定性评价相结合

定量评价目前在数学课堂评价中最为广泛采用。鉴于定量评价的方便快捷，以及相对公平科学，试卷分数的高低往往决定了当前的课堂教学的成败。这对教师及学生均产生了不公平的影响，也在很大程度上限制了教师及学生发挥评价应用最大化的效果。定量评价固然有其好处，但是在人才培养模式，社会需求程度，课程改革趋势等方面来看，数学课堂评价不应只注重卷面成绩，要关注学生数学学习的水平，更要关注他们在数学活动中所表现出来的情感与态度，帮助学生认识自我，建立信心。定性评价就给了一个很好的平台供师生去发挥自己的真才实干，通过语言性质的评价与量化评价相结合，可以在情感层面、态度层面、理性层面起到同步发展作用。

① 司晓鸽．小学数学学习评价多元化的实践与研究［A］．教育部基础教育课程改革研究中心．2017年课堂教学改革专题研讨会论文集［C］．教育部基础教育课程改革研究中心：教育部基础教育课程改革研究中心，2017：3.

第四节 小学数学学科全息育人教学实施的案例

一、课堂导入环节的育人案例

课堂导入是小学数学课必不可少的环节，是一节课的开始。良好的导入，能迅速激发学生的学习兴趣、求知欲望、参与激情，从而让学生以最佳的状态快速进入学习。除此之外，全息育人教学还应关注导入环节中育人功能的渗透。

（一）在导入环节中浸润文化，渗透爱国主义教育

爱国主义是指个人或集体对祖国的一种积极和支持的态度，是人们对自己家园以及民族和文化的归属感、认同感、尊严感与荣誉感的统一。小学数学学习内容中具有丰富的爱国主义教育素材，如悠久的中国历史、辉煌的数学史、反映我国现代化建设成就的数据、体现新旧变化对比的统计分析等素材都具有爱国主义教育价值。[①]在“倍数、因数”的教学中，教师使用了我国历史上有名的“韩信点兵”的故事导入新课，很好地提升了民族自豪感。

案例片段回顾

师：（出示韩信将军图片）这是我国西汉时期杰出的军事家韩信，大家听过“韩信点兵”的故事吗？传说韩信点兵从不直接清点自己军队的人数，他每次只看一眼队伍的布阵，就知道总人数了。厉害吧！其实，在韩信点兵中也蕴含着许多的数学知识，请看（出示主题图）。

生仔细观察图片。

师：上图的队列排成几排，每排几人，你能列出哪些算式？

生：$4\times9=36$　　$36\div4=9$

根据学生回答板书。

师：这两个算式里就隐藏着倍数、因数的知识。（板书课题）

1. 在历史中滋养，增强民族自豪感

培根有句名言：“读书使人充实，读史使人明智，读诗使人灵秀。”我国历史悠久，文

① 李光树，小学数学学习论[M]，北京：人民出版社，2014：25.

化灿烂，成就卓著。本案例在导入环节，通过主题图的教学，挖掘历史人物韩信潜在的文化内涵，让学生了解历史人物——韩信，把历史故事作为数学思考的素材和承载数学思想的载体，通过还原和再现历史的方式有机融入教学，感受古人的智慧，增强民族自豪感，激发爱国热情。同时感受在队形变换中蕴藏着的数学知识，唤起学生的认知，从而激发起学生学习数学的积极性和兴趣。

2. 在文化中熏陶，提升文化自信感

数学是人类文化的重要组成部分，它的内容、思想、方法是人类社会的宝贵财富，对社会乃至整个人类文明进步具有特殊的意义，对于人们思维方式、价值观念乃至世界观具有重要的影响[①]。祖冲之计算的圆周率、刘徽的《九章算术》、《周髀算经》、《孙子算经》、勾股定理、杨辉三角等古代数学成就，华罗庚、陈省身、陈景润、斐波那契、韦达、笛卡儿等数学大家的事迹，都能激发我们的爱国热情、民族自豪感和世界眼光。将这些史料与教学内容有机融合，用历史去滋养学生，用文化去熏陶学生，用思想去启迪学生，提升民族自信心和文化自信感，从而上升到对国家的认同，把爱国的种子从小播种到学生们的心底，渐渐生根发芽，让爱国成为一种习惯。同时开阔学生的视野，把学生从狭隘的爱国主义提升到关注整个人类文明。

（二）在导入环节中激发兴趣，提升乐学爱学情感

乐学爱学是一种积极的学习情感体验。苏霍姆林斯基曾说过："所有智力方面的工作都要依赖兴趣。"增强知识的生动性、趣味性，能激发学生兴趣，引发学生思考，提高教学效果。在"探索规律"的教学中，教师创设"魔法盒子"情境导入新课，激发学生学习兴趣，让学生在开课伊始就兴趣盎然，好奇心和求知欲得到充分调动，提升了对本节数学课的喜爱之情。

案例片段回顾

师：孩子们，今天老师给你们带来一个会变的盒子，猜猜它会变出什么？（课件出示魔法盒子）

生胡乱猜：变孙悟空、蛋糕、巧克力……

师再次出示课件，魔盒先变出一个喜羊羊，再变一个美羊羊。

师：接下来会变出什么？

生：懒羊羊。

师：真的是懒羊羊吗？

① 李光树，小学数学学习论[M]，北京：人民出版社，2014：359.

课件出示,魔盒出现一个喜羊羊,一个美羊羊。

师:接下来会变出什么呢?

学生跟着课件的节奏正确叫出图案的名称。

师:为什么前面猜不准,后面却能准确猜出呢?

生:有规律。

师:看来,没有规律,我们只能胡乱瞎猜,有了规律,我们就能一猜就中。今天,我们就一起学习探索规律。

1.激发好奇心,调动内在学习动机

好奇心是内在动机的核心,是个体遇到新奇事物,或面对新的外在环境、条件产生的注意、操作、提问等心理倾向,也是人们希望自己能了解更多事物的不满足心态。① 本案例创设"魔盒"这一情境导入,魔盒的神秘,大大地激发了学生的好奇心。学生对这个未知的神秘盒子充满了好奇,他们畅所欲言大胆猜测,有的猜孙悟空、有的猜蛋糕、有的猜巧克力……这个神秘的魔盒像磁铁一样牢牢地吸引住了学生,每个学生都在猜想盒子里是否装着自己喜欢的物品,大大地吊起了学生的胃口,他们满怀期待等待揭秘时刻,这种不满足感激发了学生继续探究,从而快速地投入课堂探究氛围中。

2.抓住兴趣点,体验外在学习乐趣

"兴趣是最好的老师"。本案例,随着课件的动态演示,魔盒慢慢揭秘,变出一个喜羊羊、一个美羊羊,学生们看到了自己喜欢的卡通角色,他们大声欢呼,兴趣高涨。对于一年级的小朋友来说,他们对自己熟悉的动画卡通形象非常喜欢。本案例就利用喜羊羊和美羊羊的动画角色,成功地抓住了学生的兴趣点,吸引了他们的注意力,让他们的情绪处于亢奋中,激发了学生积极的学习情感。

3.提升自信心,获得实现自我的成功体验

苏霍姆林斯基说过:"成功的欢乐是一种巨大的情绪力,是继续学习的一种动力。"本案例,当学生观察到课件中出现的一个喜羊羊和一个美羊羊时,马上想到动画中的另一角色,学生异口同声答道:"懒羊羊。"真的是懒羊羊吗?课件继续演示,原来又是喜羊羊、美羊羊……学生观察出了规律,接下来,学生的猜测百发百中,他们获得了成就感,体验到成功的快乐,提升了学好数学的自信心,进而提升了对数学的热爱之情。

心理学家研究表明:儿童喜欢在轻松、愉快、无忧无虑的情境中学习,情绪越好,好奇心越强,脑子越灵活,求知欲也越旺盛。这时的大脑处于积极思维的状态,乐于学习善于学习,容易吸收知识和信息,并能提升学生对数学学习和数学学科的热爱。从学

① 李光树,小学数学学习论[M],北京:人民出版社,2014:350.

生喜好出发,抓住学生的兴趣点,创设学生喜欢的情境,如:可以互动参与的趣味游戏;孩子熟悉的动画角色或卡通形象;24点、七巧板、数独、魔方等经典数学游戏;丰富多彩的数学故事、数学文化、数学绘本;神奇有趣的数学趣题、数学猜想、数学揭秘、数学悖论等都可以用在导入环节。让学生在导入环节就充分感受数学好玩、数学有趣、数学有用、数学美妙、数学神秘,从而提升乐学善学的情感。

(三)在导入环节中编制导图,发展学生思维能力

"数学是思维的体操",数学学科的一个重要育人功能是培养学生的思维能力,促进学生良好思维品质形成与发展。在"测量长度"单元的整理与复习教学中,教师利用思维导图梳理单元知识网络,让学生在知识的梳理过程中,思维变得更加发散,逻辑变得更加有序,创新思维得以培养。

案例片段回顾

1. 谈话引入

师:"测量长度"这个单元,我们学习了哪些知识?

根据学生回答教师出示相应的版块:长度单位、厘米、分米、米、测量方法、估测、测量、单位换算、1 m=10 dm、1 dm=10 cm、1 m=100 cm、问题解决。

2. 知识梳理

师:我们学习了这么多知识,但这些知识太乱了。我们怎么整理,才能让它看起来有条理呢?(分类)怎么分类呢?请小组长从信封里拿出学具,四人小组先讨论,然后动手分一分、画一画。

学生展示汇报,说明理由。

教师选择三个典型思维导图呈现,引导全班学生分析。(学生思维导图略)

师:你们在学习"测量长度"之前,就像一株小树苗。现在有了这么多知识养分的灌溉,已经长成一棵参天大树了。大树的主干是"测量长度","长度单位""单位换算""测量方法"和"问题解决",就是大树的枝干。

1.梳理知识,培养数学思维的逻辑性

数学是一门十分严谨的科学,其内容都是一些组织严密、结构相对完善的知识系统,强烈地表现出严密的逻辑性特点[①]。小学数学教材为了吸引儿童兴趣,采用了图文并茂的编排,但其本质仍藏着逻辑严密的数学知识结构。因此,在教学完某一单元或版块知识后,老师有必要帮助学生梳理这一部分的知识结构,培养学生思维的逻辑性。

① 李光树,小学数学学习论[M],北京:人民出版社,2014:128.

本案例，教师在上完“测量长度”单元后就开展了一次知识整理活动，学生们用自己喜欢的树形图、气泡图或知识网络图等思维导图来整理单元的知识点。思维导图是表达发散性思维的有效工具，它运用图文并茂的技巧，把各级主题的关系用相互隶属与相关的层级图表现出来，使主题关键词与图像、颜色等建立记忆链接。整个梳理过程，学生先要回忆并罗列出本单元的知识点，这个环节需要调动学生的发散思维；接着学生需要从看似杂乱无序的知识点中梳理内在层级结构，这个环节需要调动学生的逻辑思维；最后学生用自己喜欢的形式画出思维导图，这个环节需要调动学生的创造思维。在知识的整理过程中，学生的观察能力、比较能力、分析能力、综合能力和抽象概括能力都得到全面提升。

2.分享交流，培养数学思维的灵活性

数学思维的灵活性是指数学思维过程的灵活程度，当学生面临具体的问题情境时，能够用数学的方法，从不同角度抓住问题情境的特征或条件，灵活自如地运用已有的数学知识，并能根据问题解决的过程不断调整自己的思维方向[①]。本案例，在整理思维导图后，开展分享交流环节，老师精选了三张思维导图，通过交流、对比，思维得以碰撞，学生学会了从不同角度思考问题，学会了有序思考，提升了发散思维，感受了思维的灵活性。知识点的分类标准灵活多样，即思维起点的灵活；知识间的层级关系灵活多样，即思维过程的灵活；思维导图的表现形式灵活多样，即思维结果的灵活，最终促进学生思维方式由单向思维向多向思维、由封闭思维向开放思维的发展。

德国教育家第斯多惠说过：“教育成功的艺术就在于使学生对你所教的东西感兴趣。”而课堂精彩的教学导入会使学生如沐春风、如饮甘露，引领学生快速地进入课堂学习中。根据教学内容和学生学习风格不同，导入的情境会不同，达到的育人功能也会不同。可以用学生喜欢的故事、游戏等导入，旨在激发学生的学习兴趣，活跃课堂氛围，让学生乐学爱学，体验学习的成功。可以用史料故事导入，旨在进行文化的熏陶和感染，让学生感受文化之美和文化的价值，培养正确的世界观、人生观和价值观。可以利用数学学习材料中隐含的简洁美、和谐美、秩序美、对称美、逻辑美等元素导入新课，让学生感受数学学科之美，从而爱上数学学科，引发探究欲望。总之，在全息育人教学中，新课导入的目的重在激趣、质疑、引发学习冲突，同时又兼具育人的功能，让德性育人、审美育人、健康育人和劳动育人无痕地渗透在导入新课环节中。

---

① 李光树，小学数学学习论[M]，北京：人民出版社，2014：377.

二、课堂新授环节的育人案例

新授环节是新授课的主体环节，此环节不仅要实现一节课主要的知识目标、能力目标和情感目标，还要在德性、审美、健康和劳动等方面达成育人效果，使学生成为德、智、体、美、劳全面发展的人。

(一)在新授环节中实践验证，培养数学推理能力

所谓推理，是指从一个或几个已知的判断推出另一个新判断的思维形式，包括演绎推理和合情推理。数学的发明过程就是在各种推理中得出新结论的过程。在小学数学中大量的学习内容也是通过合情推理获得的。在执教“小数的意义”时，教师引导学生通过不完全归纳法来验证自己的猜想，体验科学的问题论证过程，培养了学生的推理能力，感受了数学学科严密的逻辑性，实现学科育人和德性育人的目的。

案例片段回顾

1. 引导学生提出猜想

师：你还想证明哪些小数相等？

生$_1$：3.5和3.50。

生$_2$：0.15和0.150。

……

2. 提供多元化工具验证猜想

利用教师准备的学习单，分小组进行验证活动，教师巡视。

3. 组织交流验证方法

(1)利用人民币单位的换算，长度单位的换算来证明。

0.6元 = 6角
0.60元 = 60分
6角 = 60分
0.6元 = 0.60元
0.6 = 0.60

生：0.6元=6角，0.60元=60分，6角=60分，所以0.6和0.60是相等的。

0.2米 = 2分米
0.20米 = 20厘米
2分米 = 20厘米
0.2 = 0.20

生：0.2米=2分米，0.20米=20厘米，2分米=20厘米，所以0.2和0.20相等。

师小结：刚才两个组的同学都是把小数转化成我们以前学过的人民币或长度来比较，通过单位的换算最后证明出两个小数相等，即：在小数的末尾添上一个“0”，小数的大小不变。

(2)利用两个方格纸中阴影部分面积相等来证明。

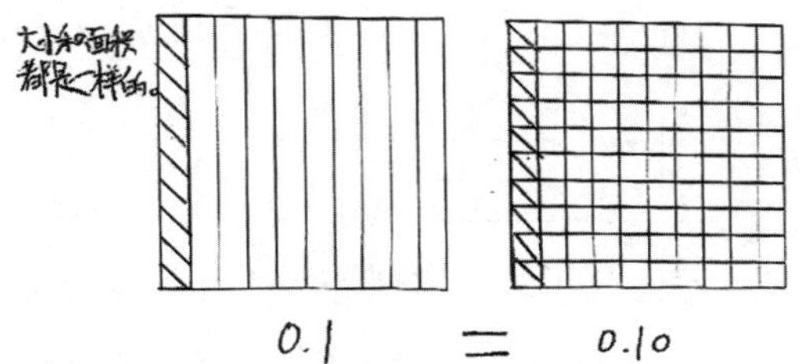

生：我们用两个相同的正方形表示1，把一个正方形平均分成10份，取其中的1份，就表示0.1，把另一个正方形平均分成100份，取其中的10份就表示0.10。通过比较，发现两个涂色部分一样大，说明0.1和0.10大小相等。

师：借助方格纸来证明，非常直观。0.1表示1个0.1，0.10表示10个0.01，0.1里面有10个0.01，那1个0.1就相当于10个0.01，所以0.1和0.10相等。因此，在小数的末尾添上一个“0”，小数的大小不变。

(3)利用数轴上点的位置重合来证明相等。

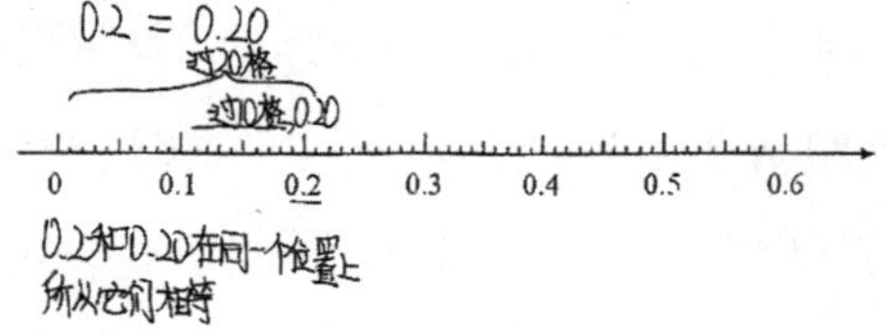

生：把0.1平均分成10份，其中的1小格就是0.01，0.20就要数这样的20格，正好和0.2所在的点在同一个位置，所以0.2和0.20相等。

(4)根据数位顺序表来说明。

数位顺序表

	整数部分						小数点	小数部分				
数位名称	……	万位	千位	百位	十位	个位	·	十分位	百分位	千分位	万分位	……
计数单位	……	万	千	百	十	一(个)		0.1	0.01	0.001	0.0001	……
举例			1	5	3	0	·	8	7			
			1	5	3	0	·	8	7	0		
					2	0	·	0	5			
					2	0	·	0	5	0		

生：先看1530.87和1530.870这两个小数，它们千位相等，百位相等，十位相等，个位相等，十分位相等，百分位也相等，1530.87这个小数千分位上没有数，就可以看成是

0，每一个数位上的数都相等，因此，1530.87和1530.870相等。

生：20.05和20.050这两个小数，也从十位开始一位一位的比下去，每一位上的数都相同，因此两个小数相等。

数位顺序表

	整数部分						小数点	小数部分				
数位名称	……	万位	千位	百位	十位	个位	·	十分位	百分位	千分位	万分位	……
计数单位	……	万	千	百	十	一（个）		0.1	0.01	0.001	0.0001	……
举例						0	·	2				
						0	·	2	0			
						0	·	2	0	0		
						0	·	2	0	0	0	

生：我发现，无论在0.2的末尾添上多少个“0”，2所在的数位都是十分位，也就是说，0.2表示2个0.1，0.20表示20个0.01，0.200表示200个0.001，等等，它们的大小都等于2个0.1，所以我觉得在小数的末尾添上“0”，小数的大小相等。

师：同学们，换个角度观察，还可以怎么总结我们的结论？

生：在小数的末尾添上或去掉“0”，小数的大小不变。

师：大家所得出的这个结论就是——小数的性质。

本案例设计了“猜想—验证—应用”的学习活动，先让学生猜测哪些小数可能相等，再提供多种材料让学生去验证自己的猜想，得出小数性质的结论，最后应用结论去解决问题。

1.引导学生提出猜想，是培养推理能力的基础

学，贵有疑。从大胆猜测出发，老师给学生足够的时间与空间。案例中学生根据自己的生活经验和知识基础，提出了若干组相等小数，有位数不同的小数，有整数部分是0或不是0的小数等，覆盖面广。既尊重了学生的学情，又让探究的内容更丰富，课堂上出现了多组不同的相等小数，汇集了多个同学的智慧，发散了学生的思维，让学生的思维不再局限于个体的单一思维中，为后面的探究活动提供更多的探究。

2.提供工具验证猜想，是培养推理能力的保障

案例中，学生在充分猜测后，老师组织学生开展验证活动。课前老师为每组学生准备了一个学习袋，里面有方格纸、数轴图、数位顺序表和空白纸，学生根据自己的知识经验或兴趣点自主选择其中一种或多种工具开展验证活动。从课堂反馈来看，每种材料都有学生选择，且有理有据。除此之外，老师还给学生思维留白的空间，让学生不拘泥于老师提供的材料，可以在白纸上写出自己不同的见解，学生在写一写、画一画的过程中，推理能力得到提高。

3.交流验证方法，是培养推理能力的手段

在此环节中教师的主导地位十分重要，验证方法交流的先后顺序体现了老师对学生认知和知识逻辑顺序的整体把握，对培养学生思维的逻辑性和严谨性非常重要。本案例首先从学生熟悉的人民币和长度等十进制单位的换算来验证，因为小数自身十进制的特点，所以用十进制单位的换算来验证小数之间的相等关系道理浅显易懂，便于学生理解。其次，通过方格图和数轴图的数形结合让学生非常直观地观察出结果，即：两个小数在方格图中的阴影面积相等或在数轴上表示同一个点，以此证明两个小数大小相等。最后，反馈用数位顺序表来证明若干个多位小数相等。这个环节大大提升了学生的思维高度，让学生从直观走向抽象，从数概念本身理解小数的性质。

通过不完全归纳法来验证自己的猜想，体验科学的问题论证过程，让学生感受到数学学科严密的逻辑性，实现学科育人和德性育人的目的。通过学生自主化、多元化的实践操作来充分验证猜想，在过程中展现了实践育人的理念。

数学教育家波利亚在《数学与猜想》一书中指出："只要数学的学习过程稍能反映出数学的发明过程的话，那么就应当让猜测、合情推理占有适当位置。"数学是一门严谨的学科，解决任何一个数学问题都要做到言必有据，思维推理过程严密无疏。"知其然也要知其所以然"，经历猜测和推理过程是学生学习数学的重要过程，能很好地帮助学生理解知识。从大胆猜测出发，给猜测的时间与空间，接着搭建平台让学生动手操作、经历实验、分享智慧、得出结论。在分享中培养了学生实事求是，言必有据的科学态度和独立思考、合作交流的学习品行，德性育人在这里得到了极好的体现。

（二）在新授环节中数形结合，渗透数学美的教育

数学的美表现在数学形式的对称美、简洁美，数学规律的和谐美、秩序美和奇异美，以及数学学科本身的图形美和理性美。在执教"探索规律"时，教师通过数形结合的形式，让学生充分感受某些特定乘法算式（几个1乘几个1）的积的对称美、排列美、秩序美、奇异美。

案例片段回顾

1.观察感知，发现规律

（1）师：刚才我们已经算出了这四个乘法算式的积，仔细观察这4个算式，你能找到哪些规律呢？拿出题单，把你找到的规律在上面勾一勾，画一画。

$$1\times1=1$$

$$11\times11=121$$

$$111\times111=12321$$

$$1111\times1111=1234321$$

(2)全班交流。

生[1]:因数从上往下依次增加1个1,积的位数依次增加2位。

生[2]:我发现了两个规律,第一个规律是因数是3个1,积中间最大的数就是3;因数是4个1,积中间最大的数就是4。第二个是它们的积的规律,比如3个1乘3个1的积,万位和个位都是1,千位和十位都是2,是相对的。

师:你们真会观察,我们来看这个积(1234321),1和1相对,2和2相对,3和3相对,以中间最大的数4为对称轴,这个数是对称的。我们一起来读读这个对称的数。

生齐读:1234321。

(3)运用方法,探索规律。

师:通过4个算式,同学们找到了这么多的规律,太棒了!下面我们就用这个规律来算一算5个1乘5个1积是多少?

生齐答:123454321。

师:7个1乘7个1呢?

生齐答:1234567654321。

师:8个1乘8个1呢?

生齐答:123456787654321

师:这么大的数相乘,利用规律一下就找到答案了,真是太神奇了!

2. 质疑追问,反思规律

(1)师:9个1乘9个1,按照刚才的规律,积是多少?

生齐答:12345678987654321

(课件依次出示竖式计算)

师:个位上的1乘9个1,十位上的1乘9个1……我们一起来看看这个结果,有这个规律吗?

如果把积写在计数器上会是什么样子呢?一起来看看。(课件出现对应的计数器)

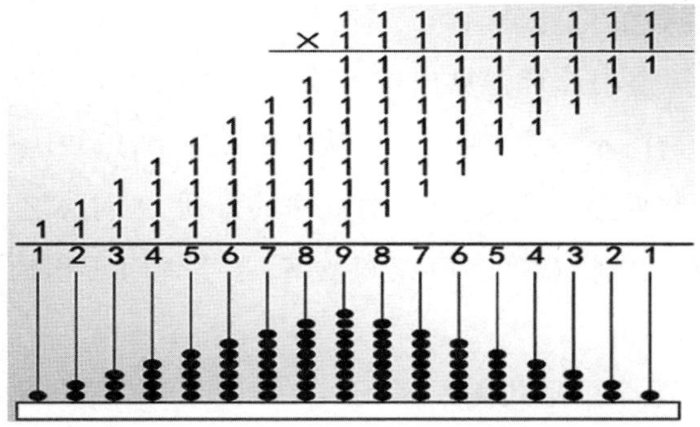

看到竖式和计数器你有什么想说的？

生$_1$：计数器上的珠子像金字塔。

生$_2$：也像三角形。

生$_3$：竖式中的1像平行四边形，还有积是对称的。

生$_4$：我还看到了楼梯形。

师：通过竖式和计数器，大家看到了平行四边形、三角形、金字塔、楼梯，你们看到了数学上的形之美。看这个积，还发现了对称，这就是数学上的对称之美。（板书：美）瞧！我们把数和形结合起来，知道了9个1乘9个1仍然有这样的规律，也明白了积为什么有这样的规律。

（2）师：同学们，10个1乘10个1积是多少？

生$_1$：12345678910987654321。

师：同意的举手，不同意的举手，你为什么不同意？

生$_2$：中间那一位不能写10。

生$_3$：满十向前一位进一，所以中间就不是10了。

（课件动态演示从右起第10位满十进一，第11位又满十进一，第12位的进位1和本身的8个珠子合起来是9颗珠子，第13位是7颗珠子的动态演示过程）

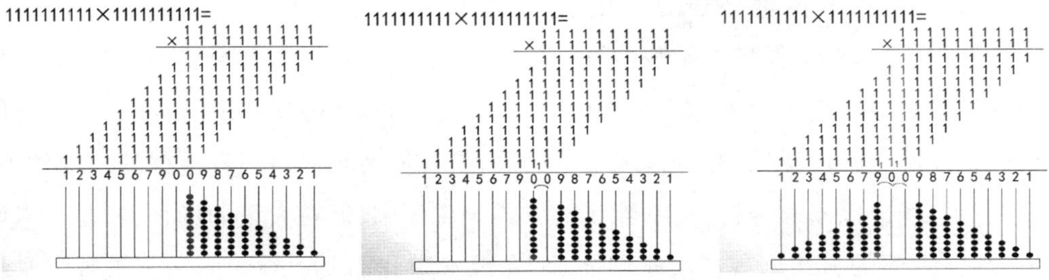

师：当10个1、11个1、12个1相乘的时候，正因为数学中有满十进一的规则，就打破了刚才的塔形结构，就没有这样的规律了。所以我们要用科学的态度去深入研究。

1.勾画规律,感受数的排列美

本案例,首先让学生用计算器算出这组乘法算式的积后,引导学生用勾画的方法去发现规律,在变中找不变的规律,积从1到121到12321再到1234321最后到12345678987654321,数据由小变大,学生对规律的排列美、对称之美和秩序美的感受也随之越来越强烈,感叹之情、欢呼之声充满教室,学生惊叹于积的排列美,感叹于数学规律的神奇之美。

2.数形结合,感受数学的形式美

案例中,在处理9个1乘9个1的积时,借助计数器来理解积的产生,数形结合,非常直观,便于学生理解和观察,当学生看到竖式和计数器上呈现出12345678987654321这个数时,思维得到了更大冲击,数与形完美结合,竖式中1的排列像平行四边形,计数器上珠子的排列像金字塔、三角形、楼梯等,学生们还看到了数学上形之美。这种令人怦然心动的美再次在学生心底荡起涟漪,学生深深沉浸其中,感受到数学的神奇。

当学生充分感受规律的排列美、对称美、秩序美和数学的形式美后,老师又抛出一个问题探究10个1乘10个1的积,通过计数器让学生理解满十进一的规则,打破了塔形结构,感受规律的局限性和奇异美,从而形成质疑探究和严谨的科学精神,发展了学生的核心素养。

3.推理论证,感受抽象的理性美

毕达哥拉斯说过:“凡是美的东西都有一个共同特征,这就是部分与部分之间,以及部分与整体间固有的协调一致。”数学美在于形式,数学美是一种抽象的理性美。案例中呈现的积具有对称美,再如“缺8数”“神奇的142857”“6,28,496,8128这四个10000以内的完美数”等特殊数无不展现了数学的美。此外,小学数学学习材料中蕴含了大量的有关数学的形式美、对称美、简洁美、逻辑美等的因素,如:对称现象或轴对称图形中感受图形的对称美,等式中的平衡美,探索规律中感受规律的排列美,推理论证过程中感受数学的逻辑美,公式法则中感受数学的简洁美等。

正如中科院院士、复旦大学数学科学学院李大潜教授在《至善至美的数学,立德树人的数学教育》一文中所说:“概括来说,数学作为一个整体,其结论的可靠性、推理的严密性以及应用的广泛性,充分体现了它的美,是我们特别应该引起重视的。这种美,可以在一些场合以光彩夺目、美不胜收的方式表现出来,但在大量的场合,却是以素面朝天、默默无闻的方式出现在大家面前。”①在教学中我们要引导学生去发现数学学科本身的美学价值,感受数学的形式美、规律美和学科美,初步具有符合大众接受的审美

① 李大潜.至善至美的数学,立德树人的数学教育——关于小学数学教育的一些思考[J],小学数学教师.2017(z1):15

标准,培养健康积极向上的审美情趣。从小培养学生们拥有一颗发现美的眼睛,一双创造美的巧手,从而造就一颗美的心灵。

(三)在新授环节中新旧转化,渗透辩证思维的启蒙教育

辩证思维是指以变化发展视角认识事物的思维方式,要求观察问题和分析问题时,以动态发展的眼光来看问题。小学数学学习内容充满着事物是发展变化的、普遍联系的、对立统一等辩证唯物主义的观点和规律。在执教“三角形的面积”时,教师利用三角形面积和平行四边形面积的内在联系,将三角形面积转化成平行四边形面积,从而推导出三角形面积计算公式。在推导的过程中,让学生感受到二者的普遍联系和辩证统一关系。

案例片段回顾

1. 独立思考,寻找策略

师:怎样推导三角形的面积公式呢?请利用老师为大家准备的学习工具和材料展开研究。你准备选择什么?怎么研究?

2. 合作探究,验证猜想

小组合作,根据探究题单进行探究活动。

探究题单

我们选择了____________________三角形。

我们的方法是____________________

我们发现____________________

三角形的面积公式是____________________

3. 汇报交流,得到公式

(1)倍拼法。

展示用两个完全一样的锐角、直角、钝角、三角形拼平行四边形。

质疑:为什么要用两个完全一样的三角形拼?如果不用两个完全一样的三角形拼,行吗?

生:两个不完全一样的三角形拼不成一个平行四边形。

师:拼成的平行四边形的底、高和面积与原来三角形的底、高和面积分别有什么关系?

生：拼成的平行四边形的底是原来三角形的底，拼成的平行四边形的高是原来三角形的高，拼成的平行四边形的面积是原来三角形的2倍。

师小结：不管我们用两个完全一样的锐角、直角还是钝角三角形来拼，最终都能转化为一个平行四边形。平行四边形的底相当于三角形的底，平行四边形的高相当于三角形的高，平行四边形的面积相当于三角形面积的2倍，因为平行四边形的面积等于底乘高，所以三角形的面积等于底乘高除以2。

质疑：奇怪了，分明是研究三角形的面积公式，为什么要用两个完全一样的三角形来拼成和它等底等高的平行四边形呢？这不是舍近求远吗？

生：平行四边形面积公式是已知的，三角形面积公式是未知的，通过实践证明三角形的面积可以转化成平行四边形的面积，它们之间是有联系的。

(2)剪拼法。

展示把一个三角形剪拼成平行四边形。

师：拼成的平行四边形的底、高和面积与原三角形的底、高和面积分别有什么关系？

生：平行四边形的底相当于原三角形的底，平行四边形的高相当于原三角形高的一半，所以三角形的面积=平行四边形的面积=底×（高÷2）。

师：是呀！思想是数学的灵魂，转化思想能帮助我们把新知识变成旧知识，复杂问题变成简单问题。

1.在转化中，感受变和不变的辩证统一关系

本案例中老师放手学生独立思考后小组合作，利用老师提供的材料动手拼一拼、剪一剪，亲身经历三角形转化成平行四边形的过程，在倍拼法和剪拼法中找出三角形和平行四边形的内在联系，在转化过程中感受变和不变的辩证统一关系，哪些边变了，哪些边不变，三角形面积又和平行四边形面积之间有怎样的联系。体会有些事物从静止状态看是对立的，没有联系的，但从运动角度看它们却是有联系的，可以转化和统一。三角形可以转化成平行四边形，平行四边形也可以转化成三角形。

2.整体把握，体验知识之间内在联系的和谐统一

数学是一个整体系统，概念与概念之间、公式与公式之间、知识与知识之间有着内在的联系，也有着各自不同的特点。如加法和减法的关系、乘法和除法的关系、长方形和正方形的关系、三角形和梯形的关系、梯形和平行四边形的关系等，看似各自为政，但实质却有千丝万缕的联系并和谐统一。如：把长方形的长缩短，和宽相等，它就变成了正方形；把梯形的上底缩短成为一个点，即上底长度为0时，它就变成了一个三角形；把梯形的上底加长到和下底相等时，它就变成了平行四边形。在图形与几何版块的教学

中，我们可以给学生展示点、线、面、体在变化中的联系。在图形面积、体积的转化探究活动中，感受某些图形面积之间、体积之间存在的内在联系，从一个系统地角度来思考，整体把握一个知识的内涵及外延，体验数学的和谐统一美，培养初步的辩证思维。

上好新授环节是一节课成功的关键。新授环节是实现教师、文本、学生三者沟通联系的主阵地，教师对课标、教材等文本的解读，对学情的分析，对教法学法的合理使用，都是以培养人为目的。在全息育人教学中，我们既要关注数学学科的认知目标，丰富学生的数学基础知识、基本技能，培养数学的基本思想和基本方法，也要关注学生的德性能力，促进学生养成良好的思想品德和个性心理品质，还要关注审美意识和审美能力，培养学生发现美、欣赏美、创造美的能力，更要关注学生的健康和劳动能力，培养一个身心健康、四肢勤劳的全面发展的人，为学生终身或持续发展奠定基础。

三、巩固练习环节的教学实施案例

数学巩固练习特指在数学课堂上进行的练习活动。巩固练习一般设置在课堂教学中的新授环节之后，是以习题为主要载体，以自主巩固、合作探究为主要组织形式的练习活动[①]。巩固练习是课堂教学的重要组成部分，是复习巩固数学知识的一种重要手段，是学生掌握心智技能和动作技能的基本途径，也是小学数学学科全息育人的主阵地之一。

(一)在巩固练习环节中萃取文本素材，培养良好道德情操

道德情操通常指道德怙感和操守的结合。培养学生良好的道德情操是小学数学学科全息育人的重要指标，包括国家认同、社会责任、正直善良、理想抱负、意志、毅力等。小学数学课堂练习文本中蕴含着丰富的道德情操方面的育人素材，反映我国历史文化、风土人情、科学成就、社会建设等数据信息都能增强国家认同感和社会责任感，提升民族自豪感，帮助学生树立远大理想。在练习过程中，培养学生坚强的意志和顽强的毅力。在执教“小数的意义”时，教师通过读圆周率的近似数，渗透爱国主义教育，增进国家认同。

案例片段回顾

师：(出示：3.14)这个小数你们认识吗？它读作？

生：认识，读作三点一四。

师：你知道这个小数的特别含义吗？

① 朱畅．小学数学高年级“数与代数”课堂练习设计现状及问题研究[D]．南京：南京师范大学，2016.

师：它是圆周率的近似数。关于圆周率的计算，魏晋时期伟大的数学家刘徽利用“割圆术”求得圆周率为3.1415和3.1416；南北朝时期杰出的数学家祖冲之首次将“圆周率”精算到小数第七位，即在3.1415926和3.1415927之间；直到16世纪，阿拉伯数学家阿尔·卡西才打破这一纪录。

师：3.1415与3.1415926有什么不同？

生：3.1415是四位小数，3.1415926是七位小数；3.1415926比3.1415的小数位数多，圆周率的计算越来越精准。

师：是的，小数位数越多就越精准。随着科技的进步，对圆周率的演算越来越精确，2019年3月14日，谷歌宣布圆周率现已算到小数点后31.4万亿位。

本案例在巩固练习时，通过介绍圆周率相关数学文化，培养学生的爱国情怀和道德情操。

1.激发爱国热情，增强社会责任感

案例中老师充分挖掘与圆周率计算发展相关的数学文化，通过读3.14引出圆周率的计算发展史、刘徽与“割圆术”、祖冲之与“祖率”，激发学生的爱国热情和民族自豪感，树立为国家富强、民族复兴而发奋读书的社会责任感。

2.增强学习毅力，培养顽强意志品质

案例中，人类对圆周率锲而不舍的探索精神，深刻烙印在学生脑海中。通过讲述谷歌利用高科技手段计算圆周率的事件，让学生明白做事要有坚强的毅力和顽强的意志。

(二)在巩固练习环节中引发认知冲突，培养良好思维品质

数学思维品质是个体在数学思维过程中所具有的特征和特点。数学思维的品质一般包括：灵活性、独创性、深刻性、合理性、开阔性、批判性、论证性、记忆的条理性、语言文字的简明性等。①小学数学学科全息育人思维品质主要包括：严谨、求实、批判等。数学思维活动与思维品质有着直接的关系。数学教学是教育学生理性分析问题，运用逻辑思维能力质疑的思维过程。在执教“旋转与平移”时，教师利用“钟摆是不是旋转现象”，引发认知冲突，让学生相辩相争，得出结论：钟摆是旋转现象。让学生感受数学学科的严谨与求实。

案例片段回顾

师：真好！刚才我们不仅知道了什么是旋转现象，还能用它的特征来准确地描述旋转现象，接下来，就让咱们继续用这些特征来准确地判断旋转现象。有信心吗？请

① 刘晓宇.略论数学思维的品质及其培养[J].中学数学教学，1992(2)：9-11.

独立完成练习十六第1、2题(西南师大版小学数学三下第71至72页)。

……

师:这位同学认为钟摆运动不是旋转现象,你们认为呢?

生:钟摆运动是旋转现象。

师:接下来,咱们就来辩一辩。正方观点:钟摆运动是旋转现象,反方观点:钟摆运动不是旋转现象。首先,请反方代表发言。

生1:钟摆运动没有旋转满一圈,它只转了一点点……

师:请正方代表发言。

生2:因为钟摆运动不是平移现象,所以它就是旋转现象……

师:请双方辩友自由辩论。想发言请直接站起来说。

……

师:为什么不往下辩了?你现在还觉得钟摆运动不是旋转现象吗?为什么?

师:让我们把最热烈的掌声送给他!是他为我们提供了这个美丽的错误,引发了一场如此激烈的辩论赛,让我们越辩越清晰,明白了钟摆运动就是旋转现象。

师:旋转现象可以有不同的方向,还可以转不同的圈数,可以转满1圈,也可以不转满1圈。钟摆现象告诉我们,以后再遇到类似的无法判断的问题时,一定要通过现象看本质,从它的特点去一一验证。

1.抓住契机,相辩相争

案例中,当判断钟摆运动是不是旋转现象时,出现了不同的看法。老师充分利用这一素材,引发认知冲突,组织学生展开辩论。

2.自由辩论,明晰旋转本质

在辩论中进一步明晰旋转的本质,即旋转时围绕一个中心,沿顺时针或逆时针方向旋转,可以转半圈、一圈,甚至几圈。

3.展示汇报,发展学生思维

展示汇报时,通过思辨让学生明白当遇到无法判断的情况时,一定要回到事物本质去观察、比较、分析,根据事物的特点去一一验证并解决问题。

加里宁说过:“数学是思维的体操。”教师要有目的地挖掘教学中潜在的思维因素,发展学生的数学思维。巩固练习环节应通过变式、对比、操作、辨析、开放型等多样化的练习活动,培养学生思维的灵活性、深刻性、独创性、批判性、广阔性……对学生思维进行求“新”、求“活”训练,帮助学生走出思维定式,发展逻辑思维、形象思维、直觉思维和辩证思维,促进学生思维品质发展。

（三）在巩固练习环节中重构模型，渗透数学思想方法

数学思想和方法是数学知识在更高层次上的抽象和概括，它蕴涵在数学知识发生、发展和应用的过程中①。数学思想与方法是我区全息育人小学数学学科认识的主要内容。常见的数学思想方法有：转化思想、数形结合思想、模型思想、符号化思想、对应思想、分类思想、归化思想、统计思想等。执教“等式”时，教师通过分层练习，层层递进，深识等式，不断渗透数学思想和方法，帮助学生感悟等式模型。

案例片段回顾

师：下面哪些是等式？如果是，请用“√”表示，如果不是，请用“×”表示。

> 下面哪些是等式？
>
> ① $35-15=4\times5$　　④ $16+x<18$
>
> ② $8x+4b$　　⑤ $m=4n$
>
> ③ $x+y=15$　　⑥ $36\div7=$

师：$35-15=4\times5$ 是等式，你是怎么想的？

生：有等号，等号左右两边的结果都是20，是相等关系，所以 $35-15=4\times5$ 是等式。

师：$36\div7=$ 有等号啊，为什么不是等式？

生：等式左右两边都要相等，只有左面，无法表示相等关系。

……

师：由此可见，判断等式，不仅要找到“=”这一“形”，更要找到相等关系这一“神”，只有“形神兼备”的式子，才是等式。数学就是这样，越思考越深入，越深入越明晰。

师：同学们会准确判断等式了，能不能写等式呢？请完成题单第1题。（西南师大版小学数学五下第79页练习二十二第1题）

双鹤小学给农民工子弟学校捐书1600本，其中高年级捐书900本，低年级捐书700本。

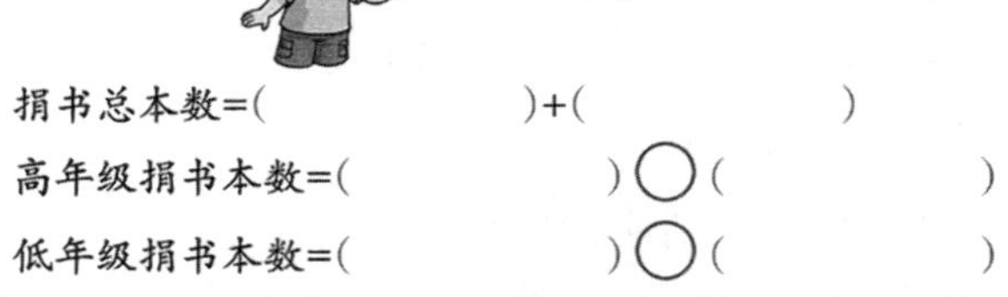

捐书总本数=（　　　　）+（　　　　）

高年级捐书本数=（　　　　）○（　　　　）

低年级捐书本数=（　　　　）○（　　　　）

师：根据这些等量关系式，你能写出相应的算式来吗？比比谁最快。

① 史宁中．义务教育数学课程标准（2011年版）解读[M]．北京：北京师范大学出版社，2012.

师：分明是同一个情境，但思考的角度不同，找到的等量关系就不同，写出的等式也就不同。

师：看来写等式难不倒大家了，我们再来看这道题。请完成第2题。

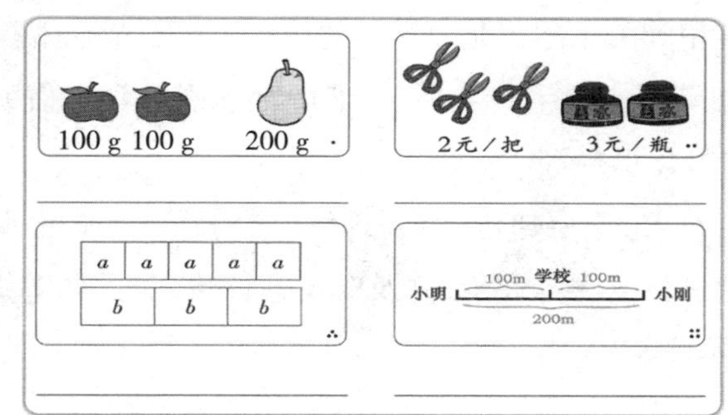

师：100+100=200还可以写成？

生：100×2=200。

师：2×3=3×2这个等式，你是怎么想的？

生：剪刀和墨水的总价相等。

生：$5a=3b$。

师：100×2=200还可以写成？

生：100+100=200。

师：你们觉得等量关系一定是重量相等吗？

生：不一定。

师：对，可以是总价相等、面积相等、路程相等，还可以是人数相等、周长相等、时间相等……

师：再观察，这几幅图我们都用了不同形式来表示。不管是用加法，还是乘法形式，只要本质上是表示两个量的相等关系，都是等式。

本案例在初步建立模型思想的基础上，设计基于生活的练习，让学生在练习中深刻体会等式“相等关系”的本质。

1.基础练习，辨析促进理解

基础练习环节，通过判断等式，理解等式不仅有“=”这一外显特征的“形”，还有“相等关系”的本质特征的“神”，只有“形神兼备”的式子，才是等式。

2.提高练习，建立等量关系

案例中，老师引导学生根据情境，从不同角度分析思考问题，写出不同的等量关系和等式。让学生明白同一情境，思考的角度不同，写出的等式就不同，建构的模型也就不同。

3.拓展练习,感悟等式模型

拓展练习时,老师充分挖掘教材,借助实物图、线段图等帮助学生将“相等关系”的模型从具体情境中抽象出来。通过层层追问,引导学生寻找相等关系,加深对“相等关系”模型的体会;知道相等关系不仅是总价相等、面积相等、路程相等,还可以是人数相等、周长相等、时间相等……整个练习环节,老师都在引导学生借助图形、符号建构等式,渗透模型思想、符号化思想等。

本课例通过分层练习,层层递进,辨析理解、建构感悟等式模型,有针对性地对学习结果从不同的角度进行监测与评价,并及时反馈评价信息,调整练习内容,帮助学生深识等式,感悟等式模型。

(四)在巩固练习环节中挖掘教材文本,培养劳动实践意识

“实践育人”就是培养学生劳动实践意识和能力,学会在实践中培养能力、验证创新,尊重珍惜劳动成果,养成好的劳动习惯。教师在执教“不确定现象”时,充分挖掘巩固练习素材,培养学生的劳动实践意识和能力。

案例片段回顾

师:请看大屏幕,你能判断哪些是确定现象,哪些是不确定现象。请独立完成第97页的试一试。

集体讲评反馈。

……

生:下周我们班可能会获得卫生红旗。

师:为什么下周是我们班可能获得卫生红旗呢?

生:如果有同学不注意清洁的保持,有乱抛垃圾的习惯,就有可能不能获得卫生红旗,如果大家都注意保持清洁,不乱抛垃圾就有可能获得卫生红旗。所以,下周我们班会获得卫生红旗是不确定现象。

师:怎样才能保证得到卫生红旗呢?

生:要做好清洁,注意保持。

师:对!只有我们每一位同学都不乱扔垃圾,讲文明,爱清洁,才能得到卫生红旗。

……

师:你能用"一定""可能"或"不可能"描述这五种生活现象吗?

(1)太阳从西边落下;(2)没有水人类也能生存;(3)雨后出现彩虹;(4)远距离投球进篮筐;(5)期末数学测试,某某同学会得满分。

生1:太阳一定从西边落下。

生2:没有水人类不可能生存。

师:对!没有水人类不可能生存,我们一定要节约用水、珍惜水资源。

……

生6:期末数学测试,某某同学可能会得满分。

师:我们每个人都希望自己得满分,但要得满分,必须付出辛勤的汗水和劳动,只有勤奋努力的人才能在学习上有收获!

本案例充分挖掘教材文本中所蕴含的劳动实践素材——卫生红旗、水、考试分数等,培养学生的劳动实践意识和能力。

1.参与劳动实践,珍惜劳动成果

案例中,集体反馈时,老师引导学生思考得出只有大家都注意保持清洁,不乱扔垃圾,主动捡拾纸屑,班级才能获得卫生红旗。在潜移默化中对学生进行珍惜劳动成果、主动参与劳动实践的教育。

2.节约用水,尊重他人劳动成果

通过讲评"没有水人类不可能生存",让学生深刻体会到水的重要,教育学生节约用水、珍惜水资源。

3.努力劳动

学生在测试中都希望自己得满分,老师在讲评"期末数学测试,某某同学会得满分"时,教育学生想得满分,必须付出辛勤的汗水和劳动,让学生感受到只有勤奋努力才能在学习上有收获……

数学学科是一门科学性的学科,所蕴含的劳动教育素材都是"隐藏"起来的。西南师大版小学数学教材内容蕴含着丰富的实践育人的素材。老师要尽力将其挖掘出来,结合学生实际和接受力,耳濡目染,潜移默化,达到劳动实践育人的目的。

(五)在巩固练习环节中精心设计,培养学生审美意识

美育也称审美教育或美感教育,是培养学生认识美、爱好美和创造美的教育。美

育对于培养学生健康的审美观念和审美能力,具有重要作用。小学数学教育的美,有形式上的简洁美、对称美,有规律中的和谐美、秩序美、奇异美,还有学科本身所蕴含的图形美、理性美。教师在执教“三位数乘两位数乘法笔算”时,通过纠错、类比等层层深入练习,让学生在熟练掌握学科知识和技能的同时,感悟数学学科内隐的理性美和外显的简洁美。

案例片段回顾

师:学以致用方能彰显知识无价。请完成题单第1题(练习十二部分题目),请用竖式计算。

(1)213×31　　(2)142×22　　(3)215×42

学生独立计算,师巡视,选取作业样单。

师展示作业样单1(全对),全班反馈答案。

师:你能说一说第(3)题是怎么算的吗?

生1:先算215×2得430,对齐个位写0;再用第二个因数十位上的4去乘215的每一位得8600(也就是215×40的积),对准十位写0;再把两部分的积加起来。

师呈现进位出错的竖式样单。

师:请找一找错在哪里?

生:个位相乘满十忘了向十位进一。

师:计算时,三位数乘两位数时要注意什么呢?

生:进位。

师:计算时,哪一位上相乘满几十,就要向前一位进几。

师:有了方法就能一通百通,我们再来试试题单上的第2题吧。

(1)125×36　　(2)36×125

学生独立计算,发现有同学计算完第一个算式就不再计算,请全班同学停笔。

师:老师发现其他同学都在埋头苦干时,有一位同学早早地就算完了坐在那里,我们来采访他一下,看看他是怎么想的?

生:两个算式只是交换了因数的位置,结果应该是一样的。

师:125×36和36×125从书写形式上看交换了两个因数的位置,从乘法的意义来看它们都可以表示36个125或者125个36,它们的积相同,所以这两道题都可以用这一个竖式来计算。

师:孩子们,脚踏实地固然重要,但在学习的过程中我们也需要抬头看路,认真观察数据特征,选择合适的方法,有智慧地算。切记:善于思考的人生会更精彩。

师:老师是这样算的,(课件出示)你有什么发现?

生1:一个竖式中间有两层,另一个竖式中间有三层。

生2:125在上面看上去更简单。

师:真会观察,其实它们的计算方法还是一样的,都是用第二个因数每一位上的数分别去乘第一个因数。因此,第二个因数是几位数,竖式中间就有几个积相加。为了简便,计算时通常把位数多的写在上面。

……

师:其实不光是我们在学习研究竖式,早在很多年前数学家们就开始研究了,我们一起来看一看吧!(播放微课——竖式发展史)

师:刚才我们跟着微课回顾了三千年乘法竖式的演变过程,再来看我们现在采用的竖式计算方法,感觉怎么样?

生:更简洁。

师:是的,数学就是这么神奇和好玩,在追求方法多元的发展过程中不断趋于简洁,正所谓大道至简。

1.对比体验,简洁之美

案例中,老师通过采访最先做完变式练习的男孩,引导学生发现数据特征,鼓励学生根据数据特征选择合适的方法计算。再对比两种竖式发现:三位数在上面的乘法竖式明显比两位数在上面的乘法竖式更简洁,书写形式更整齐更美观。最后,强调为了简便,在列竖式计算时通常把位数多的写在上面。

2.微课感悟,大道至简

案例中,通过微课介绍乘法竖式的演变过程,让学生感悟数学的大道至简——在追求方法多元的发展过程中是不断趋于简洁。让学生在潜移默化中体会数学的简洁美、排列美。

普罗克拉斯曾经说过:“哪里有数,哪里就有美。”说明数学学科蕴含着丰富的审美教育元素。小学数学教师在课堂教学中要加强审美教育,帮助学生发现数学美、领悟数学美、追求数学美、创造数学美,让学生在美的氛围中生动、活泼、健康地发展。

四、课堂小结环节的教学实施案例

我国著名数学教育家曹才翰先生指出:数学认知结构,就是学生头脑里的数学知识按照自己的理解深度、广度,结合自己的感觉、直觉、记忆、思维、联想等认知特点,结合成的一个具有内部规律的整体结构。数学认知结构是学生在已有的数学知识结构基础上通过内化得到的一个结构,形成良好的数学认知结构的前提和基础是形成完整、系统的数学知识结构。认知结构形成、变化和完善的过程就是学习过程。认知结构是影响和决定学生学习的诸多因素中的关键和直接因素。课堂小结是重要的教学环节,对学生数学知识结构体系的形成有着重要的作用和意义。

课堂小结是对教学内容的回顾、整理、归纳和升华,是教学过程中最重要的一环。它虽然用时不多,但却对整节课的教学效果有着重要的影响。恰到好处的课堂小结能引导学生对所学知识进行归纳和梳理,强化教学重、难点,让知识系统化和网络化,促使课堂教学结构严密紧凑融为一体,显现出课堂教学的和谐与完美。

(一)在课堂小结环节中渗透数学美育教育

数学是反映客观世界并能改造客观世界的科学。罗素说:数学,不但拥有真理,而且也拥有至高的美,真正雕刻的美,是一种冷而严肃的美!在课堂小结环节中渗透美育教育,让学生充分感知数学的和谐美、严谨美、简洁美、统一美、逻辑美、抽象美,从而创造美和应用美。

案例:"数字编码"教学片段回顾

我们已经深入研究了学号和身份证号码,数字编码的广泛使用让我们的生活更加便捷与高效,你知道生活中还有哪些数字编码吗?

预设:银行卡号,会员卡号,……

数字编码在生活中有广泛应用,想知道它最早应用在什么地方吗?我们一起来看一看。(播放微课视频)

在上述教学环节中,教师通过数字编码在生活中的广泛应用,让学生充分感知数字编码的简洁美与通用美。数学源于生活又高于生活。数学之美,在于其理性和人文性的和谐统一。让学生身临其境地感受数字编码的产生与使用,能够让学生感受数字编码在生活中的重要作用,同时体会数学的简洁美、秩序美。数字编码的简洁与通用,展现了数学的美与自然生活的完美结合,学生在感受美的同时,能够感悟数学的实用性,从而对数学产生兴趣。

(二)在课堂小结环节中渗透数学德育教育

案例:"认识钟表"的教学片段回顾

在钟表世界里还藏着有许多奥秘呢。现在就跟着老师的步伐,一起到"时间博物馆"去畅游一下吧。

1. 钟的历史;

2. 名钟欣赏;

3. 时间诗词名言诵读。

今天我们学习了有关时间的知识,也感受了时间,希望同学们在生活中更加珍惜时间,让自己的生活更精彩。

案例中,教师带领学生在“时间博物馆”中畅游,了解历史、欣赏名钟、诵读与时间有关的诗词名句,让全课在读书声中结束,意蕴无穷。用寓教育于活动之中的课堂小结,既让学生初步建立了时间观念,又对学生进行了遵守时间、珍惜时间的教育,提升了学生的时间意识与情感。

(三)在课堂小结环节中发展学生的实践能力

实践是创新的基础。数学知识只有学生亲身的主动参与,动手实践,自主探究,才能培养学生的创新意识。有效的实践活动,使学生真正体会到生活中充满了数学,生活离不开数学,数学就在我们身边,感受数学的价值。从而培养学生乐学善思的数学学习习惯,增强数学学习自信心和积极性。在教学“条形统计图”时,教师用艺术形象化的统计图,把数学与生活紧密联结在一起,让学生用充满创造力的画笔,设计生动的统计图。

案例:“条形统计图”教学片段回顾

除了我们课堂上常见的条形统计图,生活中我们还用这样别具一格、更有设计感的统计图来形象地表达数据。(展示艺术形象化的统计图),从图中你都了解到了哪些信息呢?

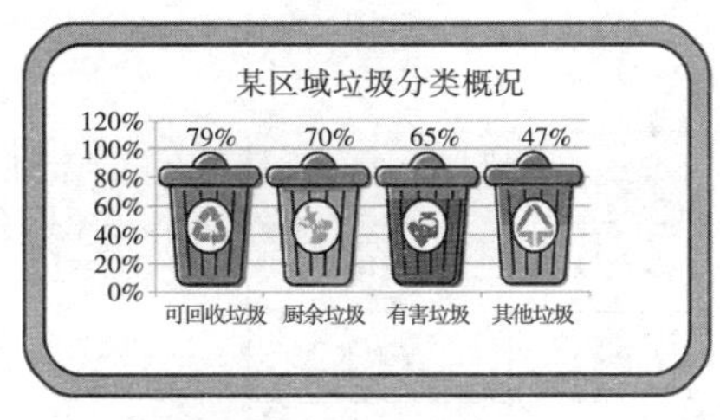

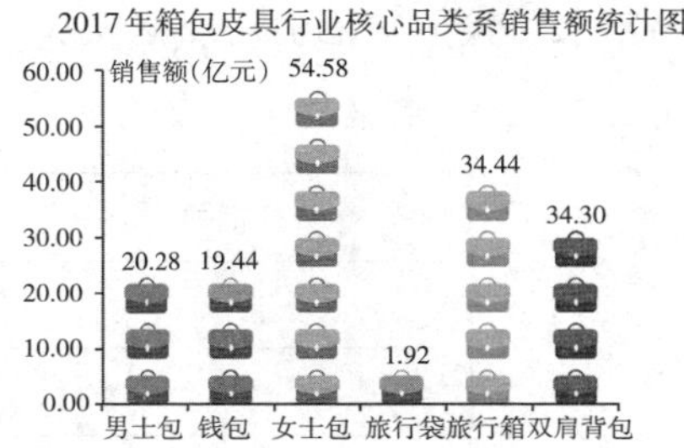

预设1:我从图一了解到可回收垃圾的分类情况较好,其他垃圾的分类情况需要提升。

预设2:我从图二了解到我看到女式包的销售额最多。

形象化的统计图让我们的统计变得更加生动有趣。请你用今天所学的《条形统计

图》的相关知识,去搜集生活中的你感兴趣的数据,再用画笔绘制一幅有创意的统计图吧。(学生创作统计图)

读图时代,数据的可视化方兴未艾。生动、形象、有趣的统计图,充满了现代的设计感,能够激发学生的学习兴趣,有助于提升学生的读图能力,促进数学应用意识与数据分析观念的提升。教师创设数学实践活动,让学生带着统计的眼光、走进生活中,搜集、整理数据,并绘制创意性的统计图,能够促进知识与生活的一体融合,助推学生学习兴趣与创造力的发展。

数学实践活动,突破了数学课堂的有限空间,让学生置身于一种开放的、动态的、主动的、多元的学习环境中,把理论与实践、知识与经验、学习与社会有机地结合起来,让学生在丰富、自由的自然体验、社会体验、文化体验、劳动体验等活动中,发现问题、解决问题,把数学知识融会贯通、体验数学的价值,培养学生解决实际问题的能力。

(四)在课堂小结环节中培养学生的思维能力

思维能力是指人们采用一定的思维方式对思维材料进行分析、整理、鉴别、消化、综合等加工改造,能动地透过各种现象把握事物内在实质联系,形成新的思想,获得新的发现,制定出新的决策的能力。抽象概括能力是数学思维能力的核心,是衡量学生思维发展的主要标志。在课堂小结环节中,教师引导学生对所学内容、知识方法结构进行提炼、概括和归纳,将学习内容进行沟通,挖掘新旧知识之间的内在联系,有利于学生在遇到类似问题时展开独立研究,提升知识迁移的学习能力。

案例1:“线段、直线和射线”教学片段回顾

这节课,我们认识了线段、射线和直线这三个好朋友,请你阅读数学书,把重要的知识勾画出来。找一找他们的相同点和不同点,把表格填完整。

学生展示表格,汇报。

相同		不同	
		端点	长度
线段	直	2个	有限长
射线	直	1个	无限长
直线	直	没有	无限长

我们了解了线段射线和直线的特征。希望同学们做事像线段一样有始有终,学习能像直线射线一样没有终点,学无止境。

教师在教学“线段、直线和射线”时,通过建构所学知识的结构体系进行课堂小结,

能充分体现各知识之间的有机联系，使知识条理化、系统化、培养学生归纳总结的能力。

在系统地学习了知识后，采用图表的形式进行总结，条理清晰。让学生在比较中，明确了线段、射线和直线的概念，有利于学生对整体知识的把握和灵活运用。同时，让学生带着问题回顾本节课的知识内容，再次阅读课本，把书上的重点知识勾画出来，让学生进行知识点总结，这样既培养了学生总结概括的能力，又在另一层面上培养了学生阅读课本勾画重点的习惯。小结时让学生带着问题阅读教材是对新知识的再加工和提炼，又是对学生进行思维训练的良好途径，有利于学生对新知识的理解和巩固。

案例2:“小数的大小比较”教学片段回顾

针对本节课，你感受最深的是什么？还有哪些遗憾？

同学们，对于刚才的问题，其实我们只对其中的一种情况进行了讨论，还有很多种情况值得课后你们继续思考和讨论，享受思考给我们带来的乐趣。

案例3:“认识百分数”教学片段回顾

上完这节课谁能谈谈你有什么感受，或者可以说说你有什么收获，也可以说说你对百分数还有什么问题。

预设1:百分数和分数有什么不同之处？

预设2:生活中有没有千分数、万分数呢？

学生学习数学的过程是一个认知的过程，学生学习数学过程的实质就是学生在教师的引导下将数学知识转化为自己的数学认知结构的过程，数学认知结构是学生心理结构与已有的数学知识结构相互作用的结果。在案例2和案例3中，教师关注学生在学习过程中的真实感受，让学生畅所欲言，是对学生认识结构的进一步完善的有效手段。而学生的真实感受其实也是教师教学反思的重要素材，对教师教学有很好的促进作用。在课终，留下一些有价值的问题，让学生带着问题下课，能够给学生创造一个思考的空间，不仅是对后期数学知识学习的良好铺垫，更能让学生感受到课虽止，但思未尽。日本数学教育家米山国藏先生指出：学生们所学到的数学知识，在进入社会后不到一两年就忘掉了，然而那种铭刻于学生头脑中的数学精神和数学思想方法却会长期在他们的生活和工作中发挥着作用。

课堂小结作为课堂教学中不可缺少的环节，在学生数学知识结构的形成中具有承上启下的功能与价值，它是对本课学习过程的一个总结和回顾，也是对后期学习埋下的伏笔，用自然的方式引出后期进一步研究的相关数学问题，有效促进学生数学知识结构体系的形成，最终完善学生的数学认知结构。

数学知识、思想、方法、情感的培养是一个潜移默化的过程，好的课堂小结不仅可以帮助学生学习掌握知识和技能，理解数学概念、数学原理、研究数学问题的思想方法，领会数学学科蕴含的人文精神、数学知识在发展历程中折射出的可贵的科学精神，还可以促进学生认知结构的形成，新知识模块的建立，激起学生的思维高潮，产生画龙点睛的作用，让课堂更加完美和谐。

第五章

小学数学学科全息育人教学评价

教学评价在本质上是一个确定课程与教学计划实际达到教育目标的程度的过程。作为教育评价的重要组成部分，教学评价是指“根据一定的教育价值观和评价标准，运用适宜、可行的评价手段，通过系统的资源收集和分析整理，对师生在课堂上进行的教与学的活动过程及其效果做的价值判断。”①

而目前，小学数学教学评价往往还存在着：在评价主体方面，缺乏评价的知识能力；在评价内容方面，侧重知识技能，轻视学生感受；在评价标准方面，缺乏对学生创新能力的关注；在评价工具方面，重教轻学，且实用性不强；在评价手段方面，重主观感受，轻客观依据；在评价结果的运用方面，反馈滞后、不完整，渠道不畅通②。甚至在一些数学活动课的评价上，还出现了过分重视数学活动形式，轻活动结果的取向。

小学数学学科全息育人教学评价立足于《义务教育数学课程标准(2022年版)》，扎根于“全息育人、五育并举”的教育思想，致力于全面了解学生数学学习的过程和结果，激励学生学习和改进教师教学。将评价作为落实学科育人的重要环节，在评价主体多元化和评价方式多样化的基础上，在发挥评价的激励作用，保护学生的自尊心和自信心的同时，实现评价对于学科认识、德性育人、审美育人、健康育人、劳动育人的有效兼顾和渗透。

---

① 郑金洲.基于新课程的课堂教学改革[M].福州:福建教育出版社:2004:13-15.

② 吕素梅.小学数学课堂教学评价的现状、问题及对策研究——以泰州市K校为例[D].扬州:扬州大学,2015.

第一节 小学数学学科全息育人教学评价的理念

教学评价是教育教学管理中不可缺少的一个环节,恰当的教学评价能有效促进教育教学质量的提升,实现学生的发展。21世纪之初开始的新一轮基础教育数学课程改革,转变了以往"以知识为本"的教育理念,继而聚焦"以人为本",因而"育人"成了当前数学教育的核心任务。在这样的趋势下,小学数学学科全息育人的教学理念应运而生。而小学数学学科全息育人活动的质量,以及如何改进等一系列问题,需要借助恰当的教学评价来解决。与以往关注"双基"达成的知识为本的传统教学活动不同,小学数学学科全息育人的教学活动,更多关注学生作为人的发展,关注学生的生命成长和情感体验等。为此,我们需要转变以往强调甄别和选拔的评价理念,以期实现学生的全面发展。具体表现为以下几个方面。

一、评价目的:素养提升,全面发展

习近平总书记站在实现中华民族伟大复兴以及人类社会和平发展的战略高度,对教育提出了"立德树人"的根本要求,回答了教育应该培养什么人和如何培养人的问题,这既是对马克思主义的全面发展学说的丰富和发展,又将人的发展和社会的进步统一起来,将个人的人生美满和国家的发展强大乃至人类的命运统一起来。新一轮基础教育课程改革就是在这样的背景下不断深化和发展的。小学数学学科全息育人活动也是在这种情况下逐渐开展起来的,目的是促进学生全面发展,使数学教育最终实现"育人"的目的。因此,小学数学学科全息育人的教学评价,其目的不是为了甄别和选拔,而是促进学生的素养提升,实现学生的全面发展。例如,在学习"数的认识"时,教师就不能单一地评价学生用数表示量、数的读写、数的分解与组成等学科认识的内容,还要考查学生是否学会了从数量的角度去观察周围的人和物等,考查学生在实际情境中能否用数的相关知识解决问题等,也就是要从学生素养提升的角度去全面考查学生的发展情况。再比如,让学生在A、B两地之间选择一个地点建一个超市,学生可能选择在A、B中点,或者其他的方案等,这都是对学生数学素养考查的一种体现。

《义务教育数学课程标准(2022年版)》指出,要发挥评价的育人导向作用,坚持以评促学、以评促教。评价结果的呈现应更多关注学生的进步,评价结果的运用应有利于增强学生学习数学的自信心，提高学生学习数学的兴趣。以往的教学评价主要发挥的是“筛子”的功能，更多聚焦于甄别和选拔。考查学生对知识的掌握情况，然后对学生进行等级(水平)划分，从而甄别出优生和差生，优生通过选拔，差生被淘汰。这样的教学评价，势必给学生营造一种竞争的氛围，不利于对学生合作意识、人际交往等能力的培养。另外，由于知识的掌握可以通过反复多次的练习来实现，所以学生为了在评价中获得好的等级(水平)，会不惜牺牲很多时间来练习、刷题，数学教育异化为刷题、应试、考高分、上名校等，这些都不利于学生的身心健康。

综上，小学数学学科全息育人的教学评价应该改变以往甄别和选拔的教学评价理念，充分发挥评价的激励功能，以提升学生素养，实现全面发展为目的。

二、评价指标：数学为本，多维融合

《义务教育数学课程标准(2022年版)》指出，在关注“四基”“四能”达成的同时，应特别关注学生核心素养的相应表现，全面考核和评价学生核心素养的形成和发展。因此，评价不仅要关注学生的学习结果，更要关注学生在学习过程中的发展和变化。小学数学学科全息育人的教学评价，重在对小学数学学科全息育人教学活动的效果做出价值判断，从而为改进学生的数学学习和教师教学提供信息。因此，在评价指标的设计上，应体现学生数学学习的特点，以数学为本，多维融合。

教育家赫尔巴特说：“没有任何无教学的教育，也没有任何无教育的教学。”正如培根所言：“读史使人明智，读诗使人灵秀，数学使人周密……”。小学每一个学科都承载着育人的任务，但各有其侧重点。小学数学学科全息育人虽然从学科认识、德性、审美、健康、实践几个维度体现其育人功能，实现学生德智体美劳的全面发展，但也有其侧重点，对学生数学学科的认识、理性思维的发展、科学精神的培养等是小学数学学科全息育人的重要指标点，同时兼具其他育人功能。因此，小学数学学科全息育人的教学评价在评价指标上应体现数学为本、多维融合的特点，建立目标多元、方法多样的评价体系。

三、评价主体：师生互评，多元参与

小学数学学科全息育人的教学评价的主要目的是全面了解学生数学学习的过程和结果，激励学生学习和改进教师教学。因此，评价既要关注学生学习的结果，也要重视学习的过程；既要关注学生数学学习的水平，也要重视学生在数学活动中所表现出来的情感与态度,帮助学生认识自我、建立信心。要发挥评价对学生的激励功能,就要充分发挥学生在评价中的能动性,使评价主体多元化。评价主体的多元化是指教师、家长、同学及学生自己都可以作为评价主体,建立师生互评、多元参与的评价体系,打破传统的老师(评价者)评价学生(被评价者)的单一的评价方式。这样,教师、家长、同学都可以评价学生,学生也可以评价老师,同学间还可以互相评价,让学生真切感受到自己才是学习的主人,自己的学习需要自己负责。同时,家长也能参与对学生的评价,这样能更好地促进家校合作。而且学生在参与评价的过程中,不仅能看到自己的不足,更重要的是可以看到自己的优势,从而可以更好地扬长避短,也可以让学生在与同学相互评价的过程中学会反思和欣赏。

例如,在日常教学中,老师可以不急于对学生的回答做出评价,先让其他同学对某同学的回答做出自己的理解和思考。这样,其他同学在对该同学的答案给出赞同或者不赞同的观点时,要给出自己的理由,在这个过程中,逐渐学会反思自我和欣赏他人。比如,吴正宪老师在教学"估算"一课时,每次学生给出的估算方法和结果都不急于评价,而是将评价的机会和主动权交给学生,让他们自己来选择同学们的估算方法。这样,学生在做出选择时,会说出自己的理由,学会欣赏比自己好的方法,同时也反思了自己思维的缺陷。另外,让家长参与对学生的评价,一方面因为学生在学校的时间有限,更多时间在家庭,综合他在学校和家庭的表现才能对其做出更客观、更全面的评价;另一方面,家长在参与孩子评价的过程中,也能更好地发挥家校共育的作用,让家长真正认识到教育孩子是家庭和学校双方共同的责任,而不是以往认为的只要把孩子交给学校,家长就可以不管了。

总之,建立师生互评、多元参与的小学数学学科全息育人教学评价体系,能更好地发挥评价对激励学生学习和改善教师教学的功能。

第二节　小学数学学科全息育人教学评价的原则

为了更好地发挥评价对激励学生学习和改善教师教学的功能,在评价时必须以事实为依据,尽量减少评价者个人主观因素或外界因素对评价的干扰与影响,防止评价者把自己的个人偏见和喜好带入评价过程,这就要求开展评价活动时必须坚持一些基本原则,遵循一定的要求。具体表现在以下几个方面。

一、公平性原则

公平是一种质的特性，是与公平、正义相联系的价值判断。教育的公平性一直备受社会各界的关注，尤其是教育评价的公平性，已经成为衡量评价质量的一个重要指标。教育评价中最重要的教学评价，既是促进学生发展的需要，更是改进教师教学的关键，其公平性更是实现教育目标的有效保证。因此，在实施小学数学学科全息育人的教学评价时，必须贯彻公平性原则。小学数学学科全息育人教学评价的公平性原则，是指在评价活动中，在真理面前人人平等，对评价对象要一视同仁，评价指标要体现公平性。具体来说，就是指在开展评价活动时，不偏袒任何一个评价对象，也不歧视任何一个评价对象。比如，教师在开展课堂教学的评价时，不能只提问数学能力强的学生，对数学基础差的学生需要更多地关注。同时，也不能只关注学生的知识掌握情况，更要关注学生的生命成长和情感体验等。因此，在评价指标的设计上，往往更多侧重知识技能的掌握情况，数学思维、能力的发展情况等，这样的评价对数学基础好的学生而言是有利的，而对数学基础差的学生来说就不利。学生的发展应该是全面立体的，如果只考查他在数学一个方面的发展情况，对他而言是不公平的。

在小学数学学科全息育人的教学评价活动中，贯彻公平性原则要注意，在同一范围内，对同类评价对象，必须用同一标准，不能采用“双标”。比如有的老师，在课堂评价中，会带着个人情感对学生的表现进行评价，对那些平时表现好，老师心目中的“好学生”过分夸张地表扬，而对平时表现差，在老师心目中有成见的那些学生大肆打压、否定，这就违背了教学评价的公平性原则。另外，在短期内，对同类评价对象的评价也应保持一致，因为学生的发展是一个循序渐进的过程，不可能一蹴而就地实现，所以老师不能在短时间内用不同的标准要求评价对象。

二、可行性原则

任何评价活动，都必须从教学活动本身的客观规律出发，以科学的评价指标体系为基础，以评价信息为依据，采用科学的评价方法、技术，对评价对象做出实事求是的价值判断。但是，无论评价的理念多先进，指标设计多完善，最终要靠实施来保障评价质量，所以可行性原则是衡量评价活动好坏的一个重要指标。小学数学学科全息育人教学评价的可行性是指评价的指标体系以及方法技术要尽可能简便易行，教学评价程序要便于实施和操作。很多时候，我们对评价带有幻想，认为评价是万能的，能实现一切人们想要达到的目标。但殊不知，任何评价都存在局限性，都有其不完美的地方，所以不可能面面俱到。如果评价想要穷尽一切教育中待考查的内容，这将使评价失去操作性，也就是该评价不可行。比如，小学数学学科全息育人是从学科认识、德性、审美、健康、实践五个方面来实现学生的全面发展，但在设计评价指标时应该体现以数学为主的多维融合，方能让评价具有可行性。

在小学数学学科全息育人的教学评价活动中，贯彻可行性原则要考虑评价对象的特殊性。因为评价对象还是小学生，尤其是对低学段的学生来说，其认知能力、社会阅历、实践经验等都非常不足，这就需要老师在构建评价指标体系时考虑学生的实际情况，设计出切实可行的评价活动。比如，老师想要考查一年级学生的实践能力、独立能力等，设计了评价活动：这次社团活动，请同学们为班级准备买一些水果。这样的评价活动对一年级的学生来说操作性就不强，因为孩子这个时候的心理发展可能还处于“自我”的阶段，多数会按自己的喜好来购买。比如，有的可能会购买苹果，有的可能会购买草莓、有的可能购买橘子等。这样最后买回来的水果可能会品质不好，数量不均，等等。另外，对一年级的学生来说，其对数的运算能力还很不足，这会给他购买过程中的价格计算问题带来麻烦，让孩子内心产生对买卖的恐惧心理，不利于孩子的身心发展。因此，在小学数学学科全息育人的教学评价活动中，就必须考虑评价方案的可行性问题，这是保证评价有效性的重要一环。

三、过程性原则

小学数学学科全息育人的教学活动，其核心任务是“育人”，而不是以往教学活动以传授知识为主。因此，小学数学学科全息育人的教学评价，主要关注的是学生的全面发展。而学生的发展，是一个过程，只有经过一定的过程，学生才能实现自身的发展。正如恩格斯所说，“世界不是既成事物的集合体，而是过程的集合体”。传统的教学评价，主要是终结性评价，这种评价方式侧重于考查学生对“双基”的掌握情况，即要求学生牢固掌握数学的基础知识和基本技能。在这种评价方式下，学生为了在评价中取得好的评价结果，“死记硬背”成了主要的学习方式，数学教育异化为刷题、应试、考高分、上名校等。

因此，小学数学学科全息育人的教学评价，必须体现过程性，构建结果和过程并重的评价体系。小学数学学科全息育人的教学评价的过程性原则是指，评价活动的开展要尽量暴露学生发展的过程，尤其是数学思维的过程。例如，老师在考查学生对5以内数的加减法的理解时，不能简单地给学生几个5以内数的加法或减法算式让学生计算，看学生答案的对错对学生做出评价，而要看学生在计算5以内数加减法时的思维过程。

比如，有的学生理解“2+3=5”可能是将分别有2个和3个的两堆苹果全部合起来数，一共有5个，得出“2+3=5”；而有的学生可能是将其中一堆拿到另一堆，直接在原来那一堆的基础上继续往下数，而且有的同学在这个过程中可能还会发现将少的一堆往多的一堆拿还能减少工作量，也就是可以让计算变得更方便。

通过这样暴露思维过程的评价活动，老师能够更全面、更客观地把握学生数学思维发展的真实情况。在小学数学学科全息育人的教学评价活动中，贯彻过程性原则要注意，让学生真正参与到教师的教学活动中来，而且主要是要有数学思维的参与，而不是表面的身体的参与。比如，有的学生表面上也在跟着老师读、写，盯着黑板看，但实则人在心不在，可能内心在想过生日爸爸妈妈会给我买什么玩具，或者哪个动画片里面的某个场景等，这样老师对学生在这个过程中的表现做出评价就会失之偏颇。

四、开放性原则

开放性原则是哲学的基本观点，人要有兼容并包的开放心态，方能从容自如地面对周遭的环境。教育需要开放，面对每一个公民，方能发挥教育的社会性功能。教育评价更需要开放，这是教育的社会属性决定的。小学数学学科全息育人的教学评价必须遵循开放性原则，这是保证评价质量的又一重要指标。首先，在实施教学评价活动时，老师要信任和尊重学生，以“朋友和共同学习者”的身份与学生相处，创设一个融洽、和谐、和睦的课堂环境，让学生在轻松、愉快的情境中获得知识、提高能力、陶冶情操。其次，要赏识和激励每一个学生。人是具有情感的生命体，需要被赏识来获得情感体验，作为学习主体的学生更不例外。学生常常把教师的赏识看成是对自己的评价，当他们得到他人的赏识时，就觉得自己进步了，“我可以”的想法油然而生，从而增强学习的动力，激发学习的兴趣。教师要在学生的日常行为表现中多发现可以肯定和鼓励的东西，对学生的答案或方法，正确地加以赏识；错误的也可以从数学思维、答题方式或做事态度上加以肯定。

在小学数学学科全息育人的教学评价活动中，贯彻开放性原则时要注意，老师不能以一副高高在上的姿态面对学生，要以开放的、兼容并包的态度对待每一位学生，让他们参与教学评价的过程。例如，当老师在课堂教学中出现了口误或者笔误等小错误时，如果学生提出来了，老师要及时纠正，以诚恳的态度接受学生的纠错和批评，这既是教师高尚情操的体现，更是教师人格魅力所在，对学生的正面影响将是学生一生的财富。同时，教师还应该教会学生在参与同学互评的过程中，学会反思和欣赏，以一颗兼容并包的心来接受其他同学的评价，从而达到“正己”的目的。

五、客观性原则

评价只有客观了，不带情感色彩了，才能保证真实、有效，所以小学数学全息育人的教学评价活动的客观性原则是保证评价活动科学性、公平性和评价质量等的重要指标。评价的客观性原则是指在进行教学评价时，从测量的标准和方法到评价者所持有的态度，特别是最终的评价结果，都应该符合客观实际，不能主观臆断或掺入个人情感。因为教学评价的目的在于给学生的学和教师的教以客观的价值判断，如果缺乏客观性就失去了意义，从而导致教学决策的错误。小学数学学科全息育人的教学评价是对小学数学学科全息育人教学活动的达标程度做出价值判断，并为教学决策提供有用信息，其本质属性是做出价值判断，目的是搜集信息、改进教学，因此必须遵循客观性原则。否则，如果搜集的信息不客观、不全面，那么对学生学和教师教的导向将出现错误。

在小学数学学科全息育人的教学评价活动中，贯彻客观性原则要注意对被评价对象信息搜集的全面性。比如，在对一个学生的身心健康进行考查时，不仅要观察学生在学校的表现，更要搜集学生在家里的表现，因为小学生在学校的时间有限，更多时间是在家庭中。同时，还要分析学生出现某种行为的深层原因，才能对学生做出真实客观的评价。另外，在贯彻客观性原则时，还要注意评价结果和过程都应符合客观实际，尊重客观事实，实事求是，不随意夸大或缩小客观事实。比如，有的老师在对学生做出评价时，会带有感情色彩。对平时表现好，数学基础好的学生过多地关注，给出好的等级评定，甚至给出过高的评价；而对那些平时调皮捣蛋，甚至对老师恶作剧的学生给出过低的评价，这都不符合评价的客观性原则。

第三节　小学数学学科全息育人教学评价的方法

现代教学评价起源于美国教育家、心理学家泰勒提出的以教育目标为核心的教育评价学。根据评价在教学活动中发挥作用的不同，可把教学评价分为诊断性评价、形成性评价和总结性评价三种类型。[①]根据评价基准选择的不同，可将教学评价分为相对性评价和绝对性评价。根据评价过程中数学方法的运用与否，可将教学评价分为定

① 肖远军．教育评价原理及应用[M]．杭州：浙江大学出版社，2004：25-30.

性评价和定量评价。

基于全息育人视域下的小学数学学科全息育人教学评价，注重对于课程标准的落实，从全息育人的角度出发，将定性评价与定量评价相结合，形成性评价与终结性评价相结合，自评与他评相结合。下面就以教学评价的两个核心环节：对课堂教学工作的评价、对学生学习效果的评价，来分别说明小学数学学科全息育人教学评价的方法。

一、小学数学学科全息育人课堂教学评价的方法

为了便于一线教师开展课堂教学测评的工作，改善原有的模糊化、笼统化的测评方式，体现数学学科特点和全息育人理念，以下文为例，向读者介绍两种以课堂教学评价量表为主的小学数学学科全息育人课堂教学评价体系，读者可根据教学实际和偏好有所侧重选择。

（一）评价维度和评价体系

根据对国内外课堂教学评价的相关文献的梳理，现状的问卷调查和访谈，整理和分析有关的信息，结合教学目标、数学课程标准、全息育人教育理念、教学实践中的经验和评价对象及条件，拟订小学数学全息育人课堂教学评价标准的方案，具体分为5个维度，即目标与内容、教师行为、学生行为、教学效益、个性与特色。

1. 目标与内容

（1）目标明确、具体，和谐统一，符合新课程理念。

（2）准确把握教材的编写意图和重难点，合理开发课程资源，发展学生核心素养，体现数学学科育人功能。

2. 教师行为

（1）发挥教师的主导作用，处理好讲授与学生自主学习的关系，激发学习兴趣，促进学生思维的发展。

（2）教学环节安排恰当，时间分配合理，过渡自然。

（3）发挥学习评价的激励、导向等功能，评价方式多元，重视学生的自主评价。

（4）关注学生发展，重视课堂练习与知识的应用。

（5）有效挖掘学习资源的育人价值，育人方式科学合理，自然恰当地实施学科全息育人。

3. 学生行为

（1）体现学生的主体地位，采用动手实践、自主探索、合作交流等学习方式主动参

与数学学习活动。

(2)经历数学知识的形成过程,掌握数学基本技能,获得数学基本思想,积累数学活动经验。

(3)积极探究与思考,充分表达与交流,培养发现和提出问题、分析和解决问题的能力。

(4)学生在愉悦的氛围中快乐学习,情感得到抒发,获得成功的体验,人文情怀、科学精神、社会主义核心价值观等得到升华。

4.教学效益

(1)课堂容量适度,完成预定教学目标,学生的知识、能力、情感等方面得到培养。

(2)处理好过程与结果的关系,促进学生数学素养的形成与发展,学科全息育人得到有效落实。

5.个性与特色

(1)在教学实施、组织管理、处理生成等方面有亮点。特别是育人点的挖掘和创造实施有独到之处。

(2)教师有良好的教学素养,有较鲜明的教学风格。

(3)有效运用信息技术,与课堂教学有机融合。

(二)评价量表的建构

通过使用"对偶比较法"确定一级指标的权重,采用"定量统计法"确定二级指标的权重①。同时,采用李克特等级量表,形成便于实践操作的方案一对应的量表结构,具体见表5-1。

表5-1 小学数学全息育人课堂教学评价表

评价项目	评价要点	权重				评分
		优	良	合格	待合格	
目标与内容(10分)	1.目标明确、具体,和谐统一,符合新课程理念。 2.准确把握教材的编写意图和重难点,合理开发课程资源,发展学生核心素养,体现数学学科育人功能。	10—9分	8—7分	6分	5—1分	

① 吴钢.现代教育评价教程[M].北京:北京大学出版社,2008:106.

续表

评价项目	评价要点	权重				评分
		优	良	合格	待合格	
教师行为（30分）	1.发挥教师的主导作用，处理好讲授与学生自主学习的关系，激发学习兴趣，促进学生思维的发展。 2.教学环节安排恰当，时间分配合理，过渡自然。 3.发挥学习评价的激励、导向等功能，评价方式多元，重视学生的自主评价。 4.关注学生发展，重视课堂练习与知识的应用。 5.有效挖掘学习资源的育人价值，育人方式科学合理，自然恰当地实施学科全息育人。	30—27分	26—21分	20—18分	17—1分	
学生行为（30分）	1.体现学生的主体地位，采用动手实践、自主探索、合作交流等学习方式主动参与数学学习活动。 2.经历数学知识的形成过程，掌握数学基本技能，获得数学基本思想，积累数学活动经验。 3.积极探究与思考，充分表达与交流，培养发现和提出问题、分析和解决问题的能力。 4.学生在愉悦的氛围中快乐学习，情感得到抒发，获得成功的体验，人文情怀、科学精神、社会主义核心价值观等得到升华。	30—27分	26—21分	20—18分	17—1分	
教学效益（20分）	1.课堂容量适度，完成预定教学目标，学生的知识、能力、情感等方面得到培养。 2.处理好过程与结果的关系，促进学生数学素养的形成与发展，学科全息育人得到有效落实。	20—18分	17—14分	13—12分	11—1分	
个性与特色（10分）	1.在教学实施、组织管理、处理生成等方面有亮点。特别是育人点的挖掘和创造实施有独到之处。 2.教师有良好的教学素养，有较鲜明的教学风格。 3.有效运用信息技术，与课堂教学有机融合。	10—9分	8—7分	6分	5—1分	
总分						

关于评价量表的使用方法，首先，既可以作为任教教师的自评表，也可以作为观察量表，既适合一名评价者使用，也可以是两到三名评价者分工使用，根据评价的维度，每人负责其中几个维度的测评，然后按照实际的课堂教学，对照指标，按照符合的程度选择相应的等级。最后将各个维度的得分求和就得到评价标准体系的总分。

（三）课堂教学评价的其他方法

除了使用课堂观察量表进行全息育人课堂教学评价以外，还可以按照评价体系所建构的维度，围绕数学核心素养的培养和全息育人理念的落实，选择其中的一项或几项，编制访谈提纲，对授课教师或者评课者进行访谈，来获取教师课堂教学的评价信息。

二、小学数学学科全息育人学生学习评价的方法

目前，我国小学数学学生学习评价，主要采用传统的总结性评价为主，特别是以数学纸笔测验作为常见的评价方式，部分地区和学校能够根据自身特点设计出一些小学数学形成性评价和即时性评价①。小学数学学科全息育人的学生学习评价，兼顾了总结性评价、形成性评价、即时性评价三种类型，除了对学生的知识技能情况进行评价，还注重学生的数学思维、数学素养以及将知识运用到实际生活中的能力，同时兼顾学科评价育人的渗透，使其能够符合小学数学课程标准的要求，体现全息育人的教育理念，形成对学生进行相对全面的评价方式，从而有效解决单一评价体系导致义务教育竞技化的现象。（如图5-1）

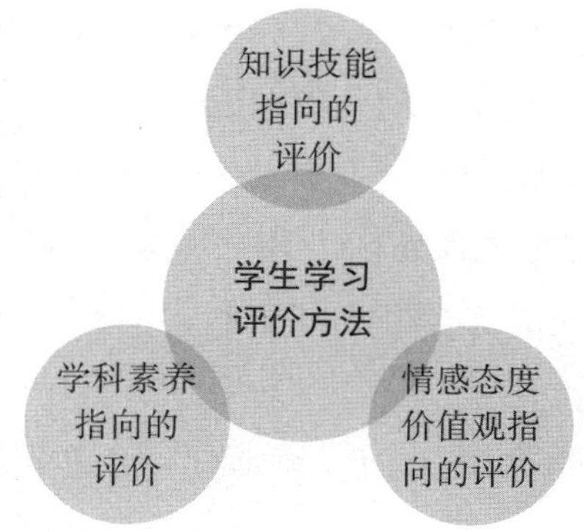

图5-1 小学数学全息育人学生学习评价方法结构图

① 陈雨．小学高年级数学作业多元化设计的策略研究[D]扬州：扬州大学，2013.

(一)小学数学全息育人学生学习知识技能指向的评价方法

增加试卷类别——以小学数学知识难度区分类别。

全息育人教育理念强调面向全部学生,覆盖全部学生,但实际上不同学生对于知识掌握的层次是不同的。除了学校或区域所要求的完成的考试试卷以外,教师可以根据课程设置中知识点的难易程度,分别制定不同难易程度类型的试卷,一类可以是针对在数学学习情况上掌握良好,对数学学习有浓厚的兴趣,并且有一定提升空间的部分学生;一类是可以适用于在数学学科成绩上能够通过自身努力,保持优秀,而且在数学思维上还没有充分开发的部分学生;或者可以编写给在数学思维上还没有充分开发,暂时落后于其他同龄的学生。

(二)小学数学全息育人学生学习情感态度指向的评价方法

1.口头评价育人导向

口头评价是教育评价的重要组成部分,其特有的价值在现代教育体系中占有很重要的位置。当前我国新课程改革所提出的评价理念也高度重视这一问题。口头评价在小学数学教学中具有特殊的意义。首先,口头评价是贯穿于教学中的一种即时的、情境性的评价,是小学数学教学评价的重要手段,口头评价的直接性、快捷性、情境性和情绪感染为其提供了有效途径。其次,口头评价是教学评价体系中不可或缺的组成部分,通过口头评价能够较为准确地掌握学生的参与程度和知识技能掌握水平,增强师生之间、生生之间的交流互动,是符合全息育人理念的评价方式之一。

例如:在进行“年月日”一课的练习环节时,教师可以先做一个调查,请知道自己生日的同学举手,再请知道爸爸妈妈生日的同学举手,最后请知道祖国妈妈生日,也就是新中国成立日子的同学举手,举手的人数一次少于一次。对此,教师就可以展开评价:看来,知道自己爸爸妈妈生日的同学,要明显少于知道自己生日的同学,知道祖国妈妈生日的同学也不多,希望同学们能像爱自己那样,去爱我们的爸爸妈妈,更要去爱我们的祖国。通过这样的评价,在完成练习题目的同时,也渗透了对于学生家国情怀的培养。

2.肢体语言温情沟通

在肢体语言上,也可以体现数学的学科特点、渗透全息育人的理念。比如,学生在答题或者画图时,轻轻地扶正学生的坐姿,或者为学生整洁的书写点赞,这些方式都可以向学生传达正向、积极的信息。适当增加教师与学生之间的接触,可以拉近学生与教师之间的距离,让学生不再对教师产生距离感。同时,也会促进学生良好的学习习惯和优秀的学习品质的养成,达成德行育人的积极作用。

3.适当增加物质评价

在课堂中的即时性评价可以使用实物奖励的评价方式，在学生回答正确或者表现突出时，可以给予学生一些奖励，并明确告诉学生奖励的原因，这样可以增强刺激，让学生的刺激反应建立得更加扎实。对于奖励的物质方面也可以根据学生的年龄特点富于变化。比如，针对第一学段的小学生，其年龄一般为6—9岁，可以选取一些符合其年龄特点的卡通图片等物品，来奖励学生的一些可取的表现。学生通过积累图片等方式，适时换取不同级别的奖品，用学生十分感兴趣的物质来建立强烈的正刺激，这样就能够使学生的良好表现、优秀反应建立的时间更加长久，形成习惯。同时，也为周围同学树立了学习的榜样，带动整个班级形成良好的学习氛围。

4.设置日常评价——以数学符号为奖惩形式

对于小学生而言，日常评价是十分必要的，由于小学生的年龄特点，对于课堂常规和作业要求，难以长时间大范围地保持和落实。因此，能够吸引学生的注意力就是至关重要的一环。根据华生的刺激——反应学习理论，传统的小红花评价自然是有其一定理论基础。针对小学数学全息育人的特点而言，小红花评价法可以进一步改进，我们可以使用加号“+”来奖励表现好的学生，用减号“−”来给予表现差的同学一点惩戒。把奖励和惩戒通过加分和减分来体现不同，可以有效渗透德育，帮助学生养成良好的行为习惯和道德品质。而加号减号相抵消的方式也可以让学生的行为更加有方向性，有助于学生知错就改，敢于担当品格的养成。

（三）小学数学全息育人学生学习学科素养指向的评价方法

1.丰富试卷命题——以小学数学生活化为其主题词

全息育人教育理念追求知识的学习有效联系生活、沟通生活，所以在编制小学数学全息育人试卷的题目时，其最终目的在于能够使学生体会到，数学知识在我们的实际生活中无处不在，使学生能够将在学校学习到的数学知识，运用到我们的实际生活中，学会用数学知识去解决生活中遇到的问题。

命题者可以参照借鉴PISA国际测试题目，强化学生对于数学知识、发现和提出问题、运用数学知识、考查数学技能和数学思想来进行命题。设计基于知识问题情境的数学题目，激发学生的兴趣和主动性。以人为本，关注学生的数学素养与品质；多维共建，兼顾科学性和适用性；精选素材，体现考试内容的真实性与创造性；严谨编码，分析评价结果所显露出的个性与共性[①]。

① 胡典顺，雷沛瑶，刘婷.数学核心素养的测评：基于PISA测评框架与试题设计的视角[J].教育测量与评价，2018(10)：40-42.

例题：黄金分割是指将整体一分为二，较大部分与整体部分的比值等于较小部分与较大部分的比值，其比值约为 0.618。这个比例被公认为是最能引起美感的比例，因此被称为黄金分割。世界上许多著名的建筑和美术作品中都包含有黄金分割比，比如古希腊的巴台农神庙、印度的泰姬陵、上海东方明珠电视塔等（图 5–2、图 5–3、图 5–4）。

图5–2　古希腊的巴台农神庙

图5–3　印度的泰姬陵

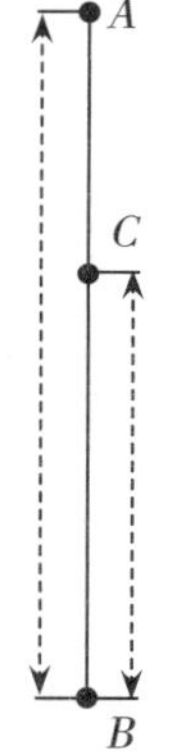

图5–4　上海东方明珠电视塔及示意图

【问题】

如图 5–4 所示，上海东方明珠电视塔高 468 m，上部球体的球心 C 是塔身 AB 的黄金分割点，且上部球体的球心到塔底部的距离 BC 比它到塔顶端的距离 AC 长，那么上部球体的球心到塔底部的距离 BC 大约是多少米？(结果保留整数部分)。

2.扩展考试形式——以数学学习活动为出发点

全息育人教育理念奉行学生在探索中获取知识，在实践中检验知识。因此，教师可以将实践活动拓展为学生总结性评价的一种，在实践活动中包含多个知识点的考查目的为前提。鼓励学生通过观察、动手、统计等方式，完成任务。例如：在学习了条形统计图这一单元后，就可以布置考核任务，让学生统计自家各个房间，家用电器的数量，完成条形统计图的绘制。学生就要在完成数据收集的基础上，根据数据信息，尝试设计统计图，从中不仅考查了学生有关条形统计图的各种细节和知识，更培养了学生的实践意识，体会数学语言、数学表达的简洁优势，达到了学科育人、评价育人的目标。

比如，学校或者任课教师可以通过组织数学活动的方式，在重点考查学生数学学科核心素养的同时，可以综合考评学生的综合素质发展。例如：可以组织“乐评嘉年华”活动，通过设计开展诸如“汉诺塔挑战赛”“24点挑战赛”“乐高模型赛”等趣味性研究实践活动，旨在考查学生的动手操作技能、知识背景掌握、逻辑推理能力和团队协作意识。推动多学科融合，靶向培养学生的综合能力，实现课程评价由终结性评价向过程性评价变革，促进学生综合素养的发展，为学生构建一个开放的学习环境，给予每一位学生展示的机会，丰富学生们的校园生活。

3.设置记录评价——以数学日记为主要方式

在针对小学形成性评价中的学期期末鉴定程序走空的情况，从全息育人理念出发，教师可以让学生作为主体来进行自我评价，发挥学生的主体性，其中评价标准就可以设置为学生自己的记录性评价。[①]让学生每学期写一本数学日记或周记，[②]鼓励学生在学习新知识后，记录在这一天或一周中对于新知识的认识，还有布置的数学作业应怎样完成，甚至是新知识如何应用在实践中等。这样一篇日记可以体现出学生在日常生活中对所学到的数学知识、数学理念的使用，也能够看出一个孩子数学思维形成的过程。从文本当中，也能反馈出学科育人、五育并举目标的达成情况。

除了数学日记以外，作为全息育人理念指引下的小学数学测评，如果想要针对小学生的数学学习进程有一个明确的把握，就应该为小学数学学科设置一个专用评价表格，以便于对学生在数学学习上的学科素养发展状况和全息育人理念的达成进行直接的评价。[③]

---

① 卓丽贞.小学生写数学日记的实践与思考[J].中国教育技术装备，2008(16):93-94.

② 武丹.新课程标准下小学数学多元化评价的策略研究[D]锦州:渤海大学，2015.

③ 赵迎辉.论数学知识形成过程的评价[J].成功(教育版)，2011(11):34-36.

第四节　小学数学学科全息育人教学评价的案例

本节将通过具体的教学实施案例，来呈现小学数学全息育人教学评价的具体实施方法。对于一线教师来讲，教学评价地案例是最具有参考价值和代表意义的成果，通过对于案例的评析，可以清晰地展现出教师个体所表现出的评价素养，可以折射出课程设计团队，如何以全息育人理念落实学科核心素养的培养和提升。下面精选了几个最具有代表性的课例，分别从课堂教学评价案例和学生表现性评价案例的评析为例，来进行具体的说明和阐述。

一、课堂教学评价案例评析

利用来源于现实的主题开发跨学科融合课程，是促成理性思维与人文底蕴共同提高的有效路径，也是《义务教育数学课程标准（2022年版）》中关于综合与实践内容设计的关键要点。下面以面向五年级学生开发的内容"赛制的奥妙"一课为例，围绕实践教学，感受教学设计者通过创设"有温度"的情境，搭建"有支架"的教学，设置"有挑战"的习题，来实现学生核心素养的提升意图。同时，对于教学片段中全息育人课堂教学评价指标的落实情况，分别进行说明。

（一）"赛制的奥妙"教学案例呈现

1.创设"有温度"的情境，充分激发认知矛盾

综合与实践课程是一种以解决真实问题为核心的课程样态，它强调面向学生的生活实际，综合运用多学科知识去开展探究、体验等实践活动。因此，围绕学生的关注点，捕捉课堂资源的生长点，生成"有温度"的主题，是此类课程开发的关键点。中国女排凭借骄人的战绩和女排精神的展现，一直以来受到举国上下的关注和喜爱，笔者就以女排征战里约奥运会的历程为主题，面向五年级的学生开展了"赛制的奥妙"一课的教学。

师：同学们，你们知道在咱们中国哪些体育项目是国际一流的水平？

生：乒乓球、跳水，还有中国女排！

师：那什么样的体育队伍才能获得冠军？

生：那一定是比赛成绩最好的！

师：可是，在回顾中国女排里约奥运会夺冠的历程中，老师就发现了一个问题：为

什么只输了一场的美国队获得铜牌，输了两场的塞尔维亚获得银牌，输了三场的中国女排夺得金牌？难道输得最多的才是冠军？

在开课环节中，教师充分利用了中国女排的热点信息，拉近了跟学生的距离，让教学内容富有生活性和趣味性，增添了课程的新鲜感。同时，问题的提出，不仅充分激发了学生的认知冲突，而且也为本节课借助数学思想解决体育问题（学科认知），渗透爱国主义教育（德性育人）的线索埋下了伏笔。

2.搭建“有支架”的教学，自主探究由浅入深

在“有温度”的真实情境中，往往蕴含着知识的广度和深度，需要教师以一个组织者和引导者的身份，为学生提供适当的、小步调的提示，让学生通过这些支架一步步攀升，从初步认识逐渐过渡到深入分析，从而实现解决问题、掌握知识、提高能力、提升素养的目标。

环节一：探明原因，引出课题

师：为了解决这个问题，老师给大家准备了一段视频资料，请同学们带着问题仔细观看，然后给出自己的解释。

生$_1$：因为女排虽然在小组赛中输得多，但是在后面的淘汰赛中都是赢了的。

生$_2$：我补充，其实是因为整个比赛分为两个阶段，第一阶段小组赛我们输了3场，以小组第4名进入第二阶段的淘汰赛，在淘汰赛中我们全部获胜。

师：正如同学们所说，其实原因就在于本次女排比赛中，两个阶段的赛制不同。那今天我们就来学习“赛制的奥妙”。

在上述环节中，教师为学生播放的视频资料，作为一种支架，帮助学生唤醒和补充了有关的体育知识。学生也在观看的过程中，根据视频的提示，去尝试分析和总结原因，对问题进行了初步解答，也为下一部分深入研究做好了铺垫。

环节二：探究单循环赛制

师：第一阶段采用的是单循环赛制。那咱们身边有没有单循环赛制的比赛呢？

生：校园三人制篮球赛就是单循环赛制。

师：已知中国女排所在的B组有6支球队，在小组赛阶段中，中国女排有多少场比赛呢？

生：5场，因为中国队有5个对手，和每个对手比一场。

师：那整个B组共有多少场比赛呢？大家先独立思考，再小组讨论。

生$_1$：有15场，我是数出来的，每两个国家队比一场，我就连一条线，中国队有5场，美国队还剩4场，以此类推，就是5+4+3+2+1=15（场）。（图5−5）

生$_2$:我把这些国家队都看成点,然后用线段连起来,因为两两之间比1场,这里有多少条线段,就有多少场比赛,还是5+4+3+2+1=15(场)。(图5-6)

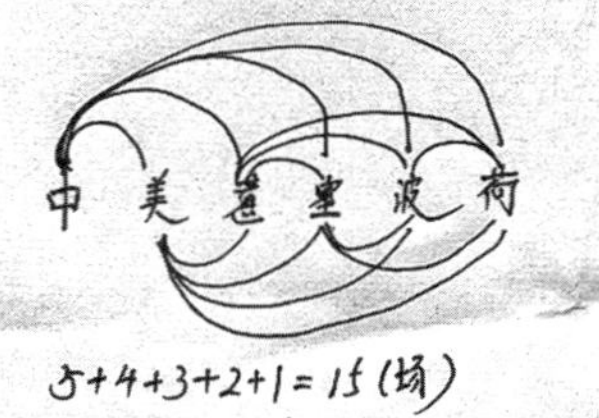

图5-5 连线示意图

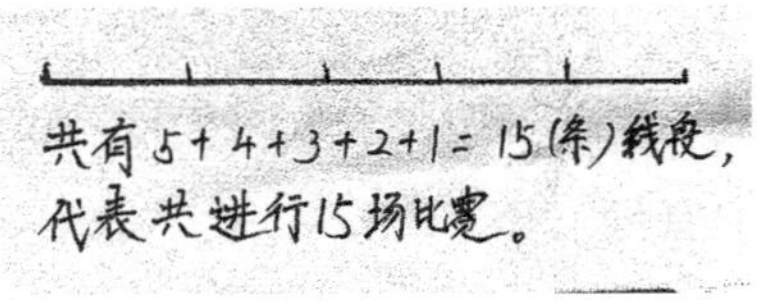

共有5+4+3+2+1=15(条)线段,
代表共进行15场比赛。

图5-6 线段示意图

生$_3$:我是这样想的,因为6支球队都有5场比赛,先用6×5=30(场),又因为两队之间只比1场,所以还得用30÷2=15(场)。

师:老师为大家的表现点赞,那这些方法当中你们最喜欢哪一种?那如果是8支或者10支以及更多呢?你们还能得出比赛场次数吗?

生:最喜欢第三种方法,因为最简洁方便。总之,场次数=队伍数×(队伍数-1)÷2。

在研究单循环赛制的教学过程中,学生充分结合校园生活,巩固了对这种赛制的认识。同时,在老师问题的指引下,学生的回答实质上体现了先利用直观的实物模型,通过画线的方式数出比赛场次数;再到利用数学的抽象思维,将问题转化为已知的数线段题目;最后到通过理解数量关系,列出算式进行解答,数学化程度逐步加深。然后教师趁热打铁,追问学生形成了方法的优化并引入了数学模型的思想。

环节三:探究单败淘汰赛制

师:中国女排以小组第4名的成绩,艰难进入下一个阶段,第二阶段采用的是单败淘汰赛制,对于这种赛制大家了解多少?

生:只要输了就会被淘汰,失去夺冠的资格。

师:而且中国队第一个对手,就是当时的世界第一巴西女排,不过中国女排发扬了顽强拼搏的精神,最终获得了金牌!请问大家,这里的8支球队一共要进行多少场比赛,才能分出冠亚军。

生$_1$:我是画图得来的,第一轮要4场,第二轮要2场,冠军赛1场,就是4+2+1=7(场)。(图5-7、图5-8)

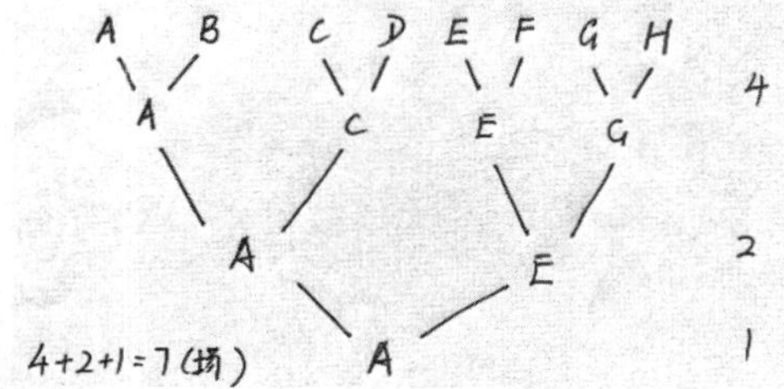

图5-7 示意图1

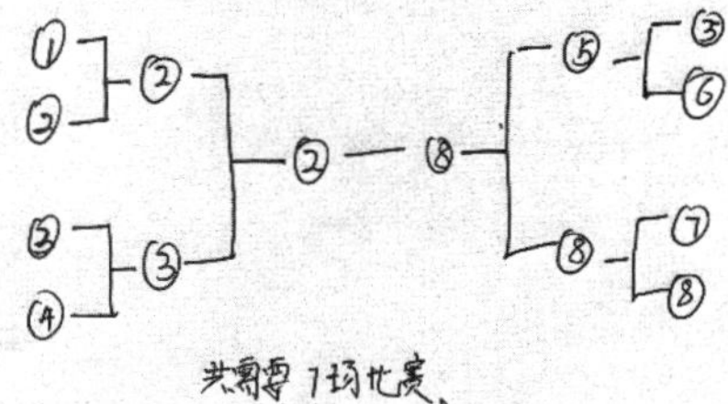

图5-8 示意图2

生$_2$:可以这样想,因为1场比赛淘汰1支球队,8支队伍最后就剩下1个冠军,所以用8−1=7(场)。

师:同学们说得都很有道理,不过大家更偏向于哪一种方法?那如果还要分出冠亚季军呢?

生:更喜欢第2种方法,如果还要决出季军,就需要8场比赛,原先的7场+1场季军赛。

师:那大家自己能总结一下场次数和队伍数(为2的次方)的关系吗?

生:分出冠亚季军:场次数=队伍数,分出冠亚军:场次数=队伍数−1。

这一环节的教学内容,学生经历了借助直观图像解决问题,感受到利用图形解决问题的简洁美、理性美(审美育人),再到根据规则分析解答的思维跃迁过程(学科认知)。在开放化的教学氛围中,不仅有效激发了学生的自主性和创造性思维,而且也感受到了女排夺冠的不易和艰辛(德性育人)。

3.设置"有挑战"的习题,来源生活用于生活

以真实情境驱动的跨学科融合课程,在习题的设置上一方面要注重知识的理解应用,巩固学生所得;另一方面,也要回归真实情境,引导学生从"主人翁"的视角出发,通过对多个影响因素的综合考虑,在具备一定挑战性的现实问题中去提升自己的认识,有效贯穿知识世界和现实世界。

师:同学们,咱们学校缙云校区四年级计划举行班级足球比赛,已知这个年级共8个班级。如果你就是负责组织的老师,你觉得选择哪种赛制比较合理呢?

生$_1$:我觉得选择单循环赛制比较好,因为这种赛制比较公平,所有的班级之间都要比一场,看谁赢得多,谁就是第一名。

生$_2$:我反对,我算了一下,如果按照单循环赛制,需要8×7÷2=28(场)比赛,太费时了!我觉得应该用单败淘汰赛制,这种赛制只需要8场,就能决出冠亚季军,而且越到最后比赛会越激烈。

生$_3$:我觉得单败淘汰赛制虽然比赛场次少,但是可能会不公平,比如最强的队和第

二强的队伍一开始就相遇的话，第二强的队伍就会早早被淘汰，实力不如他的反倒名次比他高。

生$_4$：我的看法是，学学女排比赛，分成两组，先用单循环赛制分出各组的前两名，用了12场比赛，再用单败淘汰赛制比4场，一共用了16场比赛，而且过程公平，比赛到最后也好看。

师：相信通过大家的讨论，孩子们都认识到了两种赛制的优缺点，也能体会到将两种赛制结合起来，才能达到各取所长，互补所短的效果。

练习环节的题目将情境拉回了校园生活。在学生分析解答问题的过程中，前面学到的两种赛制场次数求得的方法，化身为做出选择和判断的依据之一，学生仍需根据不同赛制的规则去进一步分析其中的优点和缺点，以此为基础再回头参考女排比赛的设置，提出将二者结合的策略。在思辨和讨论的进程中，学生的推理能力、应用思想也得到了锻炼(学科认知，实践育人)。

4. 总结

在全国教育大会上，习近平总书记提出：教育要引导学生沿着求真理、悟道理、明事理的方向前进，要引导学生培养综合能力，培养创新思维，同时要把立德树人融入文化知识教育当中。这就要求小学数学学科在注重抽象性、精确性和严谨性的同时，进一步发掘所蕴含的人文性、生活性和应用性。而以课程整合的视角，利用真实化的题材开发数学拓展课程，巧妙地将人文情怀和数学特性进行融会贯通，是践行全国教育大会精神，实现学生核心素养提升的有效途径之一。

整堂课自始至终，学生看似在研究体育赛事组织的问题，而实际上，学生在调动和补充已有体育知识的基础上，经历了发现问题、分析原因、深入研究、实践运用的科学探究的全过程。学生的逻辑推理、数学建模、数学抽象、数据分析等多个素养得到了运用、提升。与此同时，女排顽强拼搏、不畏强敌的精神，激发了学生的民族自尊心和自豪感。整个教学以真实化主题驱动的方式，柔化学科壁垒，构建了理性精神与人文底蕴有机结合的课堂新生态，达成全系育人的效果和目的。

(二)课例量表评价

小学数学全息育人课堂教学评价量表的测量，对教师的教学有一定的指导作用。细致量化的评价分数，可以让被评价者看到自己的优点和不足，通过观测者对自己课堂教学的建议，可以更好地根据全息育人理念改进自己的教学。评价结果的反馈能够有效引起教师的教学反思，同时能够更好地促进教师的专业发展。(见表5-2)

表5-2 “赛制的奥妙”课堂教学评价量表结果

任课教师 马骏 班级 五(3)班 课题名称 赛制的奥妙

评价项目	评价要点	权重				评分
		优	良	合格	待合格	
目标与内容（10分）	1. 目标明确、具体，和谐统一，符合新课程理念。 2. 准确把握教材的编写意图和重难点，合理开发课程资源，发展学生核心素养，体现数学学科育人功能。	10–9分	8–7分	6分	5–1分	8
教师行为（30分）	1. 发挥教师的主导作用，处理好讲授与学生自主学习的关系，激发学习兴趣，促进学生思维的发展。 2. 教学环节安排恰当，时间分配合理，过渡自然。 3. 发挥学习评价的激励、导向等功能，评价方式多元，重视学生的自主评价。 4. 关注学生发展，重视课堂练习与知识的应用。 5. 有效挖掘学习资源的育人价值，育人方式科学合理，自然恰当地实施学科全息育人。	30–27分	26–21分	20–18分	17–1分	27
学生行为（30分）	1. 体现学生的主体地位，采用动手实践、自主探索、合作交流等学习方式主动参与数学学习活动。 2. 经历数学知识的形成过程，掌握数学基本技能，获得数学基本思想，积累数学活动经验。 3. 积极探究与思考，充分表达与交流，培养发现和提出问题、分析和解决问题的能力。 4. 学生在愉悦的氛围中快乐学习，情感得到抒发，获得成功的体验，人文情怀、科学精神、社会主义核心价值观等得到升华。	30–27分	26–21分	20–18分	17–1分	27
教学效益（20分）	1. 课堂容量适度，完成预定教学目标，学生的知识、能力、情感等方面得到培养。 2. 处理好过程与结果的关系，促进学生数学素养的形成与发展，学科全息育人得到有效落实。	20–18分	17–14分	13–12分	11–1分	17

续表

评价项目	评价要点	权重				评分
		优	良	合格	待合格	
个性与特色（10分）	1.在教学实施、组织管理、处理生成等方面有亮点。特别是育人点的挖掘和创造实施有独到之处。 2.教师有良好的教学素养，有较鲜明的教学风格。 3.有效运用信息技术，与课堂教学有机融合。	10–9分	8–7分	6分	5–1分	9
总分	8+27+27+17+9=88					

二、学生数学学习评价案例评析

基于学生全息育人理念的评价，除了常规的纸笔测验以外，还可以采用表现性评价的方式，表现性评价（Performance Assessment）是在20世纪90年代兴起的一种评价方式。在传统的标准化测试中，缺少支持学生取得工作和职业成功的素养提升，也缺乏有效手段激励他们成为有好奇心、有创造力的创新人才。反之，表现性评价是指“教师让学生在真实或模拟的生活环境中，运用先前获得的知识解决某个新问题或创造某种东西，以考查学生知识与技能的掌握程度，以及实践、问题解决、交流合作和批判性思考等多种复杂能力的发展状况”[①]。简单来说，表现性评价是指通过客观测验以外的行动、表演、展示、操作、写作等更真实的表现来评价学生口头表达能力、文字表达能力、思维能力、创造能力、实践能力的评价方法。另外，表现性评价要求运用评分规则对学生完成复杂任务的过程表现或结果做出判断。探索以“表现性评价”为代表的新型评价模式，是基于核心素养的课程发展直面的挑战。

表现性评价的优势主要体现在以下四个方面：有助于测查高级思维能力，有助于全息育人理念的充分实现与表达；有助于考查学生综合运用所学知识解决实际问题的能力，强调问题的真实性与情境性；重视学生解决问题得出的结论，更重视评定学生解决问题的过程；有助于优化教学过程，使学生的各方面能力尽可能得到发展[②]。下面就以“三角形和平行四边形的折纸”一课为例，来说明基于全息育人教育理念的学生表现性评价的实施。

① 杨南昌.学习科学视域中的设计研究[D].上海：华东师范大学，2008.

② 张超，潘德梁，李永强.倾听生命的"律动"：学生核心素养评价的校本探索[J].中小学管理，2017(008)：19–22.

(一)“三角形和平行四边形的折纸”教学内容

1.参观折纸艺术展品,激发学生学习兴趣

本节课属于西南大学数学统计学院折纸工作室与西南大学附属小学共同合作的拓展性课程。教师带领学生去参观折纸艺术品展览,了解和欣赏折纸作品,从而培养学生的审美情趣,思考如何去制作折纸工艺品,培养学生的探索求真的兴趣。具体见图5-9。

图5-9 学生参观折纸艺术品展览

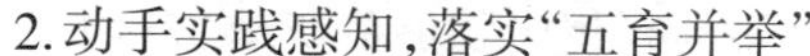

2.动手实践感知,落实“五育并举”

教师通过教学展示平台,向学生逐步展示平行四边形和三角形的折法,学生在初步模仿的基础上,逐渐独立完成折纸作品。教学过程中,学生通过观察、思考、动手、反思等过程,提升了对数学学科认知的同时,探索求真的精神得到了培养,一丝不苟的品格得到了提升。在实践过程中,学生的动手能力和实践意识也得到全方位的提高。见图5-10。

3.发挥创造能力,独立设计作品

在学生掌握了平行四边形和三角形的折纸方法之后,教师提供了A4纸和不同颜色、不同大小的彩纸给学生,鼓励学生利用平行四边形和三角形的折纸方法,通过拼接、组合、重叠等方式,自己设计,开始进行作品的创作。

图5-10 教师讲解折纸的步骤和方法

图5-11 学生折纸作品展览

(二)“三角形和平行四边形的折纸”一课的评价方式

“三角形和平行四边形的折纸”一课,适用于采用表现性评价的方式,通过学生作品展览的形式,结合学生对自身作品设计的解说来进行评价。这样,不仅考查了学生对于折纸技能的掌握程度,同时还综合考查了学生的艺术素养、表达能力,给予所有学生展示和表现自己作品的机会。这样不仅实现了对三角形和平行四边形认识的升华,更重要的是,实现了评价过程对于学生德性育人、审美育人、健康育人、实践育人的全覆盖。学生作品展览见图5-11。

教师在进行实践教学的过程中,可以充分感受到表现性评价在评价学生的创新精神、实践能力、合作精神、学习兴趣、学习习惯等方面具有相当明显的优势,从内涵上与全息育人的评价理念息息相通。总之,基于全息育人理念的小学数学评价设计,最关键是评价与课程的统整,要将评价镶嵌在课程中。当评价镶嵌在课程中时,它对教师和学生才会更有意义。

除了这种学生手工作品展示以外,包括演讲、朗诵、写作等其他方式,也可作为表现性评价的具体表现途径。在小学生数学实践活动中引进表现性评价,将它作为现有小学生数学学习评价制度的一种补充,能切实为教师发现学生存在的问题,及时调整日常教学提供很好的机会,而这些又能有力地促进学生的全面、有序发展。

第六章

小学数学学科全息育人研修

所谓研修，是指学习、钻研、磨炼、修为等动态过程与状态结果的组合，通过研究而达到道德、涵养、造诣素质方面的一种状态。小学数学学科全息育人研修，是小学数学教师在全息育人理念指导下，有针对性地进行全息育人研究培训，组织开展全息育人研修活动，促成小学数学教师全息育人观念的形成，提升小学数学教师全息育人能力，促进其专业成长，从而全面落实立德树人教育任务。

本章结合具体案例，全面阐释小学数学学科全息育人研修的理念、原则、方法与步骤，为大家提供区域和学校的全息育人研修活动范例。

第一节 小学数学学科全息育人研修理念

挖掘知识的育人价值和精神意义，是教师从知识导向走向素养导向的基本前提[①]。全息育人研修是教师个人素养提升的关键，也是达到学科全息育人的重要手段，更是提升全息育人的有效保证。

一、更新认知，转变观念

当今社会快速发展，科学技术日新月异，孩子所面对的社会环境也在发生着巨大变化，时代的变化迫使教师育人方法、手段甚至观念必须发生转变；对数学学科育人价值的理解是每位数学教师进行教学实践时应该重视和深究的问题。培养理性思维、科学精神、严谨求实的态度、应用与实践的能力、创新意识和创新能力以及学会学习的能力等数学学科特有的育人价值能否在数学学科教学中得以实现，数学学科教学能否充分实现全息育人、促进学生全面发展、全面落实立德树人根本教育任务，关键取决于教师对数学学科育人价值的深度理解与实践转化。观念是行动的指南，学科育人价值理解的肤浅带来教学实践的肤浅，学科育人价值理解的摇摆不定带来教学实践意识的模糊不清；数学教师在学科教学实践中实现学科育人价值有多深、有多广，学生的成长空间就有多大。因此，数学教师对数学学科育人价值的理解尤为重要。

当前，数学教师普遍认同并重视数学学科本身的学科价值，容易忽视对教学内容本身赋予的育人价值的挖掘，其根源是教师对数学学科育人价值的认识存在一定的误区。

误区一：对数学学科育人价值认识的狭义化。数学学科的育人价值被局限在掌握数学知识上，大多数教师只是围绕知识点的理解、掌握和运用来制定教学目标。例如，教师对“分数的基本性质”教学目标的定位一般都是理解和掌握分数的基本性质，能运用分数的基本性质进行通分、约分。大部分数学概念、法则的教学都停留在知识与技能这个目标上。

误区二：对数学学科育人价值认识的空泛化。所谓空泛化就是对数学学科育人价

① 余文森.核心素养导向的课堂教学[M].上海:上海教育出版社,2017:110.

值意识到了，但没能在教学过程中进行落实，只停留在空洞的口号上。

误区三：把数学学科育人价值等同于“育德”。育人为本，德育为先；“育人”是教育的生命和灵魂，“育人”不仅仅要“育德”，更要关注人的全面发展，而“育德”只是“育人”中的一部分。

误区四：对数学学科育人价值认识功利化。所谓功利化，就是把小学数学学科教育的价值定位在考试成绩的提高，忽视了学生对数学知识的发生和形成过程的探究和体验，数学学习趋于死记硬背、题海战术等形式，致使数学学科的育人价值被局限在应试上。

上述认识的误区，使数学学科育人渐渐丢失了更为根本和长远的价值——对学生全面发展的奠基性价值。坚持以人为本，全面实施素质教育是教育改革和发展的战略主题，是贯彻党的教育方针的时代要求，其核心是解决好培养什么人、怎样培养人的重大问题，重点是面向全体学生、促进学生全面发展。数学学科教育是素质教育的重要组成部分，无论何时都要以学生的全面发展为指南，更新数学学科育人价值的认知，转变学科育人观念已势在必行。

二、教师为本，内化意识

振兴民族的希望在教育，振兴教育的希望在教师。邓小平同志指出：“一个学校能不能为社会主义建设培养合格的人才，培养德智体全面发展、有社会主义觉悟的有文化的劳动者，关键在教师。”学生的全面发展更多地取决在教学活动中起着主导作用的教师，加拿大学者迈克尔·富兰指出：“教育变革的成败取决于教师的所思所为，事实就是如此简单。”作为数学学科育人的实施者，数学教师的育人价值认知直接影响学生作为人的“质量”。“情系教育、心系教师、力系课堂”是教师研修的基本准则，更新小学数学教师学科全息育人理念是全息育人研修的首要功能。学科全息育人研修中，应当调动全体教师参与进来，为全面育人做出贡献。

（一）深刻理解国家教育方针，树立全息育人意识

真正的教学是育人，而不是教书，学科教师不是教学科，而是用学科来育人。学科全息育人研修的侧重点是让教师树立“培养德智体美劳全面发展的人”的目标意识。“坚持教育为社会主义现代化建设服务，为人民服务，把立德树人作为教育的根本任务，培养德智体美劳全面发展的社会主义建设者和接班人”是我国的教育方针。要培养什么样的人不是一蹴而就的，是需要每位教师在每个课堂中去践行，需要每位教师

自始至终坚持到底的过程,这就要求每位教师深刻理解教育方针,并将它作为自己的教育目标内化于自己的课堂中。

(二)充分理解数学学科核心素养,内化为教师课程意识

学科核心素养是指受过这门学科教育的人所展现出的形象、行为、气质、能力、习惯、素质,这些素养构成了与没受过这门学科教育的人的差别,核心素养是每个人必备的,它不只归属于特定的人群,而是人之为人的“最大公约数”,是合格公民、优秀公民的共同基因,是每个人参与社会生活的必备条件;它也是人生发展、人生幸福的“最大公约数”,是所有人终身发展的共同的必备要素①。数学学科核心素养是数学学科教育的灵魂,抓住数学学科核心素养才能让数学学科教育落地,发挥数学学科全面育人的功能。教师课程意识是教师对课程的理解、看法和态度。教师的课程观决定教师的教学观,教师怎样理解课程从根本上决定了怎么理解教学。因此,在数学学科全息育人的研修中,教师充分理解了数学学科的核心素养是教师内化为课程意识的前提和基础。

(三)确立数学学科价值,强化“学科全息育人”目标意识

教师内在文化的深度决定其教育智慧的高度。让数学教师既有精深的学科专业知识,又有精湛的学科教学技能,更有独到的学科教育思想,从而在文化的深处拥有教育的智慧,是开展研修的重要目的。从教育学理论层面看,教师研修旨在促进教师专业知识、专业技能和教师专业情义等的发展。富兰和哈里夫斯指出,他们在使用教师专业发展这个词时,既指通过在职教师教育培训而获得的特定方面的发展,也指教师在目标意识、教学技能、与同事合作能力等方面的进步②。数学全息育人研修的任务之一是要梳理出数学学科全息育人的目标框架,强化数学教师学科全息育人目标意识。

数学学科全息育人目标的确立应立足于国家的教育方针——“培养德智体美劳全面发展的社会主义事业的建设者和接班人”,从“学科认知、德性育人、审美育人、健康育人、劳动育人”五个维度进行梳理,将每个维度结合学科特点分解出一级目标,再对一级目标逐一细化分解出二级、三级目标……全方位构建育人框架体系,让学生学会用数学的眼光观察现实世界,用数学的思维思考现实世界,用数学的价值观解释现实世界,用数学的语言表达现实世界,让学科育人更立体、更多元,有效实现五个维度的和谐统一,实现育人目标。

---

① 余文森.核心素养导向的课堂教学[M].上海:上海教育出版社,2017:13.

② 饶从满,杨秀玉,邓涛.教师专业发展[M].长春:东北师范大学出版社,2005:3.

(四)全员参与,充分挖掘数学学科全息育人点

依据《义务教育数学课程标准(2011年版)》,结合数学学科特点、教材以及具体教学内容自身特点,挖掘数学学科全息育人点。我们将数学学科育人分为学科认知、德性育人、审美育人、健康育人和劳动育人五大指标体系;以德性育人为例,将德性育人又分为思维品质、科学精神和道德情操三个二级指标;严谨、求实、批判精神又属于思维品质下的三级指标;结合每课时的教学内容,把三级指标植入教学具体环节得以落实。

这个工程较为庞大,需要调动片区数学教师群策群力,充分利用团队协作,对整个学段的数学知识点进行梳理,挖掘出学科育人点和切合具体知识点自身可以利用的育人价值,整理成数学学科全息育人资源以便区域教师共享。

(五)充分利用区域协作,开展教学实践活动

教师研修的关键不仅取决于向参训教师传递了多少理论知识,更取决于如何将相关的理念转化为操作性的实践行为。教学实践是研修必不可少的环节,之前的各种准备都是为教学实践奠基。教学实践活动以教师的问题为导向、以真实的课例为载体,引导教师通过研修不断地改进课堂行为来实现育人目标;通过区域互动协作不断整合和分享实践经验,发现问题并不断改进完善;对优秀案例进行推广,通过营造学科全息育人的研修氛围和感召力,进一步推动教师将数学学科全息育人落实到位。

三、研究导向,课例推进

课堂是教师思考、研究、改进的主战场。数学学科全息育人研修可以通过课例支撑实践学习。以课例为载体,通过自身的参与、同伴的帮助和导师指引来改善教师教学行为,是一种高效的研修方式。在课例研修中,首先要组建导师与学员组成的研修共同体,并确立研究主题、制定研究计划、分配研究任务;再进行教案的撰写和课例的集体打磨;最终将获得的成果进行提炼、提升和推广。全息育人课例研修与一般课例研修有以下区别。

(一)强调学生全面发展,凸显育人目标

教学目标是教学活动的出发点和归宿,是课堂教学的灵魂。全息育人课例研修在制定教学目标时除了精心打磨知识与技能、过程与方法等教学目标外,育人目标更是打磨的重中之重;尤其要体现具体教学内容特点,力求恰当、明确地凸显育人目标,育

人点指向更加清晰,更加突出;育人目标要可操作、可检测。

如在“加减法各部分的关系”这个课例中,育人目标是这样确定的:

1. 从具体情境理解减法是加法的逆运算,合作探索出加法和减法内部各部分之间的关系,培养勤学善思的精神。

2. 在探索加减法关系的过程中,发展抽象思维、体会代数思想。

3. 本节课练习题注重说数学,发展学生语言表达能力。

4. 在教学过程中,体会数学的严谨、求实精神和数学的理性美、简洁美。

(二)关注过程,挖掘和再创造育人点

就具体数学教学内容而言,其学科认知即基本知识与技能、数学思想与方法等智育育人点是显现的;但对于“德、体、美、劳”等其他育人点就需要研修团队进行深度挖掘或再创造。在挖掘育人点时,每个教学内容并不是将其他四个育人点硬生生地强塞进来,而是要将教学内容中隐形的或相关的育人点进行挖掘或再创造,使其恰如其分地生长在课堂中,这样才能达到潜移默化的育人效果。

有的教学内容很难找到其他育人生长点,这就需要研修团队对其教学内容进行深度和广度研究挖掘,创造出其他育人点。

例如:在“平均分”这一教学内容就很难找到其他育人点,研修团队在学生充分理解“数学中的平均分”基础上,辩证地引导学生认识“生活中的平均分”,用微课形式将“平等”“按劳分配”等与“平均分”相区别,恰当地融入了社会主义核心价值观、正确的劳动观以及辩证思想等育人点。

(三)重视评价导向,全面评价育人效果

对课例展示进行评价时,课例的育人效果是重要的评价标准。除对学科认知目标达成度进行评价外,更应注重其他育人点的落实度评价。

对课例中每个育人点的落实进行深度剖析,从学生的参与度、认知度、感受度以及表达等维度对课例的全息育人效果进行评价。

例如:在“角的初步认识”这一课例中,其中一条育人目标是:经历观察、操作等探索活动,培养观察能力、动手操作能力和抽象思维能力,进一步发展空间观念。对于“发展空间观念”这一育人目标通常是空泛的,没有具体的教学环节进行落实;对于这样的共性问题,在对课例评价时特别针对这一目标寻找具体的教学活动,其中学生活动:“口读、手比、闭眼想中记忆角的特征”,“闭眼想”这一活动让“发展空间观念”这一育人目标落地。

（四）促进全息育人意识，物化全息成果

进行全息育人课例研修有明确的研修目标。在学科教学中，教师的全息育人意识较为淡薄，通过全息育人专题研修引导教师形成全息育人意识；对于具体教学内容应该怎样去挖掘打磨育人点，课例研修也起到了引领示范的作用；对课例形成的过程进行深化提炼，形成学科全息育人基本模式。老师们可以直接把成功的课例运用于课堂教学，随着课例的增加、研究的深入、研究成果越来越丰硕，全息育人理念更加深入人心，全息育人达成度也会日积月累渐入佳境。

第二节　小学数学学科全息育人研修原则

构建“学习共同体”让教师和教育专家互相合作，共同成长。共同学习，最难的不是学生，而是教师。北碚区内开展着各级全息育人的研修活动，研修活动通过在课堂实践中查找问题、研究问题、解决问题，改变教师的教学方式和学生的学习方式，鼓励每一位老师参与其中，实现不同教师多元声音的交响。小学数学学科全息育人研修一般要遵循以下原则。

一、问题导向原则

随着《义务教育数学课程标准（2022年版）》发行，强调要发展学生的数学核心素养；在此基础上，我们构建了全息育人理念，强调了教师要对学生进行学科知识、德性育人、审美育人、健康育人、劳动育人的培养与落实。21世纪是飞速发展的时代，大数据、人工智能等新兴产业的大量涌现，产业结构的不断调整，知识对经济影响力的加深，社会对教育要求的不断提高，倒逼学校教育必须走向创新。

教师是学校发展的第一硬件。教师的学科研修关系到学校的发展，更关系到千家万户。“全息育人”：“为什么提出”“是什么”“怎么做”对广大的一线教师，熟悉又陌生。一线教师更为熟悉的是学科本位知识的传授，对数学学科的育人价值探究相对薄弱，怎样扬长避短？教师的成长离不开不同层次、不同形式的培训，以促进教师的专业发展。这里的培训核心是“问题导向”菜单式的培训。不同的教师——“入格教师”“合格教师”“个性化教师”对培训的需求不同。

建构主义理论认为，学习的过程是知识体系重新建构的过程。教师学科研修主题既要体现任务的整体性，还要坚持问题导向，让学科研修从“有疑”到“无疑”再回到“有疑”。设置问题时，要选择与教师经验有关的问题，同时提供合适的载体，便于教师更好地理解和解决问题。明确问题以后，教师可以从自身问题出发，选择自主研修或小组合作等学习方式，通过问题导向，建立开放的、诚实的沟通环境，并辅以互联网、人工智能等现代化的信息手段，完成对自身问题的解决。

问题导向性的数学学科研修具有以下特点。

（一）聚焦数学学科“五育”的核心问题

核心问题是指培训者通过调查问卷、座谈等形式向广大一线教师征求全息育人教学活动中遇到的“真问题”，培训者通过对收集整理的问题进行加工处理，聚焦核心问题，再把各个问题分为若干个专题，使研修活动成为一个体系清晰、模块化的模式。核心问题的确立能够使教师更好地把握教材的内容结构以及育人点，通过核心问题的研修培训，做到有的放矢，有利于取得良好的培训效果。

（二）问题导向式研修活动

问题导向式研修活动是指培训者在研修过程中通过一系列环环相扣的问题来展开培训的一种研修方法。问题导向式研修活动能够更好地吸引教师的注意力，引发教师思考和探讨，更有利于研修过程的展开和取得良好的研修效果。使用问题导向式研修法，特别需要注意就是问题的设计一定要紧密联系并且环环相扣，而且必须与研修内容相关，不得提出与研修内容无关的问题。

（三）核心问题导向式研修活动

通过以上两个概念问题的阐述，核心问题导向式研修活动就是在培训过程中，培训者把培训内容分为若干个专题，在每个专题的研修过程中通过一系列紧密联系的、环环相扣的、与研修内容相关的问题来开展培训的一种研修方法或研修模式。可以说，核心问题的问题导向式研修是一种非常好的研修模式或研修方法，通过此法开展研修既能使内容体系化，又能使教师更好地学习和掌握教学内容，很值得提倡。

在基础课程改革的背景下，教师的学科研修着眼于现有的素质和全息育人理念构建和落地的差距，指向课程的意识、课程的开发。因此我们尽可能地引导教师从自身的问题出发，最大限度地适应新形势的要求，同时考虑专业发展的要求。

二、双主参与原则

《礼记·学记》道:“是故学然后知不足,教然后知困。知不足,然后能自反也;知困,然后能自强也。故曰:教学相长也。”

研修活动的“双主”:强调培训者与教师是学科研修的主体,共同参与研修活动的全过程;建立学科研修学习共同体,提升研修活动参与的广度和深度,从根本上改变单一的研修形态,达成共同发展的教育目标。“双主参与”的学科研修活动既充分尊重教师作为学习主体的权利,同时也尊重培训者作为研修活动主体的组织、引导、发展的权利。通过培训者教育智慧的引领,促进教师自主建构形成生命自觉的新型学科研修活动,着力转变研修的方式,促使研修活动更人文、更民主、更开放,学习方式更强调主体体验、有效合作、主动探究,进而发展教师的学习力、生存力,让教师成为落实数学核心素养,培养“五育”教育的坚实力量。

在研修中我们发现:传统研修活动过分强调了培训者的作用,而忽视了培训的主体——教师。落实全息育人研修活动的开展,强调培训要以教师为主体,以教师的发展为本。其本质也是重视发挥教师的主观能动性,面向全体教师,承认个体差异,促进教师的专业发展。

在研修中教学我们还明确:“双主”还体现在教师为主体与培训者为主导的和谐统一。

在研修活动中我们应该明确:课堂教学是双边活动,教师是主导,学生是主体。在自主探究、小组合作的学习活动中,教师要讲的应是学生自己学不会的或是学习有困难的知识。“以学定教”要求教师在教学中要根据学生的学习状态随时调整教学,关注“五育”在课堂的落地。

(一)初步践行双主共学的教学策略

1.预设教师的起点、困难、拓展

在教师的自主探究学习之前,首先教师给予必要的指导和点拨,这是“学前指导”。培训者要在教师之前发挥好主导作用,就必须认真分类梳理各类型教师面临的困难,精心预设教学流程,分析情况,包括了解教师原有知识、兴趣、需求以及可能出现的问题等情况。依据培训的内容和教师的大体情况,有针对性地预设应指导的具体方面,培训者首先想到的不应是我该教什么、怎样教的问题,而应是受训者会学什么、会怎样学的问题。学习提纲应侧重点拨关键、启发问题、激发兴趣,目的是引导教师能进入自主的、探究式的学习状态。

2.思考教师如何学

这是“双主参与”培训实施的中心环节，是教师自主学习、主动参与培训活动的集中体现。培训者可以根据教师预设的培训提纲，进行自主探究学习，从而使培训过程更多地成为教师自我发现问题、自我分析问题、自我解决问题的过程。通过自我对培训方案的设计和落实，教师有了独立思考和自我实践的足够时间和空间。教师培训方案的设计和实施虽然是一种自主行为，培训者把学习的主动权交给了教师，但这并不意味着培训者对教师培训放任自流。这一过程无论是在培训中还是在培训后完成，培训者都应积极地参与其中，并给予必要的指导，形成培训者和教师间双向的、能动的交流，从而保证培训的质量和效果。同时，培训者通过参与教师的培训活动，能及时地、动态地把握教师的学习信息，为确定和调整自己的培训方案提供可靠的依据。

3.考虑教师如何导

培训者的主导作用要体现在引导教师质疑，例如“新手教师如何快速成长”“老教师如何走出舒适圈”。某培训者给新手教师和老教师设计了这样一组问题：你有什么优势？有什么困惑？需要什么帮助？在培训时，采用了组织教师小组探究的方法来研究。活动一开始教师们就积极投入研究中。有的小组采用列表法，有的用图画法，有的用文字表达的方法。让老师们一一组合，新老搭配沟通，让他们在自己的基础上找到成长之路。因此，我认为让教师根据自己的认知规律来培训是最好的培训模式。

在教师自主学习之后，培训者对教师的培训情况基本上做到心中有数。培训者要根据教师的实际，充分考虑教学对象的复杂性、培训内容的灵活性、培训方法的多样性和培训环境的随机性，创造性地设计和实施培训方案。培训者的作用仍是“导”，是“学后导”，而不是培训者在活动中唱“独角戏”、搞“一言堂”，“培训方案”不是把现成的答案压给教师。

践行“双主”，就让教师在全息育人的过程形成兴趣，认识培训的意义。

古人说：“授人以鱼，仅供一饭之需，授人以渔，则终身受益无穷。”教育家叶圣陶先生倡导的教育思想“双主”教育。“教是为了达到不需要教”是对“双主教学”的最好注解。

(二)双主参与的特点

1.民主

民主指的是研修活动氛围，培训者和教师相互彼此尊重与包容，研修目标的确立、研修方式的选择、研修评价的表达、作业的布置等都倡导通过协作对话来展开，让教师通过课堂获得学习的积极体验。

2.开放

开放指研修内容、研修手段、研修环境等的开放。研修内容要立足教师本身实际，立足新课程标准，广泛联系教学活动；研修手段要充分考虑研修内容与教师实际，合理利用传统与现代教育技术，丰富研修手段；研修环境要利于教师学科研修活动的展开。

3.多元

多元指研修方式、评价方式的多元。研修方式上要改变单一的培训者讲、教师听的常规形态，采取情境设计、问题牵引、活动体验、交流展示、讨论对话等多种方式，引导教师学、思、研、做、评。研修方式是基于尊重教师主体行为的“自主、合作、探究”形式，它是“教师自学、教师共学、双主共学、远程共学”的有机统一体。评价方式要灵活多变，评价目的是激励教师进一步学习，坚持个体与小组评价结合，定性与定量评价结合。

4.共生

共生指在学科研修活动中通过“共学”实现培训者和教师的共同成长，最终实现教师的更优发展的研修价值。

5.发展

发展是指“双主参与”的学科研修要经历“问题导向、双主参与、行动研究”的过程。要处理好传承与发展、借鉴与创新、规范与自由的关系，在确保研修全面转型的基础上，追求个性化的“学科研修”范本。

三、行动研究原则

学习型社会的最基本特征是终身学习，各国都在尽心竭力地建设学习型社会。终身教育思潮下教师学习应该有新的创新，行动研究就是基于教师是终身学习者的创新型研究方法。行动研究学，简单地说就是参与到研究和开展合作探索，最后解放研究的过程，也是人们对社会中教育行为的过程和环境开展理性认识和正确评价的过程，以此为基础人们能够做到良好的自我反思，从而发现问题和解决问题的过程，这一过程的根本特点就是做中学。

行动研究最早由社会心理学家库尔特·勒温（Kurt Lewin）在1946年提出，行动研究的概念由斯蒂芬·柯瑞（Stephen Corey）在1949年介绍到教育领域。20世纪80年代初步进入我国的基础教育领域。人们对教师的专业发展也逐渐被重视起来。行动研究并不仅是一种简单的研究方法，它还是解决教师实际工作中遇到的问题，促进教师发展的、连接整个学术领域的一种培训模式。

(一)行动研究中的“行动”有三层含义

1.为行动而研究——行动研究的目的。行动研究是行动者为了改进自己的教学实践的研究,是一个革新的过程。这个过程的目的在于改进教师自己或教师团体自身的教学实践。因为“改进”是一个难有终结的目标,所以“为行动研究”的宗旨要求行动研究是一个不间断地螺旋上升、循环反复的过程。

2.对行动的研究——研究的起点和研究对象的特定性。“对行动的研究”表明行动研究是一种“以问题为中心”的研究形式。行动研究关心的“问题”即教学实践中值得研究的问题。不管是哪类问题,问题的发现与界定都是行动研究的起点。因为行动者(实践者)所面临的问题总是特定教育环境中(某校、某年级、某班级)的,所以行动研究中作为研究对象的样本往往是特定的,而不必具备普遍的代表性。因此,行动研究要求教师对实践中的问题具有敏感性,并有适时调节研究方法或研究重点的应变能力。

3.在行动中研究——研究环境和研究过程。行动研究的环境就是教师工作的实际环境(不是实验室,也不是图书馆),从事研究的人员就是将要应用研究成果的人。研究结果的应用者,也就是研究结果的产出者。这种双重身份整合在同一主体身上,使行动研究过程实际上成为教师的一种“学习过程”,成为教师“专业发展的过程”。因此,有专家认为:行动研究是一种学习的途径。

从以上阐述不难看出,“行动”是教师从事研究的关键词。“教师即研究者”的观点只有同“行动研究”的思想紧密联系,才能真正实现使教师既提高实践水平,又提高自身素质的目的。应当看到,目前大多数中小学教师的研究工作多为经验性的总结,或者仿效专业理论研究者对教育理论进行探讨验证。此类研究过程和研究成果对教师提高自身实践能力的作用甚微。教师从事行动研究的目的并不是为了建构理论,也不仅仅为了进行一般的经验总结,它应当包括教师对教育实践的观察、反思、协作、改进的一系列行动,其目的在于革新、改进实践,发展专业水平。由此看来,行动研究正是实现上述目的的教师行动研究,是教师自己的研究。从某种意义上来说,行动研究并不是一种具体的研究方法,而是一种思想或精神,即在不断反思教育实践,研究改进实践中发展自我、更新自我,追求教育理想境界的精神。行动研究强调千变万化的具体教育情境,它没有统一的研究模式,也没有规定的重点。随着教师教学生涯的不断延续,教学活动的不断变化,反思和行动之间的循环也将不断延续。在这个过程中教师的实践能力不断发展,专业化水平持续提高。

(二)行动研究中有共同点

1.行动研究和合作学习

具有较强合作能力是21世纪人的核心素养之一。学科研修重视合作,提倡在合作中分享,在合作中实践,在合作中提升。对于行动研究而言,良好的合作关系不仅有助于个人提升,也有助于项目的开展。行动研究的合作强调教师与团队、教师与教师的合作。

新中国成立以来,教师的专业化知识和理论高度参差不齐。多数教师虽然工作兢兢业业,但缺乏理论支撑,需要专家引领。伯恩斯(Burns)在外语教学中的行动研究中提出"合作行动研究可以减少教师的孤立感"。现在的培训绝不是一个人的单打独斗,有时候仅凭教师一个人的力量难以完成具有高信度、高效度的研究,需要做到教师、团队、指导者三位一体。研究者可以为教师提供理论以及方法的支持,教师可以为研究者提供教育经验以及实践中出现的真实问题。教师与教师的合作要避免同一领域、同一水平间的交流合作,"萝卜炒萝卜,还是萝卜"不能对教学活动进行深度解读和研究,这个时候就需要引进专业的研究机构、教研人员或者是高校教师的多方面的参与和专业的引领,才能跳出职业带来的窠臼,取得质的突破。因此,在行动研究中,教师从实践者转化为策划者、指导者,同行转变为队友。教师的反思、同伴互动、专家的引领,缺一不可。

2.行动研究和真实问题

对于行动研究成果的高低,主要决定于在具体的教学过程中是否具有推广价值,行动研究是质性研究和量化研究的"兼容者",运用行动研究会发现很多有研究价值的真实问题。

培训者和参训者(教师)一道,从学科课程标准、教材、日常教学中挖掘全息育人知识点的梳理,去经历和发现在教学活动中的困惑、难题、阻碍等。培训者要让参训教师经历提炼问题的过程,让培训的教师描述在教育活动中感到困惑的场景。最后培训者要把教师个人关注的具体问题进行分类,从不同场景中提炼学科研修的真问题,在主题下细分行动中解决,做到有的放矢。

3.行动研究和反思

"学而不思则罔,思而不学则殆"。反思问题、反思计划、反思过程、反思结果,将实践经验升华为基本理论。唐纳德·舍恩(Donald Schon)提出了"行动中反思"的概念,认为职业人士运用的是"行动中的知识"。波斯纳(Posner)提出了教师的成长公式:成长=经验+反思。他认为没有反思的经验是肤浅的。对问题的反思越深,交流效果就越好,收获就越多。反思探究要持续跟进,参训教师以理性的角度去看待学科研训和教学活动中的问题,不断找出自身问题所在,以便修正自己的教学行为。如果一个教师对经验不进行反思,即使有多年的教学经验,那也只是简单地机械重复。杜威(Dewey)指出"清楚的、令人满意的情境"起始于混乱的情境。教师个人的反思对促进自我经验的提升有一定作用,但是合作反思更为重要。行动研究越来越走向一条多元化之路,正与其他学科慢慢融合实现全息育人,在融合过程中重视每一步骤后反思的力量,为前进的每一步提供反思性动力。

第三节　小学数学学科全息育人研修的方法与步骤

开展小学数学学科全息育人研修活动,需要采用一定的方法,遵循一定的步骤,一般情况下可按照以下方法和步骤进行。

一、选择研修主题

研修主题是研修活动的灵魂与核心,是研修目标的依据,体现了研修的定位、视角和关注点。开展小学数学学科全息育人研修活动,首先应该选择研修主题。

(一)提出教学问题

问题是研修的根源,问题的提出能带动教师的教学反思和行动改变。小学数学教师要内观自己的教育理念、学科认识和课堂教学,围绕小学数学学科全息育人,反思自己日常教学和研修工作,提出关于"数学教学与数学育人"的相关疑惑,可以是为什么要在数学学科教学中进行全息育人,也可以是如何在数学课堂教学中进行全息育人,还可以是数学学科中不同内容的育人点怎样挖掘,或者是数学课与思政课的区别与联系。总之,这里的问题是基于教师个人认知的真问题,是实施小学数学学科全息育人中的梗阻。

问题举例:

1. 在"数与代数""图形与几何""统计与概率""综合与实践"教学中,除学科知识外,每一节课都要进行德性育人、健康育人、审美育人、劳动育人吗?

2. 数学学科知识与其他“四育”有权重划分吗？是否偏重学科知识？

3. 小学数学学科全息育人，会不会冲淡数学味？

4. 如何撰写小学数学学科全息育人教学设计？

（二）提炼研修主题

主题来源于问题，但不等同于问题。问题是具体的、单一的，而研修主题是对教师提出的众多问题进行梳理、分类，找出共通共性的问题，并对其抽丝剥茧，找出问题的本质，从而提炼出研修主题。小学数学学科全息育人研修主题的提出，可以是自上而下，也可以是自下而上，但不管哪种形式，都应该与小学数学一线教师进行协商对话。任何一个研修主题都不应该是教学业务部门拍脑门想出来的。只有根植于一线教学，从实践问题中提炼出的研修主题，才是一线老师迫切需要解决的问题，才有研究价值，才会更加聚焦，更适切研修者的实际情况，更有利于研修活动的开展。

例如：

对上面四个问题进行分析，不难看出，前三个问题都是对小学数学学科全息育人必要性认识不深刻，始终担心“因为育人而冲淡学科知识”，再深入分析，就是教师还停留在学科教学的认知层面，没有转变到学科育人的高度。像这种情况，建议加强教育方针、前沿信息、新理念等培训，让每一位小数人充分认识小学数学学科全息育人的内涵与外延，充分理解小学数学全息育人的必要性与迫切性。针对这种情况，就可以提炼出“小学数学学科教学与学科育人”的相关研修主题。

（三）确定研修主题

提炼出研修主题后，还要对其进行论证，要考虑研修主题是否符合时代背景，是否与教育改革方向相一致，是一个领域的共性问题，还是某个环节的单一问题，一线教师是否具备相应研修能力。在对研修主题的科学性、时代性、操作性进行充分论证后，就可以确定研修主题了。

例如：

当今中国的教育就是要为国家发展服务，为党育人，为国育才，培养学生发展核心素养，全面落实立德树人根本任务。前面提到的“小学数学学科教学与学科育人”研修主题，就是以小学数学学科课堂教学为载体，进行“五育融合”的探究，对学生进行德、智、体、美、劳的全面教育与培养，这符合国家的教育要求以及教育改革方向，能够引领教师从学科教学向学科育人转型，值得全体小学数学人进行研究。

二、设计研修路径

研修路径是实施研修活动的途径,主要指采用怎样的方式开展研修活动,下面从知识获取、行动研究、经验交流三个维度进行说明。

(一)基于知识获取的路径

开展研修活动需要一定的理论基础和实践经验,学习能丰富我们的人生,为研修提供养分。

1.广泛阅读积累知识

古语说得好,读万卷书,行万里路。读书就是与高人对话,是知识与方法不断积累与提高的过程。实施小学数学学科全息育人研修,教师可以阅读教育学、心理学、数学等学科的著作和杂志,同时关注国家教育方针政策和教育改革动态。当阅读成为一种习惯的时候,小学数学教师不仅丰富了自己的基础知识和专业知识,同时还能从中了解到教育前沿信息,拓宽知识视野,更新教育理念,吸取专业营养,提升专业素养。

2.建设小学数学资源库

随着信息化的飞速发展和课程改革的不断深入,“互联网+”的教育已成为时代发展的趋势,从一定程度上说,对教育资源的掌握与利用是优质教育的前提。资源开发与资源库建设是小学数学学科全息育人研修不可缺少的内容。

小学数学一线教师积累有大量的教学资源和实践经验,例如优秀的教学设计、课堂实录、教学课件、活动方案、测评工具、自制教具、习题集锦、经验文章、教学感悟、图片资料等。资源库的建设就是要利用信息化手段将诸多的资源进行合理组织并储备起来,同时还可以将国家的教育方针和教育动态等相关信息也上传于资源库。资源库建设有利于教师资源共享,提高工作效率,发挥1+1>2的教育效应;有利于教师了解教育前沿信息,加快教育理念及教学策略更新;有利于教师自我展示,促进专业成长。

(二)基于行动研究的路径

小学数学学科全息育人研修活动,要善于从实践中学习,在学习中反思,进而改进实践,这是行动研修的总体思路。

1.课例研修

课例研修是一种行动研究,是指以课为例,在教学行动中展开的主题研修活动。小学数学学科全息育人课例研修要围绕一节课,对其全部或者若干环节的设计、实施、成效、问题等,进行分析、反思、改进、完善,从而解决这一类课型的相应问题。

以“分数的初步认识”为例。

在教材和学情分析的基础上，确定了“关于数的认识全息育人目标挖掘”研修主题。经全体研修人员讨论，确定了“分数的初步认识”（第一课时）的具体育人目标，并对具体目标进行了如下分析。

(1)通过动手操作，体会分数产生的需要。这一目标主要是对学生进行德性教育。开课就设计了“数一数”“说一说”等教学活动，让学生在操作中感受到所学知识已经无法解决新问题的矛盾与冲突，激发学生的求知欲，体现了数学来源于生活，培养学生运用数学方法解决生活问题的数学思想，这是对数学学科价值的认同，属于情感与态度教育。

(2)在实际情境中理解分数的核心是平均分，初步感受分数的意义。这一目标主要是属于学科育人。让学生在反复的操作过程中，理解分数其实就是一个平均分的过程，理解分数意义的本质。同时体现了公平性，渗透德性育人目标。

(3)会读、写简单的分数，知道分数各部分的名称及所表示的意义。这一目标是典型的学科知识教育和审美教育。在此过程中，学生会用到折、涂、写、读等各种学习方法，将平均分这一过程高度凝练成分数这一简单的表现形式，正确的书写顺序中，理解分数各部分的实际含义，整个过程体现了数学的简洁美、规范美。

以上目标包含了学科知识目标、德性育人目标、审美育人目标。全组人员确定育人目标后，按照“主题阐释—课堂观察—交流讨论—互动评价—总结提炼”的环节，开展了研修活动。通过“分数的初步认识”这一具体课例研修，小组总结提炼出“挖掘数的认识全息育人目标通用方法”。

2.反思研究

教师教学反思是一种内省活动，是主动对自我教学进行检查、评价、反馈、控制和调节的过程。教学反思包括反思教学目标的精准性、教学知识的科学性、教学环节的流畅性、课堂提问的有效性、教学语言的规范性、教学方法的适用性、教学仪态的得体性、教学评价的针对性，以及教学机制和教学效果。

小学数学学科全息育人研修活动反思，应围绕研修主题，聚焦本质问题，进行深刻剖析，而不是面面俱到。

例如“除法的初步认识”，围绕“运算教学与全息育人”主题，进行如下反思。

(1)研修活动组织者

活动主题明确。运算教学不能是单纯的、枯燥的、机械的、反复的计算，学生不仅应该知道怎么算，还应该知道为什么这样算，要理解每一步计算过程的实际含义，所以在运算教学中对学生进行数学思维品质的教育以及规范、简洁的审美教育都尤为重要。“除法的初步认识”一课以“探究运算教学中落实全息育人”为主题，符合学生学习数学的规律，符合中国当前对教育的要求，有研究的现实意义。整个研修活动流程清晰，活动效果明显，有研究深度和一定的影响。

（北碚区蔡家小学 周利琴）

(2)课例执教者

“除法的初步认识”就是要让学生体会并理解，除法就是平均分的数学表现形式，除法算式是表示一个平均分的过程，其实这是一个建模的过程；除法的本质就是平均分，包含了总数、份数、每份数三个量，教师要带领学生体会三者间的关系，为总结提炼常见数量关系式作铺垫；课堂上教师注重平均分的过程叙述，反复练习“把……平均分成……每份是……”和“把……每几个分一份，可以分成……”，建立话语模式，学生在回答的时候头头是道，同时充分感受平均分即除法；加强两类平均分的练习，即平均分成几份，或者每几个分一份。让学生明白，平均分不光是有“平均”这个字眼，关键是从信息中提取是否每份同样多。该课教学，不仅注重除号的认识、读写除法算式、除法各部分名称及意义等相关数学知识的落实，而且注重建模等数学思想的培养，还注重语言表达的审美育人，以及公平思想渗透的德性育人。

（北碚区蔡家小学 刘政）

(三)基于经验交流的路径

交流能实现认知结构的不断改组和重建，交流能产生与创造新的知识、新的理念。教师间的广泛交流有助于提高教师教育教学能力。

1.同伴互助

同伴互助是教师在自我反思的同时开放自己，加强教师之间的专业切磋与合作。师徒结对、集体备课、课堂观察是小学数学教师同伴互助的主要形式。

(1)师徒结对

师徒结对是为了帮助新教师转变角色，尽快适应教育教学工作，提高专业水平而进行互帮互助的合作学习。这里的新教师，除了新入职的教师外，还包括新转岗的教师、新调入的教师。互帮互助的内容不仅包括数学学科教学技能，还包括小学数学教学研究；不仅要带师能，还要带师德；不仅是老教师对新教师的传、帮、带，也需要新教师的活力点燃老教师的激情，以此克服职业倦怠。小学数学学科全息育人师徒结对，可以开展系列活动，例如制订成长提高计划，撰写教学设计，开展相互议课、听课、评课,进行作业设计,上汇报课、撰写课后反思、开展小课题研究等。

(2)集体备课

集体备课是教研组教师针对学科教学进行商量与讨论,大家分工合作,发挥集体的智慧,小学数学学科全息育人集体备课,需要大家设计出全息育人教学设计模板,分单元或主题,围绕学科育人进行研讨,分工完成,汇总内化。

(3)课堂观察

俗语说“当局者迷,旁观者清”,课堂观察就是旁观者围绕主题,利用课堂观察量表,对执教者的课堂进行专业的观察、记录、分析,提出改进意见,从而帮助教师提高课堂教学效果。课堂观察量表可以从学生学习角度、教师教学角度、提问的角度、关键事件分析等,分别进行设计,让观察更聚焦、更科学。

××小学课堂观察量表[①]

1.课堂评价情况记录

序号	内容	评价主体			评价效果		
		自评	互评	师评	及时性	客观性	导向性
1							
……							

2.关键事件记载

序号	事件描述	我的看法
关键事件1		
……		

3.教师提问及学生回答情况统计表

问题内容								
抽答								齐答
第1排								
……								
回答最多次数			单独回答问题人数					
回答最少次数			齐答次数					

① 北碚区蔡家小学课堂观察量表。

2.专业引领

教师成长专业引领，一般情况下可通过骨干教师、教研机构专业人员、专家学者的帮助与指导而实现。骨干教师通过上示范课、开展讲座和组织课题研究引领一线教师；教研机构专业人员通过教学视导、组织研修活动和个别指导引领一线教师；教育专家通过学术报告和活动点评引领一线教师。

三、撰写研修方案

研修活动方案好比研修活动操作手册，是具体的行动指南。研修活动方案要写清楚时间、地点、人物、事件等几大要素。方案既要全面，又应简洁，突出可操作性。通常情况下，一个完整的研修方案，包括以下内容。

（一）写明研修活动名称

研修活动方案名称通常包括了时间、主题、主体、层次等，名称要简明扼要，一目了然，最好控制在20个字以内。例如：××学校20××—20××学年××研修活动。

（二）写明研修活动主题

研修活动主题一定要聚焦，符合当下实际情况，对促进教学研究有现实意义。研修活动不能是单纯的××小学数学研修活动，而应该有一个明确的主题，例如“小学数学全息育人目标挖掘”“计算教学的育人目标确定”“馆校联动模式研究”“数学课堂中的美育研究”。

（三）写明研修活动时间

方案中的研修活动时间与名称中的时间有所不同，名称中的时间是指具体的年或者学年，而研修活动方案中的时间，是确切地指某年某月某日，甚至是上午或者下午的某一时段。

（四）写明研修活动对象

研修活动对象包括了活动的主办、承办以及参与者。

（五）写明研修活动地点

活动地点也就是开展研修活动的学校、教室、场馆、楼层等。

（六）写明研修活动形式

主题研修活动通常有多个环节，但主要的活动形式应该在方案中写清楚，是课例，或者讲座，又或者是交流互动。

（七）写明研修活动分工

人员分工应关注细节，细化任务并落实到人头。保证每一个环节都有人负责。包括主持人、中心发言人、研修活动记录人、课堂教学执教人、活动资料收集人、场地负责人等。

（八）写明研修活动流程

研修活动流程包括活动时间、环节、内容、地点、参研人员以及负责人员，建议用表格呈现。例如：

时间	环节	主要内容	地点	参研人员	负责人

以上是小学数学学科全息育人校本研修活动的基本步骤，在具体实际案例中，可适当调整。

四、实施研修活动

实施研修活动是教师研修的核心环节，研修者根据前面所确定的研修方案而展开研修活动。实施研修活动要注意以下事项：

（一）加强沟通与组织方案培训

小学数学学科全息育人研修活动有六个步骤、若干环节。如果参加研修的老师不了解策划意图，不明白研修环节，不清楚研修任务，那么在实施过程中，整个活动就会显得凌乱无序，研修者就可能只是一个旁观者，而不是参与者；他们就不能为研修活动提供建设性的劳动，整个任务就不能得以落实，研修目的就难以达成，这样的研修活动实际上是名存实亡。

研修活动前召开研修活动筹备会、碰头会，组织相关人员学习研修活动方案，有利于研修者对研修主题的理解、对研修环节的掌握、对研修任务的内化，增强研修者主人翁意识，以保证研修活动的顺利实施，促进教师专业成长。

除此之外，方案中涉及的内容也要一一落实，例如撰写主题阐释词、开发观课量表、打磨教学设计、试上课以及跟进。

（二）处理好预设与生成的关系

教师研修活动方案是实施研修活动的行动指南，在实施过程中，要紧紧围绕研修活动主题，按照研修活动流程，选择适合的研修方法，有计划、有组织地开展研修活动。同时，也要充分考虑实施过程中可能出现的问题，做好应急预案，及时调整和完善研修活动。要特别重视研修过程中生成的资源，并合理利用；例如研修者对某个专题的深入研讨后生成的新专题，或者在一个课例研究中生成新的教法等。

（三）坚持任务驱动与考核评价

小学数学学科全息育人研修是以活动为载体，全体研修者都是活动的主体。活动需要多种感官的参与，而不只是用眼睛看看、耳朵听听即可，研修过程中，坚持任务驱动，这样研修人员的目标性更强，主观能动性更强，任务将全体研修人员卷入研修活动之中，教师只有深度参与各项活动，才能实现专业素养的提升。坚持对研修人员进行过程性和终结性的考核评价，这是研修活动顺利实施的有力保障。

五、反思研修成果

小学数学学科全息育人研修活动结束之后，需要进行反思。反思是一种进步，如果不反思、不总结，就不能发现研修活动的不足，不能提炼出研修成果，没有反思的研修活动将失去研修价值。

（一）反思成功与不足

小学数学学科全息育人研修活动反思，应从正反两方面进行。研修活动组织者需要从研修主题的确定到研修方案的设计，从研修路径到活动实施，梳理出整个研修活动的成功点与不足之处，为今后组织研修活动积累经验，提供参考。参加研修的教师，需要围绕学科育人目标，就自己在活动中的任务完成情况进行深度反思，撰写心得体会，加深对小学数学学科育人功能的认识与理解，促进自己的专业成长。

（二）总结提炼研修成果

在小学数学学科全息育人研修活动反思的基础上，需要对梳理出的成功经验进行总结和提升，提炼出研修结论，物化成研修成果，这样的研修就从经验型上升为理论型,才能举一反三,为其他组织或个人提供参考与借鉴。

(三)提出研修改进措施

人是在一次次跌倒中学会成长的,小学数学学科全息育人研修活动是在一次次改进中逐步完善的。当我们从不同角度、不同层次找出研修活动中的不足之处后,需要针对不足,逐一分析原因,提出具体的改进措施,以便在后续的研修活动中,避免犯相同的错误。

六、整理研修资源

小学数学学科全息育人研修活动最后一步:整理研修资源。

(一)完整性

小学数学学科全息育人研修过程中会产生大量资料,这些资料记录了小学数学人的研修点滴,包含了小学数学人的辛勤付出,是一笔宝贵的财富。在对研修资料进行收集与整理的时候,要坚持完整性,包括过程性资料与结果性资料、原始资料与加工资料、图文资料与音像资料,涵盖方案、课例、总结、交流等材料。

(二)序列化

资料的收集重在全面,资料的整理重在有序。把众多资料简单地堆积在一起,只会让人看得一头雾水,再精彩的研修也无法从杂乱的资料中绽放光彩。资料的收集与整理应按照一定的标准进行分类、编号、编制目录、规范存放。

(三)推广性

收集与整理资料,不是为了炫耀开展了多少研修活动,而是对研修活动做进一步的梳理,对研修活动做进一步的反思,是物化研修成果的基础工作,经过整理的资料要能为他人研修提供借鉴与参考,体现出研修活动的推广价值。

第四节　小学数学学科全息育人研修案例

案例一　北碚区小学数学学科全息育人研修活动[①]

一、确定研修主题

围绕《义务教育数学课程标准(2022年版)》，持续实施“双主共学，卓越课堂”行动计划，聚焦学生发展核心素养，通过小学数学学科全息育人研修活动，深入探究小学数学课堂教学中如何进行审美育人。北碚区教师进修学院确立了“卓越育美，美在课堂”小学数学区域研修活动主题。

二、设计研修路径

根据北碚区“全息育人”要求和小学数学教师队伍建设，北碚区“卓越育美，美在课堂”小学数学区域研修活动主要采用行动研究和经验交流两大路径。

三、撰写研修方案

北碚区“卓越育美，美在课堂”小学数学研修活动方案。

(一)活动目的

以国家课程校本化实施为重点，围绕落实学科课程标准，持续实施“双主共学，卓越课堂”行动计划，聚焦学生发展核心素养，深入实施重庆市美育改革与发展实验研究，打造美育特色课程和学校精品剧目，提升北碚区小学数学教师全息育人研修能力，提高北碚区小学数学课堂教学质量。

(二)活动主题

卓越育美，美在课堂

(三)活动内容

1.“馆校联动”卓越课堂教学模式探究

2.“卓越育美”论坛

(四)主办单位

北碚区教师进修学院

(五)承办单位

北碚区蔡家小学

① 北碚区人民路小学优质教育集团“卓越育美，美在课堂”展示活动。

（六）参与对象

全区二年级数学教师

（七）活动创新

打破时空界限的二度空间研究

（八）活动时间

20××年×月×日上午

（九）活动地点

北碚区蔡家小学

（十）活动流程

时间	主题	内容	地点	负责人
8:30—9:00	和融之美	报到，参观学校校园特色文化	校园内	黄智利
9:00—9:40	和乐之美	数学课堂观察：认识图形	录播室	周利琴
9:40—10:40	和合之美	研讨	录播室	刘　静
10:40—12:00	和谐之美	论坛	学术报告厅	张中梅

（十一）人员分工

根据研修人员构成、场地设施以及课例呈现形式，本次北碚区小学数学“卓越育美，美在课堂”研修活动需成立四个组，根据需要，各组安排相应人员，细化任务，落实到人，以保证研修顺利进行。

1. 研修活动课堂教学打磨组

2. 研修活动技术支持组

3. 研修活动后勤保障组

4. 研修活动宣传报道组

四、实施研修活动

（一）召开北碚区小学数学“卓越育美，美在课堂”区域研修活动筹备会

1. 参会人员

（1）北碚区教师进修学院小学数学教研员

（2）北碚区人民路小学优质教育集团各校教学副校长

（3）北碚区蔡家小学数学教研组长

2. 学习研修活动方案

3. 分解任务

（1）观课量表设计

（2）课堂教学设计与打磨

(3)研修活动所需设备采购与调试

(4)研修活动统筹与协调及资料汇总

(5)主题阐释的撰写

(6)主持语撰写

(二)召开北碚区小学数学"卓越育美,美在课堂"区域研修活动进度碰头会

1. 各组负责人汇报各组进度以及存在的主要问题

2. 进一步完善研修活动准备工作

3. 拟定后期准备日程以及改进措施

(三)北碚区小学数学"卓越育美,美在课堂"区域研修活动主题阐释

北碚区"卓越育美,美在课堂"小学数学主题研修活动,以录播室和科技馆为两大课堂教学场地,由两位老师共同完成数学与科学的整合教学任务,旨在打破时空,进行二度空间教学尝试,实现馆校联动,资源共享,促进多种教育资源的有效融合,给予学生更加广阔的学习空间和视野。

通过"认识图形"实践活动,不仅能加深学生对简单立体图形和平面图形的认识,实现数学学科育人目标;同时,通过搭建未来的火箭模型,培养学生的动手能力、想象能力,有效地对学生进行劳动育人、审美育人和爱国主义教育。

北碚区小学数学"卓越育美,美在课堂"主题研修活动,其设计充分体现了小学数学学科全息育人目标。

(北碚区蔡家小学　张中梅)

(四)课堂观察

北碚区小学数学学生学习活动有效性观察量表①

教师教学行为

执教者资料	姓名		课题		课型及学科	
观察者资料	姓名		单位		学科	
观察视角		课程背景下教师教学方式的转变——学生学习的组织者、引导者、促进者				
	维度	观察点			观察结果	评价反思
观察记录	教学环节	1.本节课由哪些环节构成?是否围绕教学目标展开?				
		2.环节是否面向全体学生?时间分配是否得当?				
	教学呈现	1.能否有效调控学习气氛,有效激发学生的学习兴趣?				
		2.教学态度是否自然、沉稳、愉快?				
		3.课堂教学语言用词是否浅显易懂,讲解是否有效?				

① 此量表由北碚区教师进修学院黄吉元设计。

续表

		4.媒体(板书,课件等)呈现是否为学生学习提供了帮助?		
	教学指导	1.指导学生自主与合作学习(讨论、活动),是否有效?		
		2.能否通过恰当的评价引导学生深入思考进行探究学习?		
	教学对话	1.是否倾听学生发言,是否做出即时评价?		
		2.提问学生的次数、知识的难易度及效果如何?		
		3.是否听取学生意见,与学生平等交流?		
	教学机制	1.教学设计有哪些调整?效果如何?		
		2.对来自学生或情境突发事件的处理是否恰当?		
		3.教师在课堂中的行为动作(指导/移动/体态语)呈现是否规范,是否有利于教学?		
		4.有哪些特色的课堂行为?		

学生学习行为观察量表①

学科: 课题:

授课教师: 教师: 观察时间: 年 月 日

序号	学习内容	用时	学习形式			学习效果				结论及建议
			自主	合作	探究	好	一般	较好	较差	
1		( )分								
……		……								

备注:“学习形式”“学习效果”一栏请用“√”在相应表格内记录。

(五)分组议课

“水尝无华,相荡乃成涟漪;石本无火,相击而发灵光!”课后,研修组全体成员围绕“卓越育美,美在课堂”的主题展开讨论,讨论重点在于打破时空,体现城乡互动,体现教师资源差异的互动,带领学生走进更加丰富、优质的课堂。全面实现数学学科育人目标。

(六)大会论坛

1. 执教老师进行课堂教学反思

接到这个任务,我很忐忑,数学和科学整合?录播室和科技馆实时互动,听起来好高大上,该如何着手?我们这个团队,多次到科技馆考查,什么内容既能很好地与数学融合,又能呈现出良好的辅助效果?三番五次讨论,最终确定了今天所呈现的这个内容。

本次活动我们主要是想打破时空,进行二度空间教学尝试,从今天现场情况来看,

① 此量表由北碚区教师进修学院黄吉元设计。

这种形式是可以实现的,也是我们今后发展的方向。

就这节课而言,我们是在一、二年级认识了立体图形和平面图形的基础上设计的一节综合实践活动课。本课的主要目标就是要利用图形拼组未来的火箭;培养学生的想象能力;在国际大背景下对学生进行爱国主义的渗透。

(北碚区蔡家小学 邱月)

2. 主题发言

"认识图形"是在学生认识了常见立体图形和平面图形后开展的一次综合实践活动。教材编排的活动,是将立体图形与平面图形分开进行,而我们今天则是将这两种图形结合起来,让学生通过拼组活动进一步认识各种图形以及它们的联系与区别,培养学生思考自学、合作交流、创新实践等能力。

今天这节课,我们先后两次使用了科技馆元素。第一次,老师带领学生参观航天模型,激发学习兴趣,培养爱国情怀,获取重要的数学信息。第二次,学生将自己设计的作品放入科技馆,体验创新实践的幸福和自豪。

整节课,我们欣喜地看到,无论在教室还是科技馆,学生积极主动、踊跃交流、敢于质疑、敢于实践。他们的作品,各式各样,具有一定的创造性,达到了预期的教学目标。

由此可见,馆校联动这种教学模式不仅打开了我们的思路,还促进了多种教育资源的有效融合。这种融合在本节课中体现在:团队联合、学科整合、校校结合。

第一,团队联合。"认识图形"这节课虽然是集团数学核心组共同设计打磨的,但却得到了北碚区教师进修学院的大力支持,他们在理念及操作方式上给了我们引领和指导,还得到了北碚区电教馆的鼎力相助,技术层面上的问题全靠他们来支撑解决。所以,这次的馆校联动,其实是三个团队联合行动的结果。

第二,学科整合。我们将数学课与科技活动课进行了适度整合。从形式上看,录播室与科技馆的交互使用,让数学课能自然地渗透科学知识,在科技馆里,学生也能获得想要的数学信息。从内容上看,设计航天模型本身就是一项重要的科技活动。从核心素养培养目标来看,两个学科都要发展学生的创新实践能力。在整合的过程中,我们把握了两个度,一是教学时间的度,科技馆的使用时间6分钟左右,占整节课时间的15%,突出数学的主体地位。二是讲解内容的度,精选讲解内容,将专业化的术语转化为儿童化的口语,学生接受起来比较容易。

第三,校校结合。这节课,我们还大胆创新,让两所学校的两名老师相互配合,共同完成教学任务,也让两所学校的学生相互融合,一起开展学习活动,达到了好的效果。

(北碚区教师进修学院 王鸿)

3. 专家点评

北碚区小学数学“卓越育美，美在课堂”研修活动，具有“三多四重五强化”的特点。“三多”即多校融合、多元聚合、多点整合；“四重”即教学资源重整、课堂要素重构、学习内容重构、教学手段重构；“五强化”即强化基于资源整合的创新发展、强化基于文化引领的特色发展、强化基于课程建构的融合发展、强化基于教学实践的多元发展、强化基于城乡互动的品牌发展。

（北碚区教师进修学院　黄吉元）

五、反思提炼成果

通过此次研修活动，北碚区教师进修学院小学数学教研员组织部分数学教师挖掘并整理出小学数学“图形与几何”内容中的育人点，为全面实现数学学科教学向数学学科育人的转型做好准备。与此同时，北碚区蔡家小学还总结提炼出本校二度空间研修模式。

六、整理研修资料

由北碚区教师进修学院牵头，收集整理了北碚区小学数学“卓越育美，美在课堂”研修活动所有资料，并对资料进行分类，编号编目录，形成专卷，将优质资源上传区级资源库平台，加大研修活动的推广力度。

案例二　蔡家小学数学学科全息育人研修活动[①]

一、确定研修主题

培养学生发展核心素养，全面落实立德树人是当今中国教育的根本任务。小学数学，不仅要坚持学科知识育人，还要根据具体内容特点，坚持全息育人。在这一过程中，老师们困惑于“如何在数学课堂中实施全面育人”。针对老师们提出的问题，研修活动组结合学校和谐教育办学理念，确定了“和谐课堂”校本研修主题。

二、设计研修路径

根据小学数学教师特点，北碚区蔡家小学数学“和谐课堂”校本研修活动主要采用课例研修路径。

三、撰写研修方案

北碚区蔡家小学数学学科全息育人研修活动方案

为探究“如何在数学课堂中实施全面育人”，提高教师课堂教学水平，为教师专业成长搭建平台，学校开展小学数学学科全息育人研修活动。

（一）活动主题：和谐课堂研究

① 北碚区蔡家小学“和谐课堂”校本研修活动。

（二）活动时间：20××年××月××日上午

（三）展示地点：北碚区蔡家小学录播室与学术报告厅

（四）研修人员：北碚区蔡家小学全体数学教师、“送教下乡国培班”全体学员

（五）活动形式：二度空间研讨

（六）当天活动安排

<table>
<tr><th>时间</th><th colspan="2">内容</th><th>地点</th><th>参研人员</th><th>负责人</th></tr>
<tr><td>8:30—9:00</td><td colspan="2">签到</td><td>门厅</td><td>蔡家工作坊学员、云南访学学员</td><td>田常玲、周议策</td></tr>
<tr><td>9:00—9:10</td><td colspan="2">主题阐释，活动安排介绍</td><td>学术报告厅</td><td>“送教下乡国培班”全体学员</td><td>周利琴</td></tr>
<tr><td rowspan="2">9:20—10:00</td><td rowspan="2" colspan="2">课堂教学：数数</td><td>录播室</td><td>蔡家校区工作坊学员及云南访学学员</td><td rowspan="2">吕来红</td></tr>
<tr><td>学术报告厅</td><td>其余工作坊学员</td></tr>
<tr><td rowspan="2">10:00—10:30</td><td rowspan="2" colspan="2">分组议课</td><td rowspan="2">学术报告厅</td><td rowspan="2">“送教下乡国培班”全体学员</td><td>朱冬梅、杨玉春、杨德富</td></tr>
<tr><td>各坊负责人</td></tr>
<tr><td rowspan="5">10:40—11:30</td><td rowspan="5">大会交流</td><td>说课</td><td rowspan="5">学术报告厅</td><td>“送教下乡国培班”全体学员</td><td>吕来红</td></tr>
<tr><td>问题互动</td><td>云南访学学员</td><td>刘　政</td></tr>
<tr><td>主题发言</td><td>蔡家工作坊学员</td><td>朱冬梅、杨玉春、杨德富</td></tr>
<tr><td>专家点评</td><td>蔡家工作坊学员、云南访学学员</td><td>张泽庆</td></tr>
<tr><td>活动总结</td><td>蔡家工作坊学员</td><td>张中梅</td></tr>
</table>

（七）人员分工

活动前，分别确定课堂教学执教人、活动主持人、中心发言人、研讨记录人、课堂观察量表设计人、互动问题设计及平台操作人、场地及设备准备人、研讨分组安排表、摄影与活动报道人员、资料收集与整理人员。

四、实施研修活动

（一）召开“北碚区蔡家小学数学‘和谐课堂’校本研修”筹备会

1. 介绍研修活动背景；

2. 学习研修活动方案；

3. 学习观课量表；

4. 进行人员分工；

5. 对全体研修及后勤人员进行思想动员。

（二）“北碚区蔡家小学数学‘和谐课堂’校本研修”主题阐释

和谐的课堂，学生处于积极的状态，情绪是高涨的，思维是活跃的。和谐的课堂，

教师应以生为本，尊重学生的人格、认知、兴趣、特长，把微笑带进课堂；把动手实践带进课堂；把鼓励带进课堂；把民主带进课堂。从而使学生“亲其师、信其道”，同时教师在课堂教学研磨过程得到提升。

（三）课堂观察

本次校本研修活动从课堂提问、课堂评价、关键问题处理三个维度进行了课堂观察与记录。（采用P234课堂观察量表）

（四）分组议课

北碚区蔡家小学数学“和谐课堂”校本研修活动，聚焦主题，议课环节借助“问卷星”进行，从“教师提问”“课堂评价”“体现和谐课堂的关键事件”三个维度发表自己的看法，分组统计观课量表，进行数据统计，分析问题，形成大会交流材料。

（五）大会交流

1. 执教老师进行课堂教学反思

西南师大版小学数学一下第一单元“数数”是学生在认识了第一阶段1~20的基础上，进一步认识100以内的数。这节课，主要抓住低年级学生认知水平以及“数”的本质，围绕和谐课堂展开教学的。

（1）开门见山揭题

基于对学生认知水平的考虑了解到，孩子们认识的字不多，我直接让他们在主题图中找出数宝宝，开门见山揭题。

（2）积累数的经验，建立数感

首先是调动经验，直观数。100以内的数数，学生并不陌生，但很多学生由于在生活中的数数很不规范，二一、二二，……，这些都是具体表现。课堂上，我先借助课件展示从20一根一根数到100，在调动学生经验的同时，帮助学生规范数、翻坎数，初步感受10个十是一百。

其次是动手操作，具体数。小棒是学生非常熟悉的材料，让学生边捆边数，经历从1~100逐个数、每到一个10就捆一捆的过程，学会一个一个数，理解100个一是100，再数捆好的小棒，理解10个十是一百，从而对计数单位一和十有一个初步的感悟。

（3）借助直观图，初步感受数的组成

首先是对教材呈现形式的调整。教材是平面的，用的是三种颜色的动物图片，但容易误导学生去数中间黄色部分，这就涉及100以内的加法，与教材的编写层次不符，也许有部分学生有这样的基础，但绝不是全部。我就分为三次呈现同一种颜色的动物图片。

其次是在数数中帮助学生理解数的组成。28只小猫的出现,让孩子们快速数出只数,优化10个10个数,体会其快捷性和准确性,在数的过程中,借助手势、让学生上台指一指等方式,调动学生兴趣的同时,帮助学生初步理解28,55以及100的组成。

(4)分层练习,提高兴趣

我把课堂活动和练习一的翻坎数都融入例1后的练习中,这样处理能强化不同形式的数,还能让教学层次更加清晰。吹泡泡的练习放在例2的教学后,能让学生更深刻体会到10个10个数的优越性,帮助我们在数数中不出现漏数的现象和帮助我们一眼就能看出数的多少这样的优越性。

(北碚区蔡家小学 吕来红)

2. 主题发言

(1)课堂评价角度发言

《义务教育数学课程标准(2022年版)》指出:"应建立评价目标多元化、评价方法多样化的评价体系。评价既要关注学习结果,更要关注学习过程;既要关注知识目标,也要关注情感与态度,帮助学生认识自我,建立信心。"基于以上认识,我们本次研修活动就从课堂评价多元化和评价效果进行观察分析。

首先,评价主体多元化。本节课我们通过量化观察,统计出师评21次,学生自评1次,学生互评4次,从以上数据看出,该课在评价方面还有很大的研究空间,特别是师评的有效性、自评意识的培养等。

其次,评价关注学生的全面发展。教师要发挥口头评价的判断、延伸、提升功能,帮助教师及时了解学生学习效果以及存在的问题,帮助学生认识到自己的长处和不足,及时调整和改进学习策略,明确努力的方向。

最后,评价要具有及时性、客观性和指向性。教师的课堂评价语言是根据学生课堂上的表现及时做出的回应。当学生们只要表现出有益于学习的行为或语言时,教师都给予了表扬性的评价。经统计,今天课堂上的评价总计26次,整体上都比较及时,仅为大家提供一个研究方向。

(北碚区蔡家小学 朱冬梅)

(2)课堂提问角度发言

我们这组主要是从教师在课堂中抽答问题和齐答问题这两个方面采用课堂观察量表的形式进行了量化记录。从回答次数最多、单独回答问题人数、回答最少次数、齐答次数这四个方面进行了汇总分析,回答次数最多次数为3次,单独回答次数为15次,回答次数最少次数为1次,齐答次数为21次。我们对以上数据进行分析并结合课堂情况对吕老师这节课做出以下几点评价。

我先谈谈吕老师在这节课中提问情况的几个优点：

一是提问的针对性。整节课教师的关键提问都围绕着解决教学重难点展开。例如在例1的教学中，数到29时，教师提问：29接着往后数是？这是本节课第一次出现翻坎数，教师的提问针对性很强，学生回答出来30之后，教师进一步追问：为什么是30？教师实际上就是在这个地方采用针对性地提问解决了翻坎数这个难点。

二是提问的启发性。低年级以形象思维为主，逻辑思维能力的水平相对较低，教师善于采用启发性的语言来提出问题，不仅降低了思维难度，同时提高了学生学习的积极性，使课堂充满活力，学生的举手率高，课堂氛围和谐。例如在例2的教学中，在出示28只猫时，教师提问：看谁数得又对又快？你怎么数的？在汇报之后，有孩子是两个两个数的，比较慢，教师追问：还有其他数法吗？其实这一连串问题就是在启发学生按照先十个十个地数，再数单个的，这样数得快，得出了数数的优化方法，同时很好地渗透了100以内数的组成，为后面数55只猫，数100只猫奠定了基础。

三是提问的有效性。整节课教师的提问共达40次左右，所有问题都和教学相关，并且每一个问题都精心设计，从教师提问和学生的回答情况来看，效果很好。

四是教师抽答问题范围广，回答问题次数最多的3次，单独回答问题学生人数占20次，体现出教师非常关注全体学生的学习情况。教师抽答问题的学生从座位的分布图上看也比较广泛，基本上覆盖了整个教室的每个角落。从回答情况来看，学生回答情况较好，正确率较高，说明对所学知识掌握较好。

但是从课堂提问情况的量化分析中我们组也得出了一点不足：如集体回答问题的次数过多，达21次，学生缺乏独立思考的时间，不利于学生知识的建构，建议进行改进。

（北碚区蔡家小学　杨玉春）

(3)课堂关键问题处理角度发言

数学的生活价值。老师首先提问：孩子们，生活中有很多数，请看(出示主题图)，你找到了哪些数宝宝？仔细观察，这些数都比20怎么样呀？今天我们学习比20大的数，先从数数开始。读一读：数数。《义务教育数学课程标准(2022年版)》指出：学生的数学学习内容应当是现实的、有意义的。吕老师通过课件出示学生现实生活中100以内数的具体情境，让学生找有哪些数宝宝。这些内容有利于学生主动地进行观察和交流，激发学生学习兴趣，自然引出本节课要学习的知识。

手脑并用。教师先让学生数出10根小棒，演示像老师一样捆起来。接着数到20，又满10根了，怎么办呢？ 从20数到30，强调满十要怎么样？老师带着学生一起数21，

22,…,29。29往后数一个是多少呢?(满十,捆一捆)接着让学生独立从30数到100!学生经历了跟着课件边看边数后,迫不及待地想自己尝试。这时吕老师放手让学生从30数到100,让他们自主探究、自主实践和自主验证。留足时间让他们有充分从事数学活动的机会,体现学生是数学学习的主人,教师是数学学习的组织者、引导者与合作者。很好地体现了和谐教育的教学方式。

(北碚区蔡家小学 杨德富)

3. 专家点评

“数数”一课,教师全情投入,用课件数、小棒数、规范数,突破翻坎数,领悟满十进一;课堂扎实有效,让学生充分经历从1~100数数的全过程。这节课让孩子们在快乐中简简单单学数学,教给了数数的方法和策略。建议:10个一是十,10个十是一百,要让学生正反读,培养学生的逆向思维;对数的组成这个环节还应该更加落实,更加充分,优化出10个10个数的优势。

(北碚区教师进修学院 吴平)

本次研修活动扎实、高效。整个活动体现了北碚数学人的精神,利用工具专业评课,评价更聚焦;因地制宜,全员参与,有思考,方式创新;校本研修体现了内涵发展;现场互动方式教师的提问水平高;以后如果再开展这样的活动,建议从场外参与方面上下功夫。

(北碚区教师进修学院 张泽庆)

五、反思提炼成果

(一)全体研修教师从不同的角度(组织方面、课堂研究方面)进行反思,形成小片段或者是经验文章。

(二)撰写简讯报道。

(三)召开专题校本研修总结会。

六、整理研修资料

(一)收集北碚区蔡家小学“和谐课堂研究”研修活动所有资料。

(二)对北碚区蔡家小学“和谐课堂研究”研修活动资料进行分类,编号编目录,形成专卷。

(三)将研修活动相关资料上传学校资源库平台,加大研修活动的推广力度。

参考文献

[1]叶澜."新基础教育"发展性研究报告集[M].北京:中国轻工业出版社,2004:21.

[2]吴亚萍.拓展数学学科的育人价值[J].教育发展研究,2013(03):48-52.

[3]中华人民共和国教育部.义务教育数学课程标准(2011年版)[M].北京:北京师范大学出版社,2012:5-7.

[4]金阳.小学数学教科书中的育人价值研究[D].上海师范大学 2017.

[5]袁敬丰,刘德宏.滋养理性——小学数学学科育人新探[J].上海教育科研 2019(11):85-88.

[6] 宋乃庆,宋运明,李欣莲.我国小学数学新教材编写特色探析——以西师版为例[J].西南大学学报(社会科学版).2014(03):80-85+183.

[7] 李光树.小学数学学习论[M].北京:人民出版社,2014.